南水北调中线工程文物保护项目
河南省考古发掘报告
第**27**号

淅川赵杰娃墓地

河南省文物局　编　著

科学出版社
北京

内 容 简 介

赵杰娃山头汉墓群位于南阳市淅川县仓房镇挡子口村，是一处以汉代时期为主的墓地。2008年9月至2009年3月，受河南省文物局南水北调文物保护办公室委托，南阳市文物考古研究所对该墓群进行了发掘。此次发掘共清理两汉时期墓葬56座，其中土坑墓32座、积炭墓5座、砖室墓19座。本书系统地介绍了该墓地56座汉代墓葬的发掘成果，从墓葬形制、随葬品及年代等方面进行了分析、研究，探索豫西南地区汉代时期的丧葬习俗和制度，为丹江周围区域性考古提供了宝贵的资料。

本书适合从事考古学、历史学的研究者阅读、参考。

图书在版编目（CIP）数据

淅川赵杰娃墓地 / 河南省文物局编著.—北京：科学出版社，2016.5
（南水北调中线工程文物保护项目河南省考古发掘报告；第27号）
ISBN 978-7-03-048116-0

Ⅰ.①淅…　Ⅱ.①河…　Ⅲ.①墓葬（考古）-发掘报告-淅川县
Ⅳ.①K878.85

中国版本图书馆CIP数据核字（2016）第087625号

责任编辑：张亚娜　雷　英 / 责任校对：张凤琴

责任印制：肖　兴 / 封面设计：陈　敬

科 学 出 版 社 出版

北京东黄城根北街 16 号
邮政编码：100717
http://www.sciencep.com

中国科学院印刷厂 印刷

科学出版社发行　各地新华书店经销

*

2016 年 5 月第 一 版　　开本：889×1194　1/16
2016 年 5 月第一次印刷　　印张：16 1/2　　插页：37
字数：475 000

定价：280.00 元

（如有印装质量问题，我社负责调换）

Reports on the Cultural Relics Conservation
in the South-to-North Water Diversion Project
Henan Vol.27

Zhaojiewa Cemetery in Xichuan County

Administration of Cultural Heritage of Henan Province

Science Press
Beijing

南水北调中线工程文物保护项目

河南省考古发掘报告编辑委员会

南水北调中线工程文物保护项目

河南省考古发掘报告第27号

《淅川赵杰娃墓地》

主 编

杨俊峰

副 主 编

李长周　王　巍　李　翼　魏晓阳　张　欣

项目承担单位

河南省文物考古研究院

南阳市文物考古研究所

前　言

作为举世瞩目的特大型水利建设项目，南水北调中线工程的文物保护工作在河南是史无前例的。无论是工程涉及区域之广大，还是文物点分布的密集程度和价值之高，在河南的考古史上都是前所未有的。因此，当黄河小浪底水利枢纽工程和长江三峡库区的文物保护工作结束后不久，随着南水北调中线工程设计规划和施工的渐次展开，世人的目光便开始聚焦古老的中原大地。如何在配合特大型工程建设的同时，使中原大地珍贵的文化遗产得到有效保护，成为河南文物部门的重要任务。

南水北调中线工程包括水源地和总干渠两个主要项目。水源地丹江口水库地跨河南、湖北两省，总淹没面积达370平方千米，其中河南省境内占170平方千米，约占总面积的46%。总干渠起自河南省淅川县的陶岔，流经河南、河北、北京、天津等省市，全长1276千米，其中河南境内达731千米，约占总长度的58%。从南阳盆地沿太行山东麓北行，流经南阳、平顶山、许昌、郑州、焦作、新乡、鹤壁、安阳8个省辖市32个县（市、区），南水北调中线工程纵贯了古代中原的核心区域。在淹没区和总干渠沿线及其附近分布的文物点，既有旧石器时代的化石地点和古人类遗迹，也有新石器时代的大型聚落，更有数量众多、内涵丰富的反映不同文化风格及其交融过程的历史时期的城址、墓葬群、古代建筑和石刻艺术等。可以说，纵贯河南南北的总干渠，在中原大地形成了一条极为难得的融汇各个文化发展时期和各种文化因素的古代文化廊道。

南水北调中线工程河南段的文物保护工作，有以下几个显著特点：

一是全国文物考古队伍积极参与。1994~2005年，河南省组织协调省内外有关文物考古、科研和工程设计单位，对南水北调中线工程丹江口河南淹没区和总干渠沿线进行文物调查、复核和确认工作。经国家有关部门复核确认，南水北调中线工程共涉及河南境内文物点330处。2005年，南水北调中线工程河南段文物保护抢救工作正式启动。河南省文物考古研究所和中国社会科学院考古研究所、武汉大学历史系、陕西省考古研究院等来自全国各地的50余家文物考古单位，先后参加南水北调中线工程河南段的文物保护抢救工作。河南省文物局积极组织协调，在工作中强化大局意识、质量意识、安全意识和服务意识，组织专家现场指导，安排部署市县文物部门进行巡视，为考古发掘单位提供优良的工作环境，确保工程建设和文物保护工程顺利进行。

二是保护抢救了一大批珍贵文物。南水北调文物保护不仅工程浩大，而且总干渠绝大部分是开挖明渠，更容易造成文物的破坏和损害。我们组织考古队伍提前介入，对将要开工渠段的已知文物点进行抢救发掘，有效地保护了文物。其中不乏历史价值、科学价值、艺术价值颇高的珍贵文物。如徐家岭墓地清理的一座战国早期楚国贵族墓葬，出土的一件小口鼎上铸有多达49字的清晰铭文，铭文上有岁星纪年和墓主人身份等，对于研究墓葬年代及墓主人身份提供了重要资料；鹤壁关庄墓地发现的清代西安府守备之墓，出土了一批金质头饰，造型优美，制作精细，特别是一件印有喜鹊登梅图案的金冠，工艺精良，有极高的艺术价值；博爱聂村墓地出土的4件唐代三彩钵，做工精湛，造型精美，是唐三彩器物中不可多得的精品。

三是考古发现具有重要的科学研究价值。如鹤壁刘庄遗址在全国首次发现分布密集、排列规律的大面积先商文化墓地，填补了先商文化发掘和研究工作的一项空白，是该研究领域的重大学术突破；安阳固岸墓地在我国第一次发现了以二十四孝为题材的东魏时期围屏石榻，首次发现了明确纪年的东魏墓葬，出土了大批北齐时期陶俑、瓷器和多方北齐、东魏墓志等重要文物，是研究豫北地区北朝时期的丧葬习俗和陶塑艺术，白瓷、黑瓷的起源和制作工艺，以及北齐和东魏时期的书法艺术的宝贵资料；卫辉大司马墓地唐代乞扶令和夫妇合葬墓的发掘，为研究我国隋唐时期的官吏体制、书法艺术和社会的繁盛提供了新证据；温县徐堡发现了龙山、西周、春秋、战国、汉、宋、明和清时期连续叠压的古城址，是目前黄河流域所发现的龙山文化城址中保存较好、规模较大的一座城址，填补了豫西北龙山城址发现的空白；荥阳薛村遗址为二里头文化晚期到早商文化时期的大型遗址，该遗址的发掘保护工作，对于研究薛村遗址聚落的结构、内部功能区的划分及其特点，探讨夏、商文化的演变的态势和更替有重要的学术意义和科学研究价值；荥阳关帝庙遗址发现了保存完整的商代晚期小型聚落，聚落功能齐全，分居住区、制陶区、祭祀区、墓葬区四部分，在我国商代考古发掘中尚属首次；新郑唐户遗址发现了大面积裴李岗文化时期的居住基址，房址形制结构特点和排水系统的使用，反映了裴李岗文化时期较为先进的建筑理念。

四是考古发掘与课题研究有机结合。在发掘过程中，不仅注重各类文物的抢救保护，而且采用现代科技手段，最大可能地采集各类标本。特别是对于出土的人骨、兽骨进行了性别、年龄、病理以及DNA等方面的鉴定；按照国家地理信息标准，对每处文物点都测量绘制了要素齐全的总平面图，为今后文物普查和保护奠定了基础。如武汉大学历史系对辉县大官庄墓地的一座9个墓室的大型汉墓，进行了发掘现场三维重建和近景摄影测绘技术的全面测绘，通过数字测绘技术、计算机虚拟现实技术，建立了三维的考古对象模型；山东大学在博爱西金城遗址发掘中，设立了主要涉及古地貌、动物、植物、石器、陶器以及遗址资源域十余个子课题的环境考古课题，是开展多学科综合研究的一次重大尝试。

河南省南水北调工程文物保护工作走过了艰辛而光荣的历程。我们积极探索大型项目建设中文物保护抢救工作的新路子，更新管理理念，创新管理机制，培育专业队伍，提升研究层次，取得了非凡的荣誉。安阳固岸墓地、鹤壁刘庄遗址、荥阳娘娘寨遗址、荥阳关帝庙遗址、新郑唐户遗址、新郑胡庄墓地6个项目先后被评为"全国十大考古新发现"。鹤壁刘庄遗址、荥阳娘娘寨遗址、荥阳关帝庙遗址、新郑唐户遗址、新郑胡庄墓地、淅川沟湾遗址6个项目荣获"全国田野考古质量奖"。国家文物局授予河南省文物局南水北调文物保护办公室"全国文化遗产保护工作先进集体"荣誉称号。

河南省南水北调中线工程文物保护工作一直受到各级领导的关心和社会各界的支持。全国政协张思卿副主席曾率团视察河南省南水北调工程文物保护工作。国务院南水北调办公室和国家文物局各位领导多次亲临一线检查指导，帮助排忧解难。河南省委、省政府多次召开会议，研究解决文物抢救保护工程中的重大问题。南水北调中线干线工程建设管理局、南水北调中线水源有限责任公司、河南省南水北调中线干线工程领导小组办公室、河南省人民政府移民工作领导小组办公室对南水北调文物保护工作也给予了大力支持和帮助。国家诸多考古学家多次深入到文物保护抢救现场，对重大学术问题和考古发掘质量给予帮助指导。社会各界特别是新闻媒体给予了极大关注和广泛宣传。

　　为了更好地利用考古资料开展学术研究，充分展示河南省南水北调中线工程文物保护项目考古发掘的巨大成果，河南省文物局积极组织考古发掘单位及时对考古发掘资料进行整理和研究，编辑出版考古发掘报告，以期进一步推动文物保护和考古学研究工作。

河南省文物局

2010年5月

目　　录

插图目录

插 表 目 录

彩版目录

图 版 目 录

第一章　概　　述

第一节　地理环境与历史沿革①

淅川县位于河南省西南部豫、鄂、陕三省交界地带。地理坐标为东经110°58′～111°53′、北纬32°55′～33°23′。地处豫、鄂、陕三省结合的秦岭山系东南余脉的延伸地段。东北两面与本省的邓州市、内乡县、西峡县毗邻，北与陕西省商洛县接壤，西与湖北省郧县交界，南与湖北丹江口市为邻。总面积2798平方千米。境内北、西、南三面环山，地势西北高、东南低，由西北向东南倾斜，自西北至东南斜长107千米，横宽46千米。全境山脉绵延起伏，河则为河川平地，丹江自西北向东南流入丹江口水库。位于仓房镇的赵杰娃山头汉墓群处于山间丘陵与河川平原地带，北依山丘，东、西、南三面环丹江口水库，地势中间高四周低（彩版一）。

淅川县地处亚热带与暖温带过渡地带，属北亚热带大陆性半湿润气候，光、热、水资源比较丰富，年平均气温15.7℃，无霜期230天，降雨量817.3毫米。冬不严寒，夏不酷热，气候温和，四季分明，兼宜南北方植物生长。淅川县河流属于长江流域汉江水系，丹江为一级支流。淅川境内土壤类型有潮土、砂姜黑土、黄棕壤和紫色土4个类型，仓房镇挡子口村新四队组的土壤类型包括有潮土（黄潮土和灰潮土）、紫色土等。植被方面，因处于亚热带与暖温带结合部，植被类型复杂，有11种之多。

淅川地处要冲，地势险要，历来为兵家必争之地。战国时的"丹阳之战"就发生在这里。秦末刘邦入咸阳亦取道于此，然后雄居关中而取天下。

淅川历史悠久。丹江舟楫上达龙驹寨（今陕西丹凤县城），下循汉水可达襄阳、武汉。舜帝时，属尧之子丹朱的封地。西周时，为楚国熊绎的封地。春秋时，分属楚国及其附属国都国地。战国时，西北部为秦国商於地，余为楚国丹淅地。周赧王三年（前312年），秦楚丹阳之战后，皆归于秦。秦昭襄王三年（前304年），秦楚黄棘之会后，归楚。九年（前298年），复归秦。秦始皇二十六年（前221年）设丹水、中乡二县，属南阳郡。西汉时期分属三县，北、中部属析县；西南部为丹水县，属弘农郡；东南部为顺阳县，属南阳郡。哀帝时（前6年）顺阳改为博山，封为侯国。东汉时，博山复改为顺阳，仍为侯国，与丹水县同属荆州南阳郡，并封南乡三户亭为侯地。建安十三年（208年）升南乡为郡，下辖丹水县、南乡县和顺阳侯国。三国魏时，设丹水、南乡、顺阳三县，属南乡郡。晋时，南乡郡改为顺阳郡，下辖顺

---

① 本节编写参考了《淅川县志》的有关资料，详情见《淅川县志》，河南人民出版社，1990年。

阳、丹水、南乡三县。南北朝时，北魏由荆州分置析州析阳郡，下辖东西二析阳县。南部的顺阳郡治南乡，并领丹水、顺阳等县。西魏改东西析阳县为中乡和淅川二县（淅川之名始见于此），并领淅州治南乡县，辖南乡、顺阳、丹川、秀山等郡十余县及侨县。北周时，淅川并入中乡，属析阳郡。其他郡县合并撤销后，设南乡郡和顺阳郡，辖丹水、清乡、南乡三县，均属荆州。隋，改南乡郡为县，并改清乡为顺阳。大业十三年（617年）撤丹水县。唐，置淅州，并置淅川、丹水、顺阳三县，属山南东道邓州。旋俱废并入内乡。五代，梁复置淅川县，属邓州。宋，太平兴国六年（981年），增设顺阳县。金初，淅川县废，并入内乡；正大年间（1224～1231年）复置，属邓州。元，淅川、顺阳并入内乡，属河南省南阳府邓州。明成化六年（1479年），淅川自内乡分出置县，属南阳府邓州，治马蹬；次年，建县城。清初属南阳府。道光十二年（1832年），改县为厅。光绪三十一年（1905年）升为直隶厅，直属于省。宣统三年（1911年），属南汝光淅道。1913年撤厅为县，属汝阳道。道废后直属省。1932年属河南省第六行政督察区。1948年，淅川解放，置淅川县人民民主政府，属豫西行署第六专员公署。1949年改为淅川县人民政府，属河南省南阳行政区督察专员公署。1956年改为淅川县人民委员会，1968年改为淅川县革命委员会，1981年恢复为淅川县人民政府至今。

第二节　墓地概况

赵杰娃山头汉墓群位于河南省南阳市淅川县仓房镇挡子口村新四队组西南约200米处，北距淅川县城58千米。地处山间丘陵地带，北依山丘（葫芦山），东、西、南三面环丹江口水库，地势中间高四周低。墓地南部及东南部被丹江口库水淹没，其东南分布为新四队汉墓群，西北分布为王庄汉墓群（图一）。地理坐标为东经111°29′42″、北纬32°42′48″，海拔

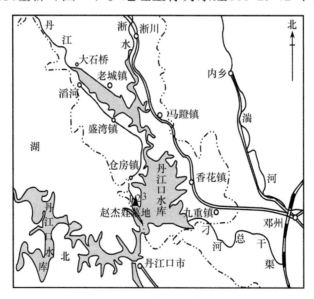

图一　墓地位置示意图

1.王庄汉墓群　2.赵杰娃山头汉墓群　3.新四队汉墓群

151~164米。

赵杰娃山头汉墓群为南水北调中线工程丹江口水库淹没区的文物保护发掘项目。为了配合南水北调中线工程丹江口水库淹没区建设,抢救库区内的地下文物,研究豫西南地区丹江口水库淹没区范围内汉代时期的丧葬制度和汉墓分布、保存状况,受河南省文物管理局南水北调办公室、河南省文物考古研究所委托,2008年9月底,南阳市文物考古研究所开始对赵杰娃山头汉墓群进行文物钻探和考古发掘。

因该墓地南部被丹江口库水淹没,现南北长约400米,东西宽约70米,分布面积近3万平方米。此次考古勘探面积1万平方米,发掘面积2500平方米(图版一,1、2)。

第三节　发现和发掘经过

赵杰娃山头汉墓群位于丹江北岸的一级台地上,行政区划隶属于河南省淅川县仓房镇挡子口村新四队组,北距淅川县城58千米。1994年,河南省文物考古研究所会同南阳市文物考古研究所、淅川县文化局调查发现,2003、2004年复查,确认赵杰娃山头汉墓群为南水北调中线工程丹江口水库淹没区C级文物点。在墓葬区范围内发现有汉代花纹砖和汉代砖室墓,据此初步判断为汉代墓群。2008年9月至2009年3月,南阳市文物考古研究所承担了对该汉墓群的文物勘探和2500平方米的抢救性考古发掘工作。

考古工作严格按照《田野考古工作规程》墓葬发掘的具体要求进行,逐个清理墓葬,并按照河南省南水北调文物保护办公室提交资料说明要求,做到文字、图纸、照片、电子文本四对照,力求准确无误。赵杰娃山头汉墓群考古发掘按照大面积布探方进行全面揭露的方式发掘。在发掘区外围设立永久性坐标基点,即位于赵杰娃山头东北部、葫芦山东南端处,地理坐标为东经111°45′35″、北纬32°45′56″,海拔159米。考古发掘以此为基点,采取XY轴坐标系统,四个象限(即发掘第Ⅰ、Ⅱ、Ⅲ、Ⅳ区)覆盖墓群以及周围全部范围的方式进行布方,探方号四位数统编。汉墓群代号XCZ,前面冠以发掘年度为记录标准(如2008XCZM1)。探方编号为2008XCZT××××(2008:发掘年度;X:淅川县;C:仓房镇;Z:赵杰娃山头;T:探方)。墓葬编号根据其发掘的先后顺序进行编号。

赵杰娃山头汉墓群墓葬基本分布于葫芦山以南、赵杰娃山头上。有汉代砖室墓和土坑墓,埋葬较浅,全部开口于表土层下,砖室墓在历史上破坏得比较严重,土坑墓因20世纪六七十年代丹江口水库蓄水,历年库水涨落,水流冲刷,上部表土被冲走,致使墓口破坏,部分墓口暴露于地表,甚至一部分墓葬被冲刷至墓底,造成很多墓葬及文物被自然损毁。

此次考古发掘工作在赵杰娃山头范围内依据钻探情况展开,分两个阶段进行:第一阶段,发掘工作自2008年10月10日开始,至2009年1月结束。这一阶段为该项目墓葬发掘的前期和中期阶段,发掘墓葬43座。先在墓地的中南部进行,后因库区水位上涨,发掘区南部被淹没,移至发掘区北部继续发掘。第二阶段,2009年3月,丹江口库水下落,组织工作人员回到发掘工地继续墓葬发掘，这一阶段在墓群南部进行，随着库水下落一边勘探一边发掘清理，直至水库南部边缘，墓葬发掘工作全部结束。第二阶段发掘墓葬13座。此次考古勘探面积1万平方米，实际发掘面积约2000平方米。共清理西汉、东汉时期各类墓葬56座，分别编号为2008XCZM1～2008XCZM56，分土坑墓、积炭墓、砖室墓三种（图二；图版二，1）。

第四节　资料整理和报告编写

此次赵杰娃山头汉墓群考古发掘领队为南阳市文物考古研究所的柴中庆研究员，工地负责人为杨俊峰，先后参加发掘的工作人员有常立伟、李长周、魏晓东，技工有侯荣奇、刘磊、李伟国、刘国汉、崔群、魏仁斌等。

器物修复与整理工作始自2009年3月，结束于2009年10月。整理工作由杨俊峰主持，参加工作的人员有李长周、魏晓东，技工侯荣奇、刘磊、李伟国、刘国汉、董勤光、魏仁斌和杨燕等。墓地发掘报告的编写具体由杨俊峰负责并完成。

2014年7月至2015年6月编写报告。报告编写主要由杨俊峰负责完成，李长周、魏晓东、翟京襄、李翼、王巍等参与了整理编写。其中文物修复由技工刘磊、李伟国、杨燕负责，器物和墓葬描图由技工侯荣奇负责，画像石和墓砖拓片由技工刘磊、刘国汉负责，铜钱拓片由王丽黎、雷金玉负责，器物摄影由张海滨、杨俊峰负责完成。

赵杰娃山头汉墓群的发掘和整理工作是在河南省文物局、南阳市文物局和南阳市文物考古研究所的领导下进行的，是参与发掘和整理工作的全体同仁共同努力的结果。

第二章 墓葬概况

赵杰娃山头汉墓群发掘墓葬共56座，即M1～M56。

第一节 墓葬综述

一、墓葬分布

赵杰娃山头56座汉墓位于葫芦山以南、赵杰娃山头之上，主要分布在第Ⅲ象限58个探方中。墓葬之间相互有打破关系的共有6组11座墓葬，即M7打破M9，M9打破M10，M15打破M16，M17打破M18，M20打破M26，M23打破M24。墓葬分布方向相同，存在并列关系的共有7组14座墓葬，即M20与M21，M15与M16，M27与M28，M37与M38，M40与M41，M53与M54，M55与M56。其中M15与M16既存在打破关系，又存在并列关系。此外，其他墓葬均无打破或叠压关系（彩版二）。

二、墓葬形制与结构

这批墓葬可分为竖穴土坑墓、积炭墓和砖室墓三大类。

第一类墓葬为竖穴土坑墓，又根据有无墓道分为无墓道竖穴土坑墓和带墓道竖穴土坑墓两型，共32座。其中10座带一斜坡或阶梯状墓道，由长方形或梯形墓道和长方形墓室组成。多数墓道位于墓室一短边中间或略偏；有的墓道宽度比墓室略窄，与墓室一长边呈直线刀背形；有的长方形墓道与墓室等宽。无墓道的竖穴土坑墓22座，平面呈长方形或接近长方形。多数墓葬墓室口与底同大，四壁垂直，少数墓葬墓壁为斜壁，呈覆斗形。

第二类墓葬为积炭墓，共5座，均在墓室四壁及墓底积炭。平面为长方形、梯形或因墓室受外力挤压变形呈亚字形，口大于底的有1座，口小于底的有1座，带壁龛的有1座，口底同大的有2座。

第三类墓葬为砖室墓，共19座，多为中小型墓葬。其中单室砖室墓数量最多，少数未见墓道，多带斜坡墓道；有的墓室分为前、后两室，均带斜坡墓道；有的墓葬平面呈凸字形，由墓道、甬道和墓室组成。除M20、M23、M33、M45外，其余各墓均带有斜坡墓道。M20、M29、M30、M33、M36、M43、M45破坏严重，形制不全，基本仅剩土坑墓圹，其余墓葬亦都遭受到不同程度的盗掘破坏。

墓葬内填土基本均为黄褐色五花土，有的夹杂有少量的料姜石和小石块。填土均未加夯。仅M2填土分两层，上层填黄褐色花土，下层为红褐色花土。积炭墓均围绕墓室四壁及在墓底填有大量的木炭灰。土质均较松软，结构疏松。填土中多无包含物，仅在M1填土中出土铁锸1件和M41上部填土中出土铜铃2件。

三、墓葬方向

赵杰娃山头汉墓群56座墓葬中，形制比较清楚的有42座。墓向以头向为标准，头向不清的以放置随葬品的一端为准，带墓道的墓葬以墓道朝向为准。计北向（0~25°或335°以上）4座，东向（100°~117°）13座，南向（192°~206°）13座，西向（280°~292°）9座，西北向（300°~330°）2座，东南向（120°~133°）6座，西南向（208°~245°）4座，另外5座因墓坑毁坏严重，方向不明，依残存墓壁观察为东西向或南北向。由此可以看出，以东、南、西向居多，其次为东南向，北、西南、西北向较少。

四、葬式、葬具

形制清楚的长方形竖穴土坑墓或砖室墓均有葬具，葬具已腐朽无存，仅留棺、椁朽灰痕迹。从棺椁朽痕看，一棺一椁墓23座，一椁两棺墓4座，单棺墓3座，两棺墓仅1座，葬具不清的墓葬（主要是砖室墓）25座。

在14座墓的底部发现有横向分布的沟槽，应与墓底放置枕木有关。枕木多为两根，少数仅见一根。从发掘情况看，枕木一般放置于椁底部。各墓枕木受上部填土及棺椁的压力下陷，形成沟槽。

所有墓葬人骨均已腐朽，多数保存情况较差，仅存朽痕，葬式多数不明，仅有18座墓葬可辨葬式为仰身直肢，两手交叉放于腹部。

五、随葬品

在56座两汉时期的墓葬中，土坑墓均出土有随葬器物，多则40余件，少的仅1件。砖室墓由于遭受不同程度的破坏，随葬品保存很少。随葬品的放置比较有规律，有棺椁的土坑墓葬随葬品放置在棺椁之间的边箱或头箱中，单棺墓则放于棺外一侧；砖室墓经盗扰多不出随葬品，未经扰动的随葬品放置在甬道内或墓室侧壁。出土器物以西汉时期灰陶居多，新莽以后红陶、釉陶较多。墓葬出土器物种类有陶、釉陶、铜、铁、铅、石器等。陶器按用途可分为仿铜礼器、日用器和模型明器三大类。器形包括陶鼎、盒、大壶、钫、小壶、蒜头壶、瓮、双耳罐、小罐、鋬、钵、盆、灶、釜、甑、仓、井、磨、猪圈、碓、鸡、鸭、猪、狗等。还出土部分铜器、铁器和少量石器等。文化特征鲜明，是研究两汉时期社会和文化面貌不可多得的实物资料。

第二节　墓葬分述

一、M1

位于发掘Ⅲ区中部偏北，T0612西南部，北邻M14，东邻M2，西南邻M11、M12。

1. 墓葬形制与结构

该墓开口于表土层下，表土层厚约0.07米。长方形土坑竖穴墓。方向205°。

墓室口底基本同大，墓口长2.66、宽1.76～1.8米，墓底长2.66、宽1.71～1.8米，深0.86～1.08米，坑东、西壁北部至北壁分别内斜收进0.06、0.05米，墓壁近直，壁面粗糙，墓底较平。

墓坑内填土为黄褐色五花土，土质较硬，结构致密。

2. 葬具、葬式

（1）葬具
墓内葬具已朽，仅见灰痕，从痕迹看，为一椁一棺。
椁室平面呈长方形，椁痕长2.48、宽1.46米。
棺位于椁内东部，棺痕长2、宽0.54～0.6米。
（2）葬式
墓内人骨架1具，位于墓底东侧，已经腐朽，仅剩下头骨和部分肢骨。头向南，葬式为仰身直肢。骨架痕迹残长约1.46米。初步鉴定为女性死者（图三；彩版四，1）。

3. 随葬品

该墓随葬器物共计5件，陶器4件，放置于椁内棺外西侧南部，均破碎，计有陶双耳罐2件、釜1件、甑1件（图版七，1）。另有漆器1件，位于棺外西南，仅余漆皮残痕。另外，在墓内填土中出土铁臿1件。

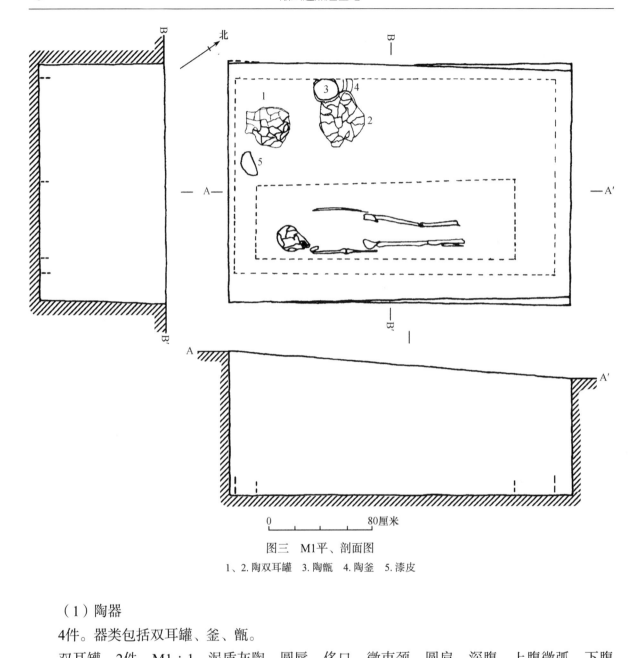

图三　M1平、剖面图
1、2.陶双耳罐　3.陶甑　4.陶釜　5.漆皮

（1）陶器

4件。器类包括双耳罐、釜、甑。

双耳罐　2件。M1：1，泥质灰陶。圆唇，侈口，微束颈，圆肩，深腹，上腹微弧，下腹斜直内收，凹圜底。近肩部有两个对称的宽扁环形双耳。肩、腹上饰纵向绳纹，间四道弦纹抹痕，下腹及底饰纵横交错细绳纹。口径15.2、腹径24.4、底径8.4、通高27.6厘米（图四，1；图版二二，4）。M1：2，泥质灰陶。烧制火候高，器身变形，口部倾斜，下腹部内凹。尖唇，沿下垂，略束颈，圆肩，肩、腹上饰细绳纹，间四道弦纹抹痕，下腹及底饰纵横交错绳纹，凹圜底，近肩部有两个对称的扁宽形双耳。口径13.2、腹径28、底径8、通高29.2厘米（图四，2）。

釜　1件。M1：4，泥质灰陶。破碎。直口，圆唇，折肩，弧腹，平底。上腹部微束，中腹有一周凸棱。口径8.6、腹径13.5、底径4.5、高11厘米（图四，4；图版三五，4）。

甑 1件。M1：3，泥质灰陶。破碎较甚，未能修复。

（2）铁器

仅出土铁臿1件。M1：01，锈蚀严重。平面作"凹"字形，侧面作"V"字形，前面刃上部微鼓，圆弧形刃，单面刃，两端尖凸，顶部略残，为长方形銎，銎口中空。通长17.2、刃部宽17.6、銎口长8、宽11.2厘米（图四，3；彩版一七，6）。

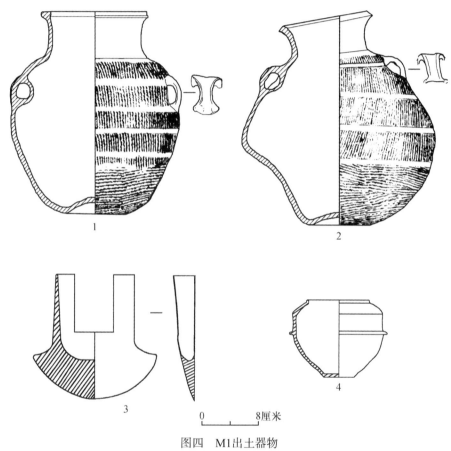

0 ——— 8厘米

图四 M1出土器物

1、2.陶双耳罐（M1：1、M1：2） 3.铁臿（M1：01） 4.陶釜（M1：4）

二、M2

位于发掘Ⅲ区中部偏北位置，T0512南部偏西，延伸至T0513西北部，东北邻M7，东南邻M8，南邻M4。

1. 墓葬形制与结构

该墓开口于表土层下，表土层厚0.2米。整体形状呈"甲"字形，由墓道和竖穴土坑墓室组成。方向197°。

墓道位于墓室南端近中部，平面呈梯形，上口长4.4、宽1.5～2米，直壁，前段为阶梯形，有五级阶梯，后段为斜坡状，底坡总长5.2、下端宽2、深1.45米。墓道底部至墓室底高0.8米，壁面内斜收进0.08米。

墓室口底同大，北宽南窄，长3.6、宽2.65～2.8米，墓底距墓口深2.1～2.25米。墓坑北、东、西壁垂直至底，壁面粗糙，墓底平坦。

墓坑内填土分两层，上层为黄褐色五花土，厚度1.3米，下层为红褐色五花土，厚度0.9米。土质较松软，结构疏松，夹杂有少量料姜石和小石块。

2. 葬具、葬式

（1）葬具

葬具已朽，仅见灰痕，从痕迹看，为一椁两棺。

从腐朽痕迹看，椁东、西侧板因受挤压变形向内收缩。椁室平面呈"Ⅱ"形，现椁痕长2.84、实宽2.14、挤压收缩后宽1.1～1.36米，椁室因塌陷高度不明，残高0.54米。椁挡板灰痕两端均向外伸出0.22～0.74米，南、北挡板通长分别2.14、2.22米，板灰痕厚0.04～0.07米。椁室南端有头厢，长1.1、宽0.76米。

棺位于椁内东、西两侧，东部棺痕长1.75、宽0.6米，西部棺痕长2.06、宽0.44～0.56米（彩版三，3）。

（2）葬式

墓内人骨架已经腐朽，仅剩部分头骨、肋骨和肢骨。两棺各葬一人，头均向南，葬式为仰身直肢。经初步鉴定东棺墓主为男性，西棺墓主为女性（图五；彩版三，1、2）。

3. 随葬品

该墓共出土随葬器物12件，质地有陶、铜，其中陶灶上置2釜、2甑，按1件计，铜钱33枚按2件计。

随葬品主要放置于椁内棺外西侧和南部头厢内，另在两棺之间和棺内放置少量器物，其中南部头厢随葬铜洗1件、井1件、灶1件（周围散落2釜2甑），椁内棺外西侧北部有陶仓5件，南部有铜钱14枚，两棺间随葬陶大壶1件，东棺腰部葬铜带钩1件，西棺头骨右侧出铜钱19枚（图六；彩版三，4；彩版一九，1）。

（1）陶器

8件。器类有井、大壶、灶、仓。

井　1件。M2：2，泥质灰陶。平折沿，沿面较宽，近圆唇，敞口，短束颈，溜肩，鼓腹，器最大径在腹部稍偏下。下腹及底有刀削痕，平底。口径24.8、腹径24.4、底径13.6、高18.4厘米（图七，1；图版三三，2）。

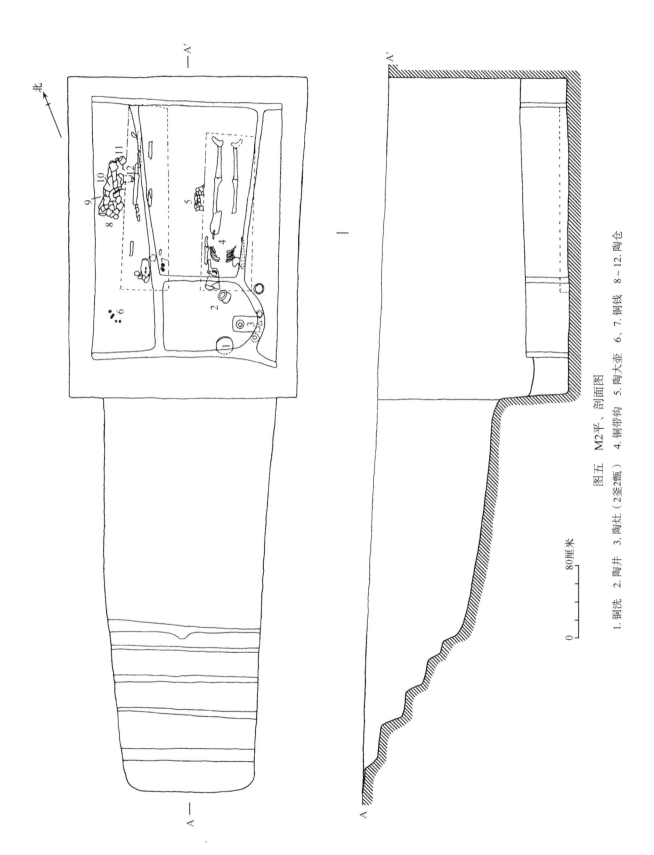

图五 M2平、剖面图

1. 铜洗 2. 陶井 3. 陶灶（2釜2甑） 4. 铜带钩 5. 陶大壶 6、7. 铜钱 8~12. 陶仓

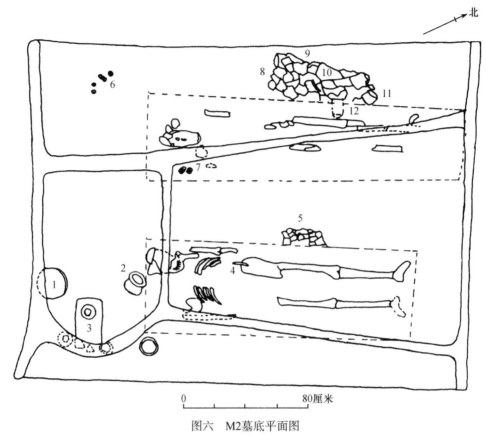

图六　M2墓底平面图
1. 铜洗　2. 陶井　3. 陶灶（2釜2甑）　4. 铜带钩　5. 陶大壶　6、7. 铜钱　8～12. 陶仓

　　大壶　1件。M2：5，泥质黄褐陶。体型瘦高。盘口，束颈，溜肩，扁腹，高圈足外撇。口径15.2、腹径25.6、底径12.8、高31.2厘米（图七，2；图版一八，3）。

　　灶　1件。M2：3，泥质灰陶。平面呈圆角近长方形，前面有拱形火门，上面有两火眼，火眼上有两釜两甑。釜形制大小相同，红陶，尖唇，鼓腹，下腹有刀削痕，小平底。甑形制大小相同，泥质灰陶。其中一件为平沿，方唇，斜腹内收及底，平底，上有箅孔数个。灶通长29.2、宽8～13.6、高9.6厘米（图七，3；图版三二，4）。

　　仓　5件。M2：8，泥质黄褐陶。直口，斜折肩，直腹内收，平底。口径13.6、最大腹径15.6、底径12、通高16.8厘米（图七，4）。M2：9，泥质灰陶。尖唇，侈口，折肩，直腹下内收较甚，平底。口径8.4、底径11.6、通高17.6厘米（图七，5；图版二九，1）。M2：10，泥质灰陶。侈口，圆唇，斜折肩，直腹内收，器身饰六道弦纹，平底。口径7.2、底径9.6、通高19.2厘米（图七，6；图版二九，2）。M2：11，泥质黄褐陶。尖唇，侈口，斜折肩，筒腹，平底。口径11.2、底径13.6、通高17.2厘米（图七，7；图版二七，5）。M2：12，泥质灰陶。圆唇，侈口，折肩，深腹，直腹下内收，平底。口径10、底径12、通高19.2厘米（图七，8；图版二七，6）。

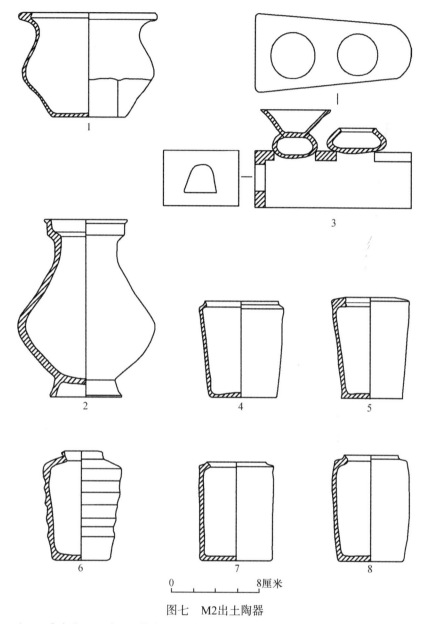

图七 M2出土陶器

1.井（M2：2） 2.大壶（M2：5） 3.灶（M2：3） 4~8.仓（M2：8、M2：9、M2：10、M2：11、M2：12）

（2）铜器

4件。器类有洗、带钩及铜钱。

洗 1件。M2：1，浅绿色，胎壁较薄，破碎，无法复原。敞口，折沿，弧腹内收，圜底。口径约20、残高4.8厘米（图八，1）。

带钩 1件。M2：4，锈蚀严重，浅绿色，横断面近圆形。蛇形，钩首及钩体似蛇形，钩首模糊，身较长，圆纽，纽在身中部偏后。身正面弧鼓，背面平，素面。通长10.7、体尾端宽1.2、纽径1.5厘米（图八，2）。

铜钱　　共33枚，计2件。其中M2：6出14枚，M2：7出19枚。制作规整，内外郭俱全。"五"字交笔弯曲，上下两横出头接于外郭或内郭，"朱"字头上横方折，"金"字尖呈三角形，四点多较短。其中M2：6-1～M2：6-11，钱文清楚。直径2.5厘米（图九，1～11；图版四四，5）。M2：7-1～M2：7-4，钱文清楚。直径2.5厘米（图九，12～15；图版四四，5）。

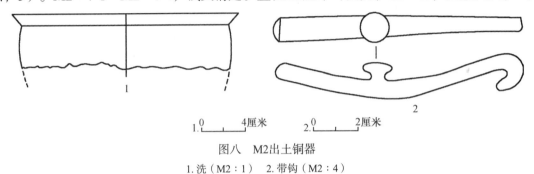

图八　M2出土铜器

1. 洗（M2：1）　2. 带钩（M2：4）

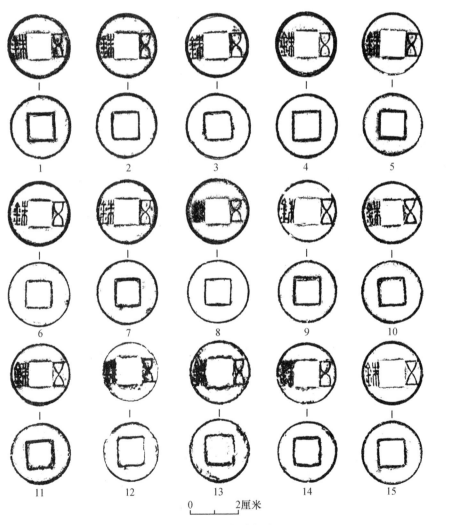

图九　M2出土铜钱拓片

1～15. 五铢钱（M2：6-1、M2：6-2、M2：6-3、M2：6-4、M2：6-5、M2：6-6、M2：6-7、M2：6-8、M2：6-9、M2：6-10、M2：6-11、M2：7-1、M2：7-2、M2：7-3、M2：7-4）

三、M3

位于发掘Ⅲ区中部偏东，T0514西北部，东北邻M4，南邻M5。

1. 墓葬形制与结构

该墓开口于表土层下，表土层厚0.08米。长方形竖穴土坑墓，方向110°或290°。墓坑遭到严重破坏，仅存墓底西部。口底同大，残长1.5、宽1.26米，西端残深0.18米，墓底较平。坑内填灰褐色五花土，土质较松软。

2. 葬具、葬式

墓内木质葬具已朽尽。

人骨腐朽不存，无法判明葬式和头向。

墓底西端残存一垫木槽，长度与墓底宽度相同，宽0.12、深0.04米（图一〇）。

3. 随葬品

随葬器物仅剩陶瓮1件，放置于墓底西南角。

陶瓮 1件。M3：1，泥质灰陶。破碎较甚，未能修复。

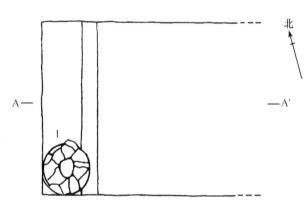

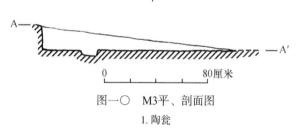

图一〇 M3平、剖面图
1. 陶瓮

四、M4

位于发掘Ⅲ区东部偏北，T0513南部，其东北邻M8，西南邻M3。

1. 墓葬形制与结构

该墓开口于表土层下，表土层厚约0.1米。长方形竖穴土坑墓，方向115°。口大底略小，墓坑上部遭到破坏，墓室南壁因受挤压变形呈内弧状，中部略窄。

墓室长3.44、口宽1.74～1.92、底宽1.56～1.8米，残深0.36～0.8米，坑东、西两壁较直，南、北两壁分别内收进0.02～0.06、0.04～0.17米至底，壁面粗糙，墓底较平坦。

坑内填土为黄褐色五花土，土质较硬，结构较致密，包含有石块和料姜石等。

2. 葬具、葬式

（1）葬具

墓内葬具已朽，从痕迹看，为一椁一棺。

椁灰痕不明显，尺寸不详。

棺位于椁内中部偏北，棺痕长2.18、宽0.64米。

（2）葬式

人骨腐朽不存，无法判明葬式和头向。

墓底东西两端各有一垫木槽，长度与墓底宽度相同，东端槽宽0.14～0.22、深0.04米，西端槽宽0.15～0.26、深0.08米（图一一；彩版四，3）。

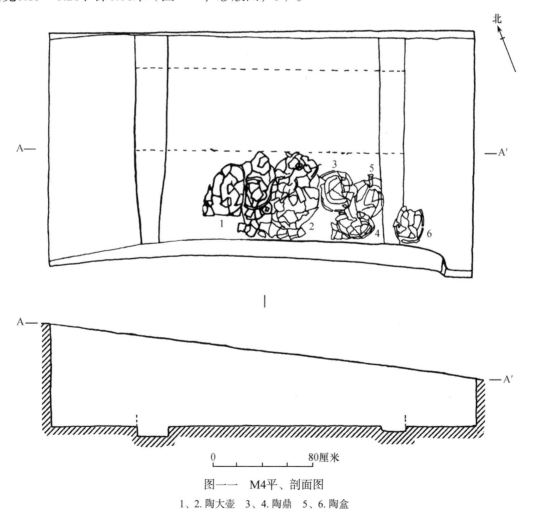

图一一　M4平、剖面图

1、2.陶大壶　3、4.陶鼎　5、6.陶盒

3. 随葬品

该墓共出土随葬品6件，东西向放置于椁内棺外南侧，均为陶器，有陶鼎、陶大壶、陶盒各2件（图版七，2）。

陶鼎 2件。M4：3，夹细砂黄褐陶。子母口，近口部附两个对称双耳，上部已残缺，上腹近直，下腹缓收，圜底近平，腹下部三蹄形足，截面为半圆形。上覆盘形盖，弧形顶近平。口径30.4、底径12、通高21.2厘米（图一二，1；图版一三，5）。M4：4，夹细砂黄褐陶。形制与M4：1近同，器身破碎较甚，未能修复。

陶盒 2件。M4：5，泥质黄褐陶。素面，烧制火候较低。凹沿，上腹壁缓收，下腹壁急收，平底，上覆弧形顶盖，无圈足。口径20.8、底径9、通高14厘米（图一二，2；图版一六，2）。M4：6，泥质灰陶。形制与M4：3近似，凹沿，弧腹，平底，上覆弧形顶盖，无圈足。口径20、底径8.6、通高12.9厘米（图版一六，3）。

陶大壶 2件。M4：1，泥质灰陶。盘口，束颈，溜肩，鼓腹，腹上附对称铺首衔环耳，圜底，圈足外撇。上覆子母口弧形盖。通高49、最大腹径36.8、足径20厘米（图一二，3）。M4：2，泥质灰陶。形制与M4：5近似，未能修复。

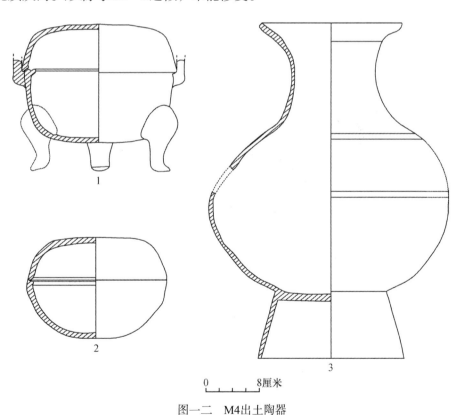

0   8厘米

图一二 M4出土陶器

1. 鼎（M4：3） 2. 盒（M4：5） 3. 大壶（M4：1）

五、M5

位于发掘Ⅲ区中东部偏北，T0514西部，北邻M3，南邻M21。

1. 墓葬形制与结构

该墓开口于表土层下，表土层厚约0.08米。长方形竖穴土坑墓，口底同大，墓底较平。方向117°。

墓室长2.8、宽1.95米，残深0.22～0.5米。墓壁陡直，较为规整，壁面粗糙（图版二，2）。

坑内填土为黄褐色五花土，土质较松软，包含有少量石块。

2. 葬具、葬式

（1）葬具

墓内葬具已朽，仅见灰痕，为一椁一棺。

椁室平面呈"Ⅱ"形，椁痕长2.34、宽1.1、残高0.14～0.22米。椁挡板灰痕两端均向外伸出，通长为1.3～1.36米。

棺位于椁内北部，棺痕长1.94、宽0.54米。

（2）葬式

墓内人骨架已经腐朽，保存较差，仅可看出轮廓，头向东，面朝上，葬式为仰身直肢。骨架痕迹长约1.65米。初步鉴定墓主为男性（图一三；彩版四，2）。

3. 随葬品

随葬器物共6件，质地有陶、铁两种。陶器放置于椁内棺外南部西端，自东向西有陶釜、陶甗、陶盒、陶瓮、陶鼎各1件（图版一〇，1）。另有铁剑1件，置于椁内棺外南部西侧。

（1）陶器

5件。器类有鼎、瓮、甗、釜、盒。

鼎　1件。M5∶1，泥质灰陶。子母口，折肩，近肩部附对称长方形耳，上腹近直，下腹弧形内收较甚，圜底，三蹄足。上承浅腹弧形顶盖。口径17.2、腹径24.8、足高9.8、通高20厘米（图一四，1；图版一三，1）。

瓮　1件。M5∶2，泥质灰陶。直口，圆唇，平折沿，圆折肩，上腹近直，中部略鼓，下腹弧形内收，平底。腹中部饰竖绳纹，间数道抹痕。口径23.2、腹径42、底径21.2、高29.6厘

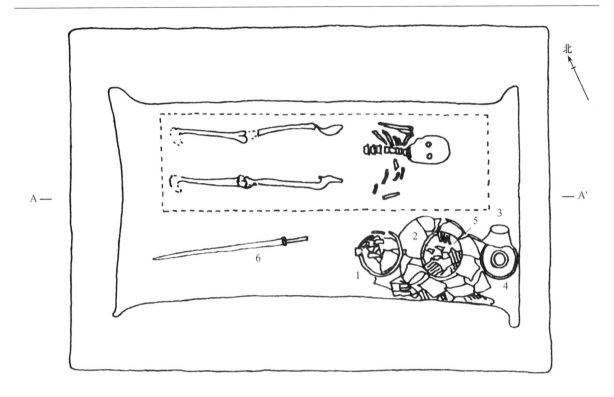

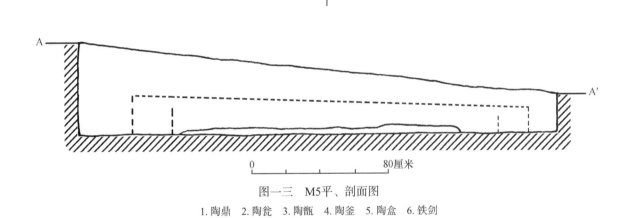

图一三 M5平、剖面图

1.陶鼎 2.陶瓮 3.陶甗 4.陶釜 5.陶盒 6.铁剑

米（图一四，2；图版二〇，4）。

甗 1件。M5：3，泥质灰陶。直口，方唇，平折沿，上腹近直，中部鼓腹，下腹斜内收，平底。底部有4个圆形箅孔及数条刻划线。口径23.2、底径10.4、高9.2厘米（图一四，3；图版三七，2）。

釜 1件。M5：4，泥质灰陶。直口，方唇，圆肩，鼓腹，中部近直，有一周短凸棱，平底。口径9.6、腹径21、底径8.4、高14厘米（图一四，4；图版三五，5）。

盒 1件。M5：5，泥质灰陶。凹沿，弧腹，上腹壁缓收，下腹壁急收，平底微凹，上覆弧形顶盖，无圈足。口径18.8、底径7.6、通高14厘米（图一四，5）。

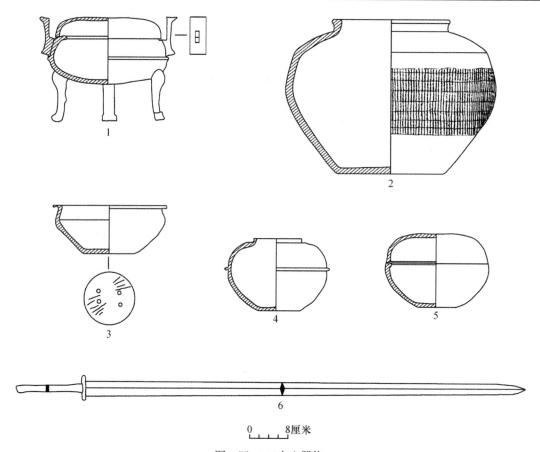

图一四 M5出土器物

1.陶鼎（M5：1） 2.陶瓮（M5：2） 3.陶甑（M5：3） 4.陶釜（M5：4） 5.陶盒（M5：5） 6.铁剑（M5：6）

（2）铁器

仅见有铁剑1件。M5：6，保存较完整，略锈损。全实茎，剑首呈菱形，为青铜质，窄格。剑身中脊隆起，断面作菱形，尖锋，双面刃。通长102.4厘米（图一四，6；图版四三，5）。

六、M6

位于发掘Ⅲ区东北部，T0511北部偏东，西邻M16，东南邻M10。

1. 墓葬形制与结构

墓葬开口于表土层下，表土层厚0.2米。平面形状呈"刀"字形，由墓道和竖穴土坑墓室组成。方向195°。

墓道为斜坡状，位于墓室南端，平面呈近长方形，上口长2.66、宽1.2～1.4米，直壁，坡底较平缓，长2.8、下端宽1.4、深0.46米。墓道下端底部至墓室底高0.34米。

墓室口底同大，北宽南窄，东、西壁南端因受外力挤压略向内弧。墓室长3、宽1.55～1.8米，墓底距墓口残深0.6～0.8米。墓壁垂直至底，壁面粗糙，墓底平坦。

坑内填土为黄褐色五花土，土质较松软，结构疏松，夹杂有少量料姜石。

2. 葬具、葬式

（1）葬具

墓内葬具已腐朽，仅见灰痕，从痕迹看，为一椁一棺。

椁室两侧因受挤压变形向内收缩，平面大致呈 "Ⅱ" 形，椁痕长2.7、宽1.5～1.7米，椁室因塌陷残高0.2米。椁南北挡板灰痕两端均向外伸出，通长1.5～1.75米。

棺位于椁内中部偏北，棺痕长2.06、宽0.5～0.58米。

（2）葬式

人骨已朽，仅剩下部分肋骨和肢骨，头向南，葬式为仰身直肢。骨痕残长1.82米（图一五）。

3. 随葬品

墓内随葬器物共13件，质地有铜、陶器。放置于椁内棺外东侧北部和东南部，另在棺内放置少量器物，其中椁内棺外东侧北部依次随葬陶罐1件、陶仓5件、陶鼎1件，棺外东南部自西向东依次随葬铜洗、陶灶（上置2釜）、陶釜、陶甑各1件，棺内肩部东侧有铜镜1面，上肢骨西侧铜钱2枚（彩版四，4；图版七，3）。

（1）陶器

10件。器类有双耳罐、仓、鼎、灶、釜、甑。

双耳罐　1件。M6：1，泥质灰陶。尖唇，侈口，沿面略凹，束颈，圆肩，近肩部有对称的扁宽形环状耳，上腹斜直微弧，下腹弧形内收，器最大径在腹中部，小底略凹。上腹饰两道抹痕，其下及底通饰斜绳纹。口径18.4、腹径28.8、底径5.6、高28.4厘米（图一六，1；图版二三，2）。

仓　5件。均为泥质黄褐陶，破碎。M6：2，方唇，斜折肩，腹相对较深，直腹，中部微鼓，平底。口径8、腹径14、底径12.8、高18.4厘米（图一六，2）。M6：3，形制与M6：2近似。圆唇，斜折肩，深腹，腹壁较直略内收，平底。口径8、底径12、高20.4厘米（图一六，3；图版二九，5）。M6：4，圆唇，斜折肩，筒状直腹，平底，底内凹凸不平，有一周凸棱。口径8、底径13.6、高20厘米（图一六，5；图版二九，6）。M6：5，破碎较甚，未能修复。M6：6，破碎较甚，未能修复。

鼎　1件。M6：7，泥质灰陶。子母口，折肩，近肩部附对称长方形耳，耳外撇，耳孔未穿，中腹微鼓，下腹弧形内收，圜底近平，三兽足，足横断面呈椭圆形。口径14、腹径20.8、

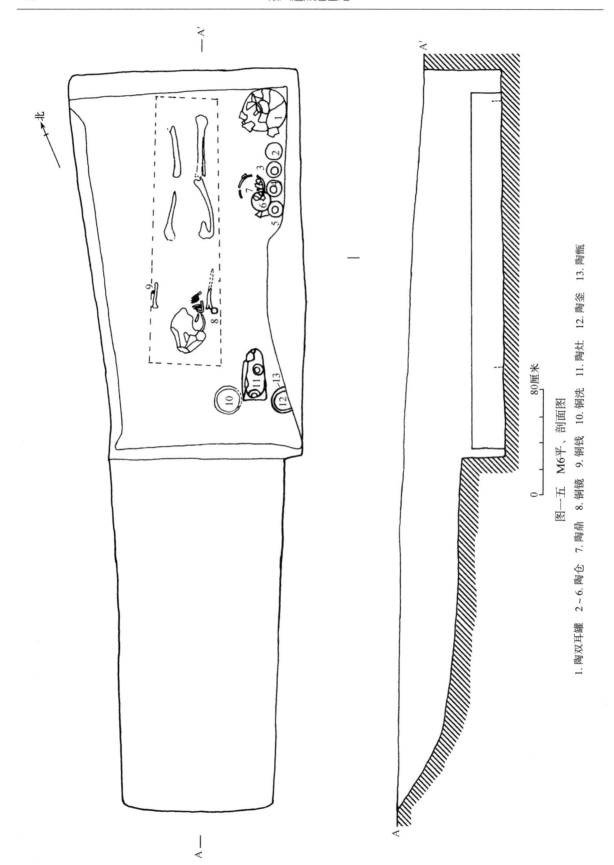

图一五 M6平、剖面图

1.陶双耳罐 2～6.陶仓 7.陶鼎 8.铜镜 9.铜钱 10.铜洗 11.陶灶 12.陶釜 13.陶甑

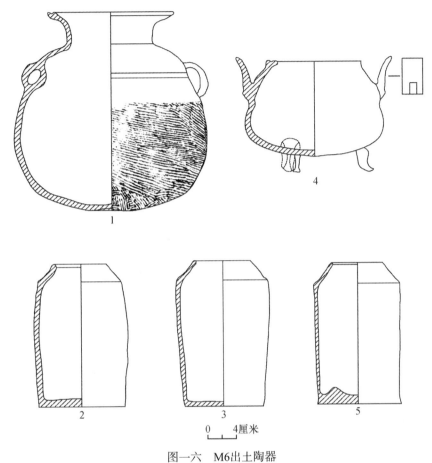

图一六　M6出土陶器

1. 双耳罐（M6：1）　2、3、5. 仓（M6：2、M6：3、M6：4）　4. 鼎（M6：7）

通高15.6厘米（图一六，4；图版一四，4）。

　　灶　1件。M6：11，上承两釜。泥质灰陶。烧制火候低，未能修复。

　　釜　1件。M6：12，泥质灰陶。未能修复。

　　甑　1件。M6：13，泥质灰陶。未能修复。

　　（2）铜器

　　3件。器类有洗、铜镜及铜钱。

　　洗　1件。M6：10，浅绿色，胎壁较薄，破碎，下部已成碎片，无法复原。敞口，折沿，弧腹内收。口径约24、残高5.4厘米（图一七）。

　　铜镜　1面。M6：8，昭明镜，破碎，无法复原，仅修出三分之一。半球纽，圆形纽座，纽座外连弧纹一周。之外两周短斜线纹间有铭文带，可辨铭文为"……而清而以而昭而……"。窄素缘。直径6.6、缘厚0.13厘米（图一八）。

　　铜钱　2枚。M6：9-1，M6：9-2，钱文五铢，破碎。

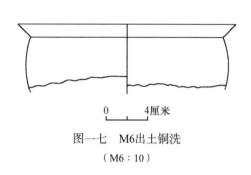

图一七　M6出土铜洗
（M6：10）

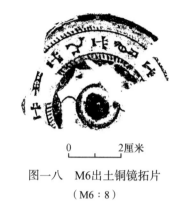

图一八　M6出土铜镜拓片
（M6：8）

七、M7

位于发掘Ⅲ区东部偏北，T0511东南角。打破M9。

1. 墓葬形制与结构

开口于表土层下，表土层厚0.05～0.2米。竖穴土坑墓，方向100°。墓葬西南部打破M9。墓葬东部为缓坡，常年水流冲刷，墓坑遭到严重破坏，仅存墓底。

墓室口底同大，平面近长方形，残长3.2、宽1.2～1.3米，东端墓底暴露于表土层下，墓现残深0～0.26米，墓底较平（图一九）。

坑内填黄褐色五花土，土质松软。

2. 葬具、葬式

墓内葬具已朽尽。

人骨腐朽不存，无法判明葬式和头向。

3. 随葬品

随葬器物均放置于墓底东北部，仅剩陶甑2件，铁削1件，铜钱1枚。

陶甑　2件，均为泥质灰陶。素面。M7：1，圆唇，口微敛，平折沿，沿面下凹，弧腹内收，平底。口径12.8、底径4、高5.2厘米（图二〇，1；图版三七，6）。M7：2，圆唇，敞口，翻折沿，沿面微凹，斜弧腹内收，平底。口径12、底径4、高5.2厘米（图二〇，2）。

铁削　1件。M7：3，锈蚀严重，残断，环首，刀背直，刀身截面呈三角形。通长11.9厘米（图二〇，3；图版四三，2）。

铜钱　1枚。M7：4，破碎，钱文"五铢"。

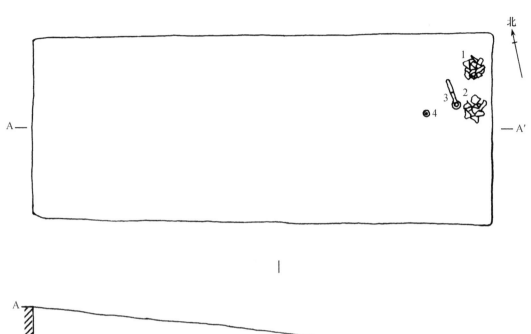

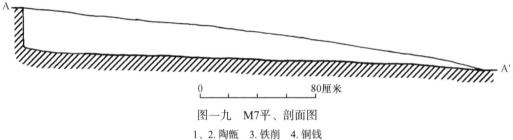

图一九　M7平、剖面图

1、2. 陶甑　3. 铁削　4. 铜钱

图二〇　M7出土器物

1、2. 陶甑（M7：1、M7：2）　3. 铁削（M7：3）

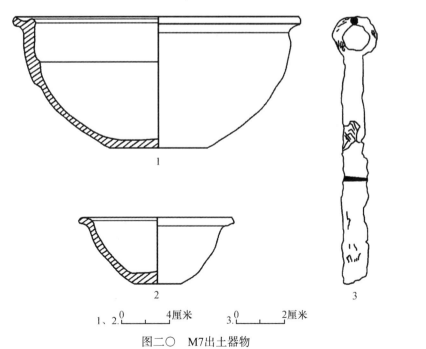

八、M8

位于发掘Ⅲ区东部偏北，T0413西北部延伸至T0513东北部，西北邻M2，西南邻M4。

1. 墓葬形制与结构

该墓开口于表土层下，表土层厚0.1米。平面形状呈"甲"字形，由墓道和竖穴土坑墓室组成。方向285°。

墓道为斜坡状，位于墓室西部中间，平面长方形，西端外弧，上口长3.2、宽1.4米，直壁，坡底较平缓，西部较陡。坡底总长3.4、下端宽1.4、深0.46米。墓道下端底部至墓室底高0.6米。

墓室口底同大，长3.3、宽1.98米，墓底距墓口深0.6～1.06米。墓壁垂直至底，壁面粗糙，墓底平坦。

坑内填土为黄褐色五花土，土质较松软，结构疏松。

2. 葬具、葬式

（1）葬具

墓内葬具已朽，仅见灰痕，从痕迹看，为一椁一棺。

椁室平面呈"Ⅱ"形，椁痕长2.9、宽1.4、残高0.3米。椁挡板灰痕两端均向外伸出，西端受挤压变形，通长均1.58米。

墓室四壁因椁东西挡板和南北侧板与墓壁之间填土形成熟土二层台，残高0.3米，北、东、南、西台宽分别为0.36～0.4、0.2、0.18～0.22、0.22米，高0.6米。

棺位于椁内北部偏东，紧贴椁室北壁，棺痕长2.22、宽0.7米。

（2）葬式

墓内人骨已朽，除髋骨外保存较好，头向西，葬式为仰身直肢，双臂平放于身体两侧。骨架痕迹长约1.84米。初步鉴定墓主为男性（图二一；彩版五，1）。

3. 随葬品

该墓随葬品3件，放置于椁内棺外南侧和西北角，有铜洗1件，陶双耳罐1件、陶瓮1件（图版七，4）。

（1）陶器

2件。器类有双耳罐、瓮。

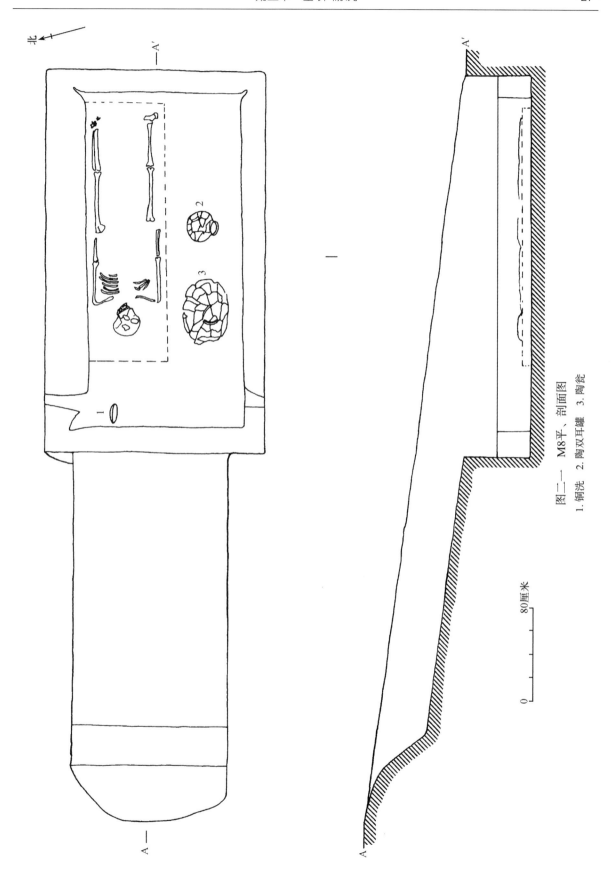

图二一 M8平、剖面图
1. 铜洗 2. 陶双耳罐 3. 陶瓮

　　双耳罐　1件。M8：2，泥质灰陶。尖唇，平折沿，口微敞，长束颈，广肩，肩部有两个对称横行耳，有穿，鼓腹，最大腹径在中部，平底。口径11.8、腹径22.8、底径11.2、高20厘米（图二二，2；图版二三，4）。

　　瓮　1件。M8：3，泥质灰陶。尖唇，沿下垂，敞口，口下有一周凸棱，矮直领，圆折肩，微鼓腹，最大腹径在近肩部，平底略内凹。口径20、腹径34.8、底径20.8、高27.6厘米（图二二，1；图版二○，1）。

　　（2）铜器

　　仅出土铜洗1件。M8：1，浅绿色，胎壁薄，挤压破碎。敞口，折沿，鼓腹，圜底。口径约13、腹径12.2、高6.4厘米（图二二，3）。

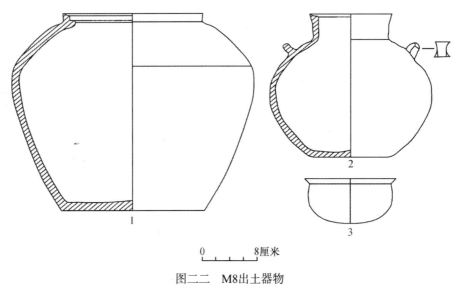

0　　　　　8厘米

图二二　M8出土器物
1.陶瓮（M8：3）　2.陶双耳罐（M8：2）　3.铜洗（M8：1）

九、M9

　　位于发掘Ⅲ区东部偏北，T0511东南角，开口于表土层下，表土层厚0.05～0.2米。

1. 墓葬形制与结构

　　竖穴土坑墓，方向20°或200°。墓葬西南部被M7打破，东部为缓坡，常年水流冲刷，仅存西部墓底，墓坑东部遭到严重破坏不存。

　　墓坑口底同大，长3.1、残宽0.24～1.1米，残深0.2米，墓底较平。

　　坑内填黄褐色五花土，土质松软。

2. 葬具、葬式

（1）葬具

墓内葬具为单棺，仅留木质朽痕，棺痕残长0.92、残宽0.44米。

（2）葬式

人骨腐朽不存，性别、年龄、葬式等不详（图二三）。

3. 随葬品

随葬器物仅剩墓底西北部一些陶片，未能复原，可看出器形的有陶釜、陶甑各1件，墓底西南部漆器1件，仅余漆皮残痕。

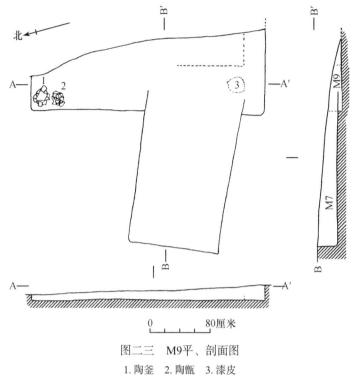

图二三　M9平、剖面图
1. 陶釜　2. 陶甑　3. 漆皮

十、M10

位于发掘Ⅲ区东部偏北，T0511东南角，开口于表土层下，表土层厚0.05～0.2米。

1. 墓葬形制与结构

长方形土坑竖穴墓，方向115°。墓葬东部偏南被M9打破，东部为缓坡，常年水流冲刷，仅存西部墓底，墓坑东部遭到严重破坏不存。

墓室口底同大，残长1.24～1.6、宽2.16米，残深0.16米，墓壁壁面垂直规整，墓底较平坦。

坑内填黄褐色五花土，土质松软。

2. 葬具、葬式

（1）葬具

葬具为单棺，仅留木质朽痕。棺痕残长1.08、残宽0.54米。

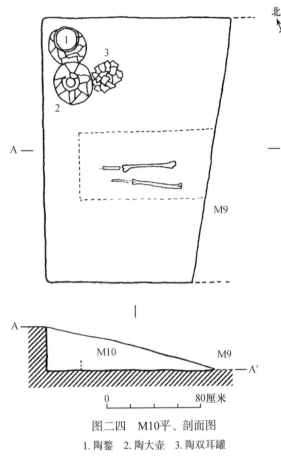

图二四　M10平、剖面图
1. 陶鍪　2. 陶大壶　3. 陶双耳罐

（2）葬式

人骨腐朽，仅剩腿骨，性别、年龄、葬式等不详（图二四）。

3. 随葬品

墓葬破坏严重，仅存西部墓底，墓底棺外西北部残存3件随葬器物，均为陶器，有罐、鍪、大壶各1件（图版七，5）。

陶鍪　1件。M10：1，泥质灰陶。敞口，翻沿，沿上翘较甚，圆唇，微束颈，溜肩，鼓腹，凸圜底。上腹有抹痕，下腹饰绳纹，肩部附对称的环形耳。口径14.8、腹径21.6、高19.6厘米（图二五，2；彩版一八，1；图版二五，4）。

陶大壶　1件。M10：2，泥质黄褐陶。尖唇，平沿，盘口，束颈，颈上部有一周凸棱，广肩，鼓腹，圈足外撇，肩部有两对称的铺首。肩、腹部各有两道凹弦纹，下腹饰有模糊绳纹。口径16.8、腹径28、底径14.4、通高32厘米（图二五，1；图版一六，4）。

陶双耳罐　1件。M10：3，陶片破碎较甚，未能修复。

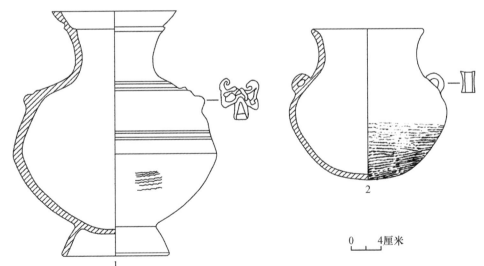

图二五　M10出土陶器
1. 大壶（M10：2）　2. 鍪（M10：1）

十一、M11

位于发掘Ⅲ区中部偏北，T0713东部延伸至T0613西部，西北邻M12，东北邻M1，东邻M4。

1. 墓葬形制与结构

该墓开口于表土层下，表土层厚0.05～0.3米。平面形状呈"刀"字形，由墓道和竖穴土坑墓室组成。方向20°。

墓道为斜坡状，位于墓室北部，与墓室西壁在一条线上对齐，平面梯形，上口长2.6、宽1.6～2.16米，直壁，坡底较陡。底坡长3.2、下端宽2.16、深2米。墓道下端底部至墓室底高0.2米。

墓室口底同大，长4.8、宽2.6米，墓底距墓口深2.2～2.5米。墓壁垂直至底，壁面粗糙，墓底平坦。

墓坑内填土为黄褐色五花土，土质较硬，结构较致密，夹杂石块、料姜石等。

2. 葬具、葬式

（1）葬具

葬具已朽，仅见灰痕，为一椁两棺。

椁室平面呈长方形，椁痕长4.16、宽2.5米。

两棺位于椁内南部东、西两侧。西棺痕迹长2.5、宽0.6～0.66米，东棺痕迹长2.4、宽0.6～0.68米。

椁内两棺下东、西两侧各有一宽0.12米的垫木凹槽，长分别为3.15、3.8米。

（2）葬式

墓底有腐朽骨骼，保存较差，仅能看出为2具，头均向北，葬式可辨为仰身直肢。初步鉴定西棺墓主为男性，东棺不详（图二六；彩版五，2）。

3. 随葬品

随葬器物共9件，质地分铜、铁、陶。放置于椁内两棺之间南边和两棺内，其中铜钱按1件计。分别有铜洗1件、铜钱2枚；铁刀1件、铁削1件；陶大壶1件、陶小罐1件、陶仓3件。

（1）陶器

5件。陶大壶、陶小罐各1件，陶仓3件，器号分别为M11∶9、M11∶8、M11∶1、M11∶2、M11∶3，均为泥质灰陶。破碎较甚，未能修复。

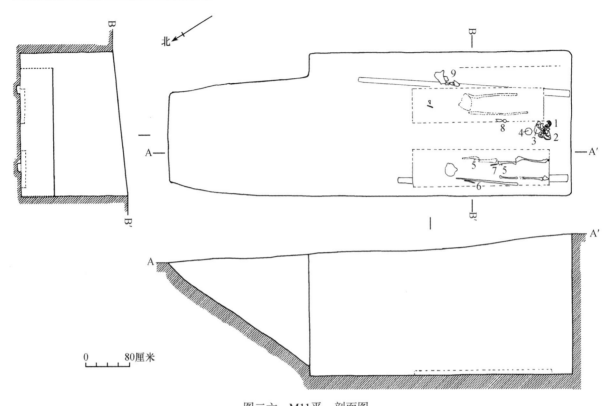

图二六　M11平、剖面图

1~3.陶仓　4.铜洗　5.铜钱　6.铁刀　7.铁削　8.小陶罐　9.陶大壶

（2）铜器

2件。器类有洗及铜钱。

洗　1件。M11：4，胎薄，碎裂成铜片，未能复原。

铜钱　2枚，计1件。M11：5-1，M11：5-2，钱文"五铢"，破碎。

（3）铁器

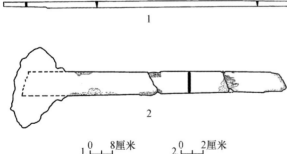

图二七　M11出土铁器

1.刀（M11：6）　2.削（M11：7）

2件。器类有刀、削。

刀　1件。M11：6，通体锈蚀。全实茎，无首，刀身截面作三角形，刀背直，刃部亦直，单面刃，尖锋。通长104.8厘米（图二七，1）。

削　1件。M11：7，残，锈蚀严重，首部已看不出原貌，刀身两端平整，断面呈扁长形。残长10.2、刃宽0.85厘米（图二七，2）。

十二、M12

位于发掘Ⅲ区中部偏北，T0713北部向北延伸至T0712南部，东南邻M11，西南邻M13。

1. 墓葬形制与结构

开口于表土层下，表土层厚0.15～0.2米。平面形状基本呈"甲"字形，由墓道和竖穴土坑墓室组成。方向208°。墓葬口部呈倾斜状，南高北低。

墓道位于墓室南部偏西处，平面成梯形，分前后两段，上部为较缓的斜坡状，底坡长2.3米，下部墓道底近平，底坡长2.1米。墓道上口长4.3、宽1.6～2.4米，两侧为直壁。下端宽2.4、深0.9米。墓道下端底部至墓室底高1.1米。

墓室口底同大，长3.76、宽2.6～2.86米，墓底距墓口深1.9～2米。墓室四壁陡直至底，壁面较粗糙，墓底平坦。

墓坑内填土为黄褐色五花土，土质较硬，结构致密，夹杂有料姜石、小石块等。

2. 葬具、葬式

（1）葬具

墓内葬具已朽，仅见木质朽痕，为一椁两棺。

椁室平面呈"Ⅱ"形，椁痕长3.13、宽1.96米。椁室四周与墓壁之间有熟土二层台，北、东、南、西台宽分别为0.36、0.5～0.6、0.26、0.2～0.26米，高0.6米。椁挡板灰痕两端均向外伸出，受挤压变形，通长2.2～2.6米。

两棺位于椁内东、西两侧略偏北部，西棺灰痕长2.18、宽0.4米，东棺痕长2.12、宽0.6米。

墓底椁室内东、西两侧各有一垫木槽，东槽长3.14、宽0.1～0.2、深0.06米，西槽清理长0.76、宽0.16、深0.1米。

（2）葬式

墓内人骨已腐朽，根据残留骨痕仅能看出头向西南，性别、葬式等不详（图二八；彩版五，3）。

3. 随葬品

墓内随葬器物共10件，放置于椁内棺外南边和两棺之间，其中陶器分别有陶鼎1件、大壶1件、罐2件、仓2件、灶1件、井1件（图版五，1）。另有铜洗1件、铜弩机1件。

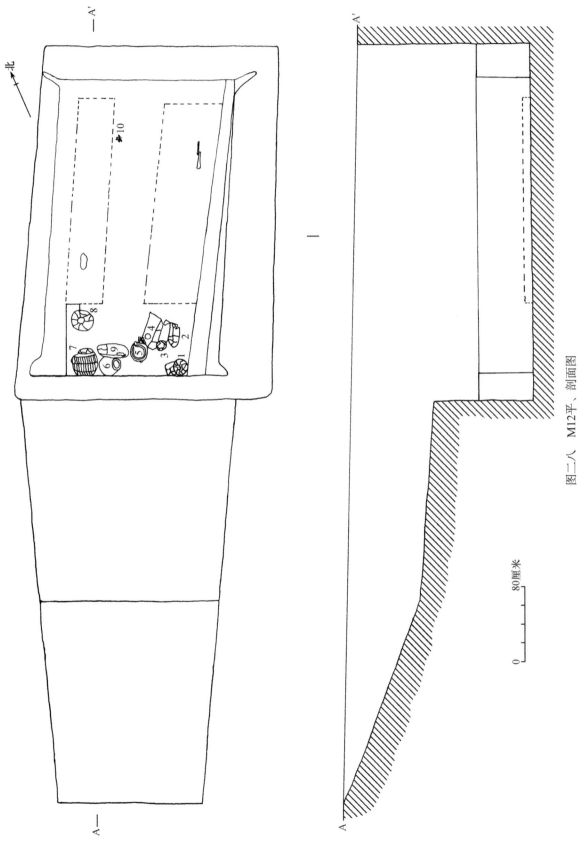

图二八　M12平、剖面图

1. 陶井　2、3. 陶仓　4. 陶灶　5. 陶鼎　6、7. 陶双耳罐　8. 陶大壶　9. 铜洗　10. 铜弩机

（1）陶器

8件。器类有鼎、大壶、双耳罐、井、仓、灶。

鼎 1件。M12：5，泥质灰陶。子母口内敛，溜肩，腹部附两对称方耳，外撇较甚，耳上饰回纹、斜线纹饰，鼓腹向下斜内收，平底，三蹄足，较矮。口径14.4、腹径18.8、底径10.4、通高12.8厘米（图二九，3；图版一四，5）。

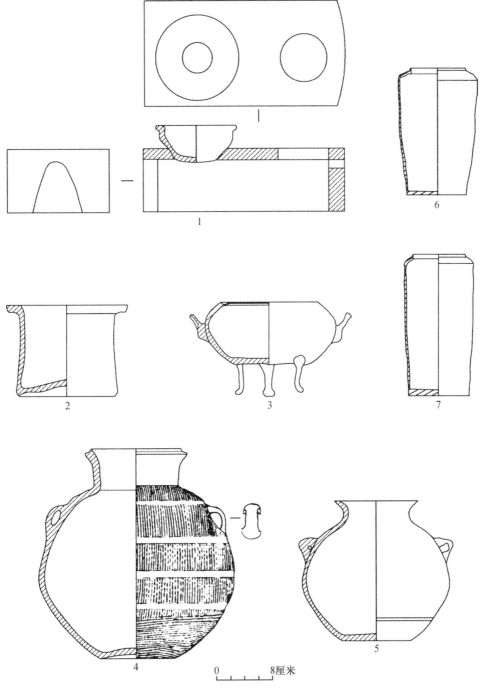

图二九 M12出土陶器

1.灶（M12：4） 2.井（M12：1） 3.鼎（M12：5） 4、5.双耳罐（M12：7、M12：6） 6、7.仓（M12：2、M12：3）

大壶　1件。M12：8，泥质灰陶。破碎，未能复原。

双耳罐　2件，均为泥质灰陶。M12：7，尖唇，翻沿，沿下垂，直领，斜折肩，近肩部有对称的扁环形耳，鼓腹，下腹内收，凹圜底。肩、腹满饰竖绳纹，下腹和底饰纵横交错绳纹，肩、腹部间四道弦纹抹痕。口径12.4、腹径28、底径10、高29.2厘米（图二九，4；图版二三，1）。M12：6，方唇，沿上翘较甚，敞口，束颈，溜肩，肩部有两对称的环耳，有穿，鼓腹，下腹斜直内收，平底。下腹饰两道弦纹。口径12、腹径21.6、底径10.4、高19.6厘米（图二九，5；图版二四，1）。

井　1件。M12：1，泥质灰陶。方唇，直口微侈，平折沿，沿面有一周凹槽，直腹较深，下腹稍外撇，平底内凹。口径17.6、底径14.8、高12.6厘米（图二九，2；图版三三，1）。

仓　2件。均为泥质灰陶。破碎。M12：2，直口，尖唇，折肩，直腹较深，中部微鼓，下腹略内收，平底。口径8、腹径14、底径12.8、高18.4厘米（图二九，6；图版二九，3）。M12：3，直口，圆唇，斜折肩，深腹，腹壁较直略内收，平底。口径8、底径12、高20.4厘米（图二九，7；图版二九，4）。

灶　1件。M12：4，泥质灰陶。素面。灶体前窄后宽，近长方形，直壁，上有两个同大的火眼。拱形灶门，后端有一穿孔，已残，为安装烟囱之用。灶上置一甑，圆唇，翻折沿，沿面内凹，微上翘，敞口，上腹近直微折，下腹斜直内收，平底。灶体长28.8、前宽14、后宽14.8、高8.8厘米，灶门高6.8厘米（图二九，1；图版三二，3）。

（2）铜器

2件。器类有洗、弩机。

洗　1件。M12：9，浅绿色，胎壁较薄，破碎。敞口，翻折沿，弧鼓腹内收，平底微凹。腹部有两对称的铺首衔环耳和三周弦纹。口径25.2、腹径23.4、底径14、高12厘米（图三〇，1）。

弩机　1件。M12：10，浅绿色，锈蚀较严重。通长4.8、宽2.1、高1.3厘米（图三〇，2；彩版一七，2）。

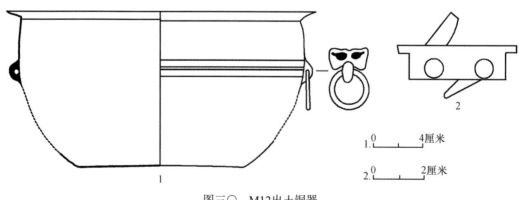

图三〇　M12出土铜器

1. 洗（M12：9）　2. 弩机（M12：10）

十三、M13

位于发掘Ⅲ区西部偏北，T0814西北部。东北部邻M11、M12。

1. 墓葬形制与结构

该墓开口于表土层下，表土层厚0.2～0.25米。平面形状基本呈"甲"字形，由墓道和竖穴土坑墓室组成。方向285°。

墓道位于墓室西部，平面成梯形，为较缓的斜坡状。墓道因水流冲刷、水土流失，西端被破坏已不存在，口部残长2.3、宽1.5～2.56米，底坡长2.3米。两侧为直壁。墓道下端与墓室等宽，宽2.4、深0.9米。下端底部至墓室生土二层台面高0.38米。

墓葬口部东高西底，墓室口长3.5、宽2.5～2.6米，墓底长3、宽2.5～2.6米，墓底距墓口深1.6～2.5米。墓室四壁垂直至底，壁面较粗糙，墓底平坦。

坑内填土为黄褐色五花土，土质较软，结构较疏松，夹杂有粗砂粒、料姜石、鹅卵石等。

2. 葬具、葬式

（1）葬具

墓内葬具已朽，仅见木质朽痕，为一椁两棺。

椁室平面呈长方形，椁痕长2.9、宽2.4、残高0.26米。

两棺位于椁内前端南、北两侧。南棺灰痕长2.06、宽0.74米，北棺灰痕长2.1、宽0.76米。

墓底东、西两端各有一宽0.3、深0.1米的垫木槽。

（2）葬式

人骨已腐朽，根据残留骨痕仅能看出骨架2具，头向东，性别、年龄、葬式等不详（图三一；彩版五，4）。

3. 随葬品

随葬器物共7件，质地有陶、铜、铁三种，放置于椁内棺外东边和北棺内。计有铜洗1件、铜泡钉2件；铁釜1件；陶大壶1件、陶双耳罐1件、陶甑1件（图版七，6）。

（1）陶器

3件。器类有大壶、双耳罐、甑。

大壶 1件。M13：4，泥质灰陶。尖唇，平沿，盘口，束颈，颈上部有一周凸棱，广肩，鼓腹，圈足外撇，肩部有两对称的铺首。肩、腹部各有两道凹弦纹。口径16.8、腹径28、底径

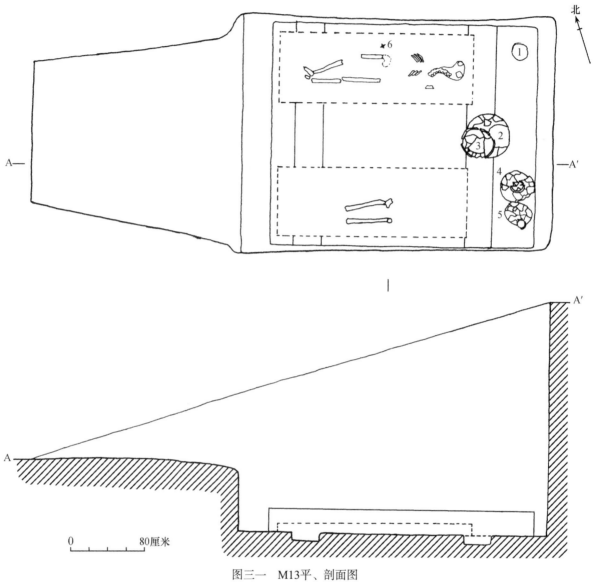

图三一　M13平、剖面图

1.铜洗　2.铁釜　3.陶甑　4.陶大壶　5.陶双耳罐　6.铜泡钉

15.2、通高28.9厘米（图三二，1；图版一七，2）。

　　双耳罐　1件。M13：5，泥质灰陶。破碎较甚，未能修复。

　　甑　1件。M13：3，泥质灰陶。圆唇，平折沿，斜弧腹，上腹近直，中部略鼓，下腹斜直内收，平底。腹部有四周凹弦纹。口径31.2、底径12.8、高13.6厘米（图三二，5；图版四〇，1）。

　　（2）铜器

　　3件。器类有洗、泡钉。

　　洗　1件。M13：1，浅绿色，胎壁较薄，破碎较甚。敞口，折沿，弧腹内收，底部为圈底，残破。口径17、腹径16.4、高7.2厘米（图三二，2）。

　　泡钉　2件。半球形，鎏金。M13：6-1，帽径1.5、连钉高1厘米（图三二，3）。M13：6-2，帽径1.1、连钉残高0.5厘米（图三二，4）。

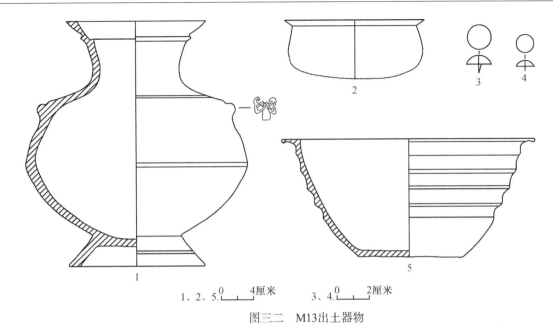

1、2、5. 0___4厘米   3、4. 0___2厘米

图三二 M13出土器物

1.陶甂（M13：3） 2.铜洗（M13：1） 3、4.铜泡钉（M13：6-1、M13：6-2） 5.陶大壶（M13：4）

（3）铁器

仅有铁釜1件。M13：2，锈蚀严重，无法复原。

十四、M14

位于发掘Ⅲ区中北部偏西，T0612北部，南邻M1，北邻M15，东南邻M2。

1. 墓葬形制与结构

该墓开口于表土层下，表土层厚约0.1米。长方形土坑竖穴墓，方向290°。

墓室口大底小，墓口长3.5、宽1.7～1.9米，墓底长3.2、宽1.7～1.9米，墓深1.46～1.8米。墓葬西壁上部向内斜收进0.3米，至深0.96米时墓壁较直，北、东、南壁陡直，壁面粗糙，墓底平坦。

墓坑内填土为黄褐色五花土，土质较松软，包含有风化的料姜石。

2. 葬具、葬式

（1）葬具

墓内葬具已朽，仅见灰痕，为一椁一棺。

椁室平面呈"Ⅱ"形，椁痕长2.7、宽1.38、残高0.38～0.5米。椁室挡板与侧板因受外力挤压变形，腐朽后形成的椁室四壁呈弧形向外伸出，通长为1.76米。

棺位于椁内中部偏南，棺痕长1.82、宽0.62米。

（2）葬式

墓内人骨架1具，已经腐朽，保存较差，仅余部分肢骨和头骨，可看出轮廓，头向西北，面朝上，可辨葬式为仰身直肢。骨骼朽痕残存长1.76米。经初步鉴定死者为男性（图三三；彩版四，5）。

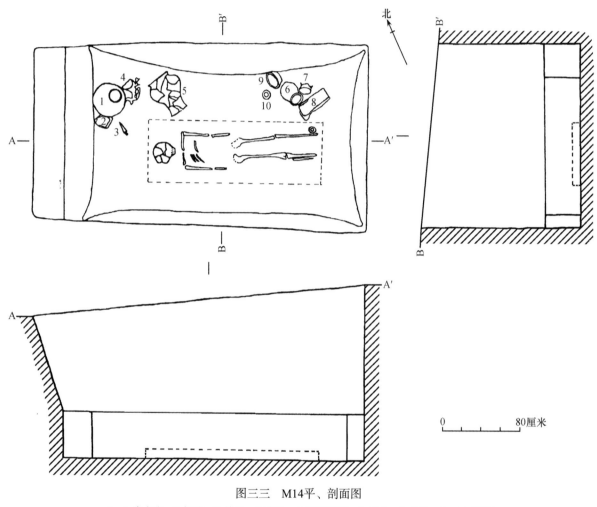

图三三　M14平、剖面图

1、5.陶大壶　2.铜洗　3.铁矛　4.陶鼎　6.陶双耳罐　7.陶井　8.陶灶　9、10.陶甑

3. 随葬品

该墓出土器物共10件，质地分陶、铜、铁三种，放置于椁内棺外西北部和北部，有铜洗1件，铁矛1件，陶鼎1件、大壶2件、罐1件、灶（置釜2）1件、井1件、甑2件（彩版一九，2）。陶灶上附件有2釜、2甑，出土时散落于灶的周围，其中2件釜与陶灶按1件计，2件陶甑按2件计，单独编器物号。

（1）陶器

8件。器类有鼎、大壶、双耳罐、井、灶、甑。

鼎 1件。M14：4，泥质灰陶。素面。上承弧形器盖，顶部有一鸟啄形纽。器身敛口，尖唇，沿下凹，上翘较甚，口下附两对称长方形耳，有假穿，扁鼓腹，最大径在上腹部，下腹弧形内收，平底。有三蹄足，足面有模印模糊的花纹。口径19.2、底径9.2、足高8.8、通高20.8厘米（图三四，7；图版一四，6）。

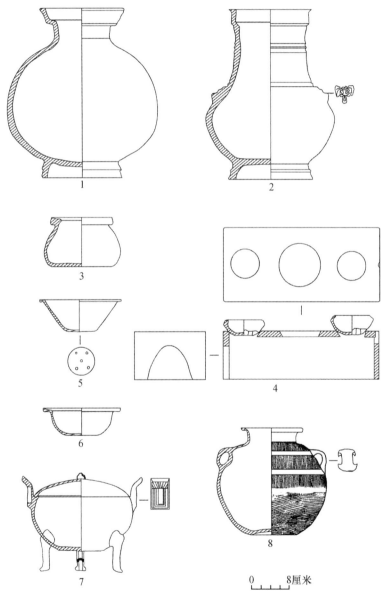

图三四 M14出土陶器

1、2.大壶（M14：1、M14：5） 3.井（M14：7） 4.灶（M14：8） 5、6.甑（M14：9、M14：10） 7.鼎（M14：4）

8.双耳罐（M14：6）

大壶　2件，均为泥质灰陶。无盖。M14：1，盘口，束颈，溜肩，圆腹，最大腹径在中部，圈足外撇呈喇叭状，足上一周凸弦纹。口径18.4、最大腹径32、底径16.8、高35.2厘米（图三四，1；图版一八，2）。M14：5，盘口，束颈，颈部有两周凹弦纹，溜肩，肩部有两周凹弦纹和兽面铺首，鼓腹，最大腹径在近肩部，下腹弧形内收，圈足外撇呈喇叭状，足部一周凸弦纹。口径17.6、最大腹径28、底径18.4、高35.2厘米（图三四，2；图版一八，1）。

双耳罐　1件。M14：6，泥质灰陶。方唇，翻卷沿，敞口，束颈，溜肩，近肩部有对称扁环形耳，鼓腹，下腹弧壁内收，凹圜底。肩、上腹部饰竖绳纹，间三道抹痕，下腹及底饰横行绳纹。口径13.6、腹径24、底径9.6、高22厘米（图三四，8；图版二三，3）。

井　1件。M14：7，泥质灰陶。方唇，略向外斜，平折沿，微上翘，敛口，溜肩，腹略弧外撇，近底部内收较甚，平底。口径13.2、腹径16.8、底径14、高10厘米（图三四，3；图版三三，6）。

灶　1件。M14：8，泥质灰陶。素面。灶体长方形，直壁，灶面上有三个大小不同的火眼，前后各置一釜，形制相同，均为方唇，敛口，斜折肩，腹微弧内收，下腹有刀削痕，平底。灶前壁门为拱形，后烟囱已无，形状不详。灶体长34、宽15.2、高10厘米（图三四，4；图版三二，1）。

甑　2件。为陶灶上附件。M14：9，泥质灰陶。圆唇，平折沿，敞口，斜腹微弧内收，平底。底部有5个箅孔。口径13.2、底径6、高6.4厘米（图三四，5；图版三七，3）。M14：10，泥质灰陶。圆唇，翻折沿，沿面下凹微翘，敞口，微束颈，弧腹内收，平底。口径16.4、底径5.6、高5.6厘米（图三四，6；图版三八，1）。

（2）铜器

仅见有铜洗1件。M14：2，浅绿色，胎壁较薄，在墓内受1号陶壶倾倒挤压，出土时已破碎，无法复原。

（3）铁器

仅有铁矛1件。M14：3，保存较完整，锈蚀。矛体分锋刃和銎部。前锋较尖，刃似长条叶状，较薄，两翼下端为最宽，銎部细长，圆孔，尾端较粗，无系。刃脊略隆起，断面作菱形。通长25.3、锋刃长13.5、刃最宽处2.4、銎部长11.8、尾端直径2.4厘米（图三五；彩版一七，5）。

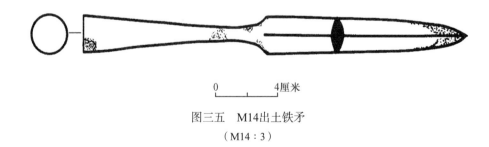

0 ———— 4厘米

图三五　M14出土铁矛
（M14：3）

十五、M15

位于发掘Ⅲ区中北部，T0611东部，地表地势东高西低，南邻M14，东邻M6。M15打破北部M16。

1. 墓葬形制与结构

该墓开口于表土层下，表土层厚0.15米。方向290°。竖穴单室砖墓，墓坑遭受严重破坏，仅存墓底部分。平面呈近长方形，由墓道和墓室两部分组成。

墓道为长方形斜坡状，位于墓室西端，南北两壁陡直。墓道口部残长1.7、宽1.12～1.28米，下端深0.35米；坡底残长1.74米，坡度10°。

墓室仅剩土坑墓圹，口底同大，墓壁陡直，土圹长2.7～2.86、宽1.32～1.38、残深0.35～0.5米。砖砌墓壁不存，墓底北壁下紧贴墓壁有宽0.16～0.2米的沟槽，内残留一层墙基，单顺砖平铺。

坑内填黄褐色五花土，土质较硬，夹杂碎砖块。

2. 葬具、葬式

葬具及人骨腐朽无存，葬式不明（图三六）。

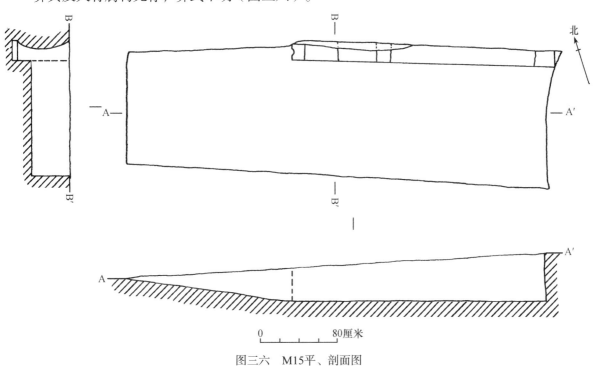

图三六　M15平、剖面图

3. 随葬品

墓葬毁坏严重，随葬器物被盗掘一空。

十六、M16

位于发掘Ⅲ区中北部，T0611东部偏北，东邻M6，北邻M35。M15打破M16南部墓壁，地表地势东高西低。

1. 墓葬形制与结构

该墓开口于表土层下，表土层厚0.15米。平面形状呈"甲"字形，由墓道和竖穴土坑墓室组成。方向290°。

墓道为长方形斜坡状，上口长2.06、宽1.4米，直壁，坡底较平缓，西部较陡。坡底总长2.16、下端宽1.4、深0.5米。墓道下端底部至墓室底高0.24米。

墓室平面呈长方形，口底同大，长3.4、宽1.9米，墓底距墓口深0.9～1.15米。墓壁垂直至底，壁面粗糙，墓底平坦。

坑内填土为黄褐色五花土，土质较硬，结构紧密，夹杂少量石块。

2. 葬具、葬式

（1）葬具

葬具已朽，仅见灰痕，从痕迹看，为一棺一椁。

椁室平面呈"Ⅱ"形，椁痕长2.6、宽1.26、残高0.24米。椁东、西挡板灰痕两端均向外伸出，通长1.48～1.54米。

棺位于椁内南部偏东，棺痕长2.22、宽0.54米。

（2）葬式

墓内人骨1具，已腐朽，保存有头骨和下肢骨朽痕，头向西，葬式推测为仰身直肢。骨痕长约1.74米。初步鉴定为一女性（图三七；彩版六，1）。

3. 随葬品

随葬器物共6件，放置于椁内棺外西北部，有铜洗1件，陶罐1件、鍪1件，另外，在棺内脚部出铜镜2面，腰部出铜钱26枚（彩版六，1；图版八，1）。

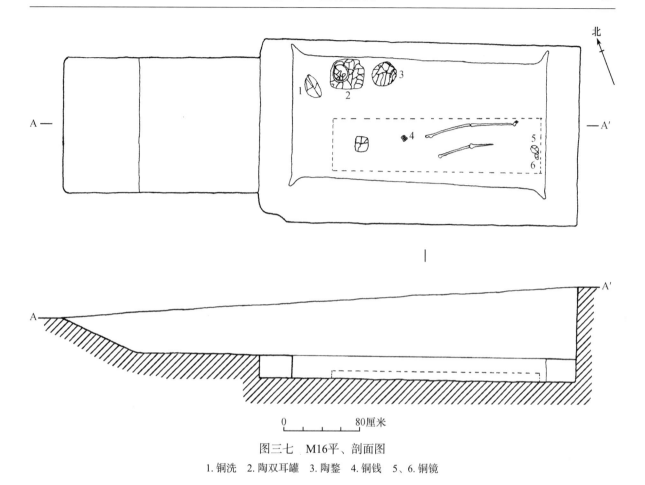

图三七　M16平、剖面图

1. 铜洗　2. 陶双耳罐　3. 陶鍪　4. 铜钱　5、6. 铜镜

（1）陶器

2件。器类有双耳罐、鍪。

双耳罐　1件。M16：2，泥质灰陶。圆唇，翻折沿，沿面微下凹，侈口，束颈，溜肩，近肩部有扁环形对称双耳，鼓腹，向下内收，凹圜底。肩、上腹部饰竖绳纹，间三道抹痕，下腹部及底饰横绳纹。口径16.8、腹径28、底径8.4、高26.8厘米（图三八，1；图版二三，5）。

鍪　1件。M16：3，泥质灰陶。方唇，敞口，翻沿上翘较甚，束颈，溜肩，肩、腹之间有两对称竖立双耳，有穿，鼓腹，向下内收，凹圜底。腹部有两道凹弦纹，下腹及底饰绳纹。口径13.6、腹径17.6、底径6、高19.6厘米（图三八，2；图版二五，5）。

（2）铜器

4件。器类有洗、铜镜及铜钱。

洗　1件。M16：1，浅绿色，胎壁较薄，破碎。敞口，折沿，弧鼓腹，圜底。口径19.6、腹径18.4、高9.8厘米（图三九，1）。

铜镜　2面。M16：5，日光连弧纹镜，残破，锈蚀。圆形，半圆纽，圆纽座，纽座外周围锈蚀严重，纹饰不明。之外有一周内向八连弧纹圈带。其外两周短斜线纹间有铭文带，铭文为

"见日之光，天下大明"，每字之间以"田"形或月牙纹相隔。素平缘凸起。直径6、缘宽4、厚0.15厘米（图四〇，1；彩版一七，1；图版四四，1）。M16：6，日光连弧纹镜，残半。圆形，半圆纽，圆纽座。素平缘凸起。纽座向外伸出两条短弧线纹，之外为一周内向八连弧纹圈带。再外有一周篆隶式变体"……光，天…大明"铭文带。每字之间以弧线云纹相隔。其外一周短斜线纹。直径6.1、缘宽4、厚0.15厘米（图四〇，2；图版四四，1）。

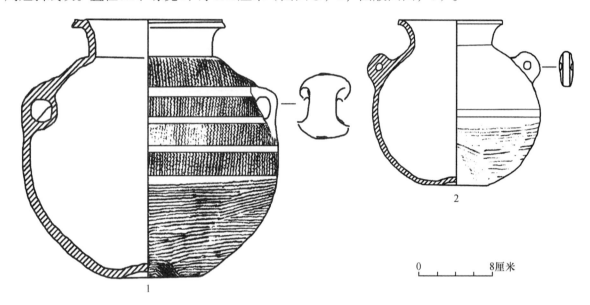

图三八　M16出土陶器

1. 双耳罐（M16：2）　　2. 鍪（M16：3）

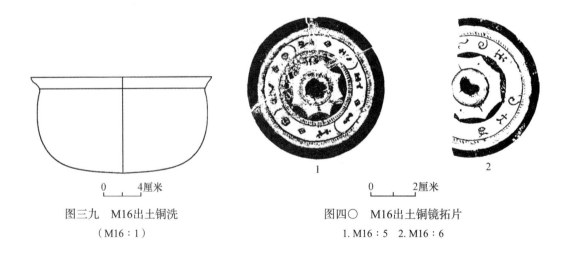

图三九　M16出土铜洗
（M16：1）

图四〇　M16出土铜镜拓片
1. M16：5　2. M16：6

铜钱　26枚，计1件。全部为五铢钱。铜质，绿锈。少量破碎，铜钱19枚拓片。"五"字交股弯曲甚大，上下两横出头多接于外郭或内郭，"铢"字"朱"字头方折，"金"字头稍小，呈三角形或箭镞状，四点竖长。有的"金"旁较"朱"旁略低。M16：4-1～M16：4-19，直径2.2～2.3厘米（图四一，1～12；图四二，1～7；图版四四，6）。

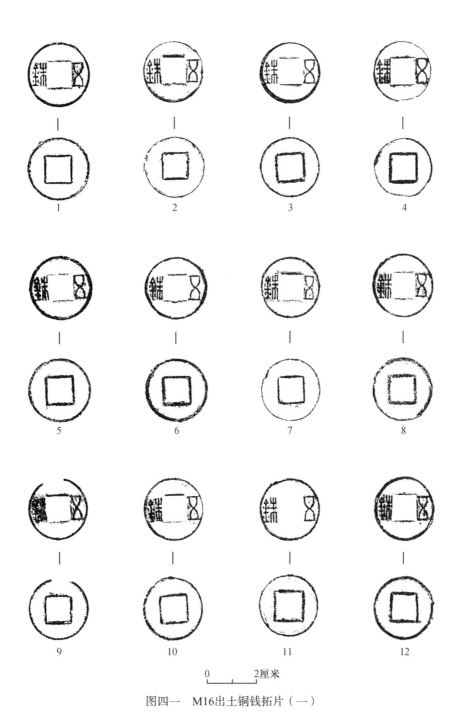

图四一 M16出土铜钱拓片（一）

1~12.五铢钱（M16：4-1、M16：4-2、M16：4-3、M16：4-4、M16：4-5、M16：4-6、M16：4-7、M16：4-8、M16：4-9、
M16：4-10、M16：4-11、M16：4-12）

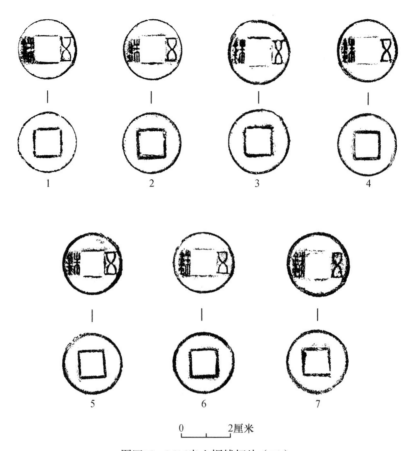

图四二　M16出土铜钱拓片（二）

1～7.五铢钱（M16：4-13、M16：4-14、M16：4-15、M16：4-16、M16：4-17、M16：4-21、M16：4-22）

十七、M17

位于发掘Ⅲ区中部，T0816中部偏东，部分延伸至T0716的西南部，东邻M19，东南邻M22。该墓打破西南M18。

1. 墓葬形制与结构

墓葬开口于表土层下，表土层厚0.1～0.25米。平面呈"甲"字形，由墓道和前室、后室组成，坐西北朝东南，墓向120°。该墓曾遭到严重盗掘破坏，墓室上部券顶已不存在。又因墓葬西部坐落在M18上，使整个墓室下陷。墓葬土坑墓圹壁面垂直至底，墓室总长3.8、宽2.2米，墓底距地表深2.15～2.39米（图四三；彩版九，1）。

墓道为土坑竖穴，设于墓室东南部，平面长方形，近墓门处为喇叭形，底呈斜坡状，坡底较陡，延伸至墓室底部，坡面不规整。墓道口长4.3、宽1.3～2.2米，底坡长4.9米，坡度35°。

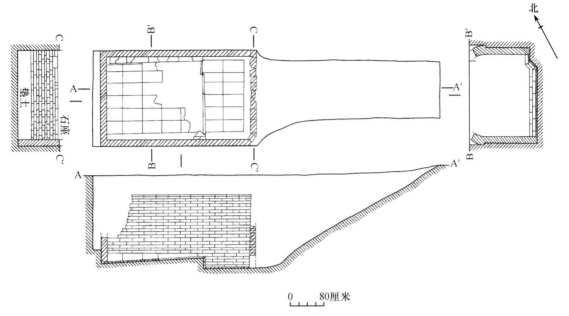

北

图四三 M17平、剖面图

填土为黄褐色五花土，土质较硬。

墓室由横前室和后室组成，前、后室等宽。平面呈长方形，为砖砌墓室，纯砖结构，用长条形砖、长方形砖构筑，其建筑方式为先挖土坑墓圹，用长方形砖铺地，再用长条形砖沿墓圹砌墙起券封顶，然后用砖封门，封门砖墙用半砖垒砌于距墓底高0.32米的垫土上。墓室口长3.8、宽2.2米，墓底长3.3、宽1.9米，深1.9~2.14米。其中前室平面为横长方形，进深1.04、内宽1.9米，后室进深2.26、内宽1.9米。前室墓底低于后室底0.24米。前、后室墓壁砖墙砌于铺地砖之上，砌法为条形花纹砖顺向单砖错缝叠砌，西壁残存两层，砖为有榫卯结构的子母砖。墓室顶部不存，从墓壁残存券砖看，为拱形内外双砖券顶。墓底均用长方形砖齐缝平铺而成。

墓室内填土为黄褐色五花土，土质较硬，夹杂有料姜石、石块、残碎砖块、陶片等。

墙砖、封门砖、券砖均为青灰色长条形，铺地砖为青灰色长方形。墙砖、封门砖规格均为45.8厘米×15厘米×7厘米，券顶楔形砖规格为45厘米×15厘米×（6~7）厘米，砖的一面饰斜绳纹，墙砖、封门砖和券砖的一长侧面饰多重菱形几何纹（图四四，1、2）。铺地砖规格分别有47.3厘米×29.5厘米×4.5厘米、47厘米×30厘米×4厘米、（残）41厘米×30厘米×4.4厘米、（残）40.5厘米×（残）27.6厘米×4厘米，正面模印花纹图案，花面漫漶不清，可辨为两种纹饰，一种在砖的一面模印网格纹，网格内间饰回字菱形纹，一种在砖的一面模印几组纵横回字菱形纹或田字菱形纹，左右两侧各有一组回字菱形纹和田字菱形纹（图四四，3、4）。

2. 葬具、葬式

该墓葬具和人骨架已腐朽无存，葬具数量及葬式皆不详。

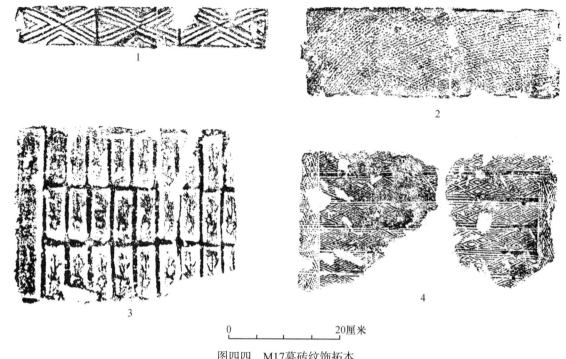

0　　　　　　　　　　20厘米

图四四　M17墓砖纹饰拓本

1、2. 墙砖、封门、券砖纹饰　3、4. 铺地砖纹饰

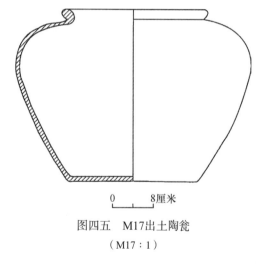

0　　　8厘米

图四五　M17出土陶瓮

（M17：1）

3. 随葬品

　　该墓随葬器物被盗掘无存。仅在墓内填土中出土少量陶器残片，均为泥质灰陶。经拼对粘合器形为陶瓮1件。

　　陶瓮　1件。泥质灰陶。素面。M17：1，平口，翻沿圆唇，圆肩鼓腹，下腹斜直内收，平底。最大腹径在上腹部。口径26、腹径44、底径24、高31.2厘米（图四五；图版二〇，6）。

十八、M18

　　位于发掘Ⅲ区中部，T0816中部偏南，被M17打破北部。

1. 墓葬形制与结构

　　开口于表土层下，表土层厚0.25米。方向20°。墓坑平面呈梯形，竖穴土坑墓，直壁平底。墓室口底同大，长3.1、宽1.72～2、深3.5～3.76米。墓壁陡直，壁面较规整，墓底较平坦。

坑内上部填黄褐色五花土，土质较松软，厚2.7米，夹杂有少量料姜石和炭灰颗粒。下部填充木炭，炭灰厚度0.8米。

2. 葬具、葬式

（1）葬具

墓内葬具已朽，根据墓底积炭和清理情况，应为一椁一棺。

椁室平面呈长方形，位于墓室北部，棺位于椁内西侧。在墓底椁室下和椁室四周填充木炭，墓底炭灰厚0.22米，北、东、南、西四壁积炭宽度各为0.1、0.22、0.6、0.4米，高度约0.8米。

（2）葬式

墓内人骨架1具，已经腐朽，葬式为仰身直肢，双手交并于腹上。性别、年龄不详（图四六；彩版七，1）。

3. 随葬品

该墓随葬品共10件，均为泥质灰陶器，放置于椁内棺外东部，自南向北有陶瓮1件、双耳罐1件、鼎2件、小壶2件、钫2件、盒2件（图版一〇，2）。

瓮　1件。M18：1，口稍敛，方唇，矮领，圆肩，深腹，上腹部近直，下腹弧形内收，圜底。上腹饰竖绳纹，间一周弦纹，下腹及底饰横竖绳纹。口径23.6、高32.4厘米（图四七，1）。

双耳罐　1件。M18：2，敞口，尖唇，翻沿，沿下垂，长束颈，广肩，鼓腹，下腹弧形内收，凹圜底。肩部有两个对称扁环形耳，上腹部及底饰横竖交叉绳纹，间三道弦纹。口径14.4、腹径28.8、底径5.6、高26.4厘米（图四七，2；图版二一，5）。

小壶　2件。均为泥质灰陶。M18：3，在器盖顶部、壶颈腹部残留有白色陶衣残痕。尖唇，平沿，敞口，长束颈，溜肩，鼓腹，假圈足。颈部有一周凹弦纹。上承子口浅盘弧顶形盖，内有一周凸棱呈子口。口径5.6、腹径9.8、底径4.4、通高13厘米（图四七，3；图版一八，5）。M18：4，形制大小与M18：3相同。在器盖顶部、壶颈腹部残留有白色陶衣残痕。尖唇，平沿，敞口，长束颈，溜肩，鼓腹，假圈足。颈部有一周凹弦纹。上承子口浅盘弧顶形盖，内有一周凸棱呈子口。口径5.6、腹径9.8、底径4.4、通高13厘米（图四七，4）。

钫　2件。M18：5，在口沿下施白色彩衣。直口稍侈，长束颈，溜肩，鼓腹，下腹弧形内收，高圈足外撇。上承子口覆斗状盖。口边长10.8、腹边长21.6、底边长12、通高44.4厘米（图四七，5；彩版一八，3）。M18：6，口沿下施有白色彩衣，形制大小与M18：5相同。直口稍侈，长束颈，溜肩，鼓腹，下腹弧形内收，高圈足外撇。上承子口覆斗状盖。口边长10.8、腹边长21.6、底边长12、通高44.4厘米（图四七，6）。

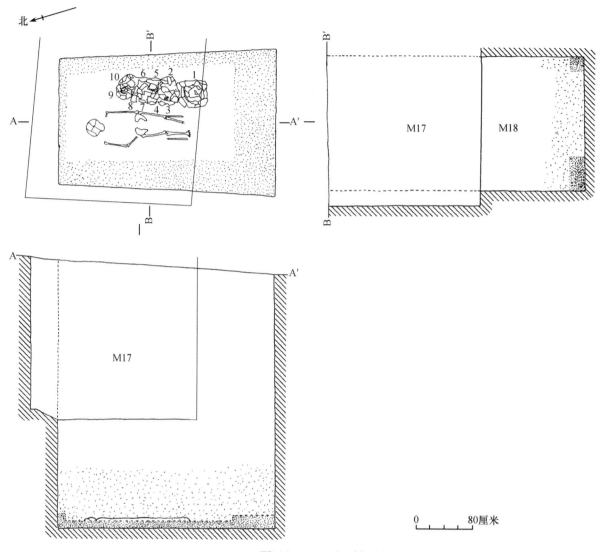

图四六　M18平、剖面图
1.陶瓮　2.陶双耳罐　3、4.陶小壶　5、6.陶钫　7、8.陶鼎　9、10.陶盒

　　鼎　2件。M18：7，在口沿、耳、足部施有白色陶衣。子母口，折沿，口下附两对称长方形耳，有穿，耳上端稍外撇，弧腹，上腹近直，下腹弧形内收，圜底。三蹄形足。上承深腹、弧形顶盖。口径12.4、足高6.4、通高15.2厘米（图四七，7；图版一二，5）。M18：8，在口沿、耳、足部施白色陶衣，形制大小与M18：7相同。子母口，折沿，口下附两对称长方形耳，有穿，耳上端稍外撇，弧腹，上腹近直，下腹弧形内收，圜底。三蹄形足。上承深腹、弧形顶盖。口径12.4、足高6.4、通高15.2厘米（图四七，10；图版一二，6）。

　　盒　2件。M18：9，在器口部施有白色陶衣。子母口，折肩，弧腹内收，底内凹。上承深腹、矮圈足盖。上底径8、下底径8、通高14厘米（图四七，9；图版一六，1）。M18：10，器口部施有白色陶衣，形制大小与M18：9近同。子母口，折肩，弧腹内收，底内凹。上承深腹、矮圈足盖。上底径7.2、下底径7.2、通高14厘米（图四七，8；图版一五，6）。

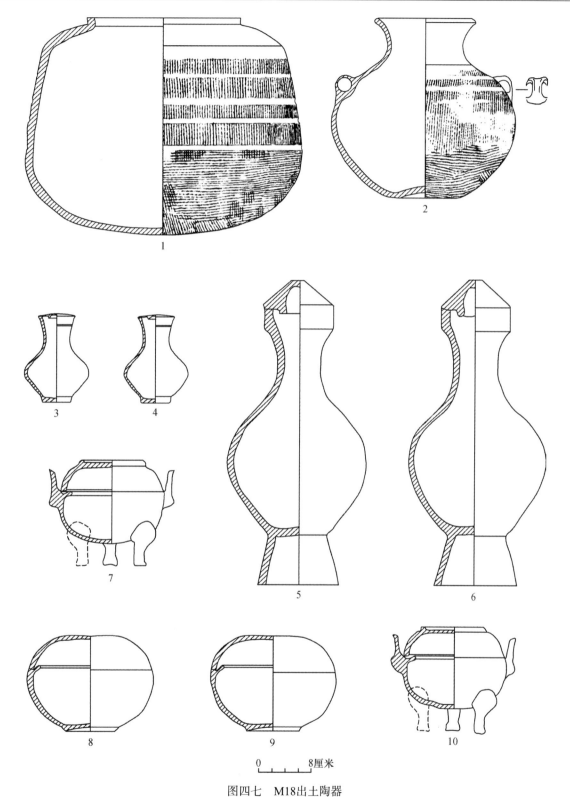

图四七　M18出土陶器

1.瓮（M18：1）　2.双耳罐（M18：2）　3、4.小壶（M18：3、M18：4）　5、6.钫（M18：5、M18：6）　7、10.鼎
（M18：7、M18：8）　8、9.盒（M18：10、M18：9）

十九、M19

位于发掘Ⅲ区中部，T0616中部，西邻M17，东北邻M20，东邻M24，东南邻M27、M28。

1. 墓葬形制与结构

墓葬开口于表土层下，表土层厚0.15～0.2米。平面呈"甲"字形，由墓道、甬道和前、后墓室组成，坐东北朝西南，墓向205°。该墓遭到破坏，墓室上部券顶已不存在。墓室为砖砌墓室，砖为有榫卯结构的子母砖，墓壁紧贴土坑墓圹，土坑墓圹壁面垂直至底。墓室总长5.5、宽1.6～2.7米，墓底距地表深2.2～2.4米（图四八；彩版九，2）。

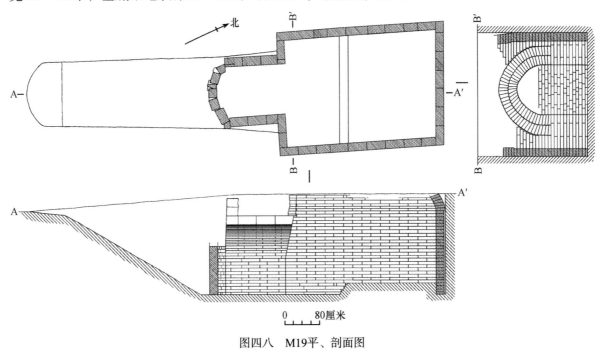

图四八　M19平、剖面图

墓道为土坑竖穴墓道，设于墓室南部偏西，平面近长方形，口长3.94、宽1.4～1.6米。底呈斜坡状，坡底前端平缓，后部较陡，延伸至墓室底部。底坡长4.4米。填土为黄褐色五花土，土质较硬。

甬道位于墓室南壁中间偏西，平面长方形，长1.38、宽1.14、深2.26米。两侧墓壁12层，为单顺砖叠砌错缝平铺，高0.82米。甬道上部为拱形券顶，券顶内高0.76米，券顶上下三层，下层保存完整，上面两层受到破坏。甬道与墓道间有宽0.52米的空隙，用来垒砌外弧形封门砖墙，残高1.12米。

墓室由横前室和后室组成，前、后室等宽。平面呈长方形，墓室口长3.6、宽2.7米，墓室底通长3.24、宽2.34、深2～2.28米。其中前室平面为横长方形，进深1.2米，后室为棺室，近方形，进深2.04米。前室墓底低于后室底0.28米。前、后室墓壁砖墙砌法均为单平砖顺向错缝叠砌。墓室顶部不存，从墓壁残存券砖看，为四角攒尖单砖券顶。

墓室内填土为黄褐色五花土，土质较硬，夹杂有石块及碎砖块、陶器残片等。

墙砖、封门砖、券砖均为青灰色长条形。墙砖规格分别有43.2厘米×18.2厘米×6.8厘米、44.8厘米×18.2厘米×7.5厘米、43厘米×19.9厘米×6厘米，砖的一面饰绳纹，一长侧面饰回字菱形纹和田字菱形纹（图四九）。封门砖规格分别有25.2厘米×18.2厘米×7厘米、23厘米×18.2厘米×7.2厘米，砖的一面饰绳纹，一长侧面饰菱形纹、三角纹（图五〇）。券顶为楔形砖，规格为24.1厘米×20厘米×（6.2~6.8）厘米，砖的一面饰绳纹，一长侧面饰回字菱形纹（图五一）。

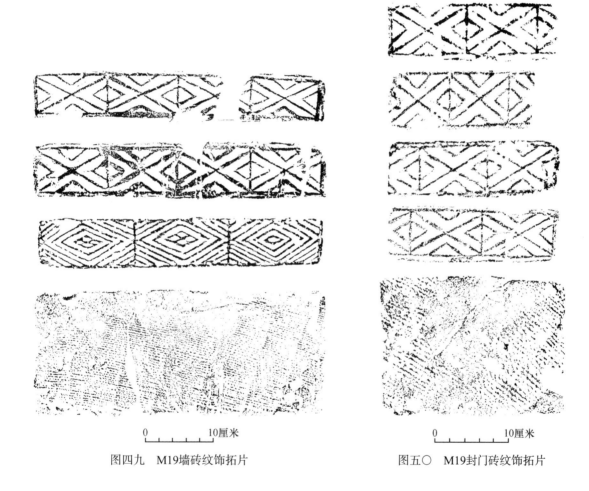

图四九　M19墙砖纹饰拓片　　　　　　　　图五〇　M19封门砖纹饰拓片

2. 葬具、葬式

该墓葬具和人骨架已腐朽无存，葬具数量及葬式皆不详。

3. 随葬品

该墓随葬器物被盗掘无存。在墓内填土中出土少量陶器和陶片，均为泥质灰陶。陶器有鸡2件、鸭1件、猪1件、仓盖1件，陶片经拼对粘合为一陶瓮（图版三，1）。此外，还出土25枚铜钱和1枚铅钱。

（1）陶器

6件。器类有瓮及陶鸡、鸭、猪、仓盖。

瓮　1件。M19：1，直口、圆唇，折沿，矮领，圆肩，弧鼓腹内收，平底。口径21、底径19.5、最大腹径42、高30.4厘米（图五二，1；图版二一，1）。

鸡　2件。立姿，昂首，翘尾。M19：2，通长14、高10厘米（图五二，5；图版四一，1）。M19：3，通长10、高8.5厘米（图五二，4；图版四一，2）。

鸭　1件。M19：4，立姿。通长11、高7厘米（图五二，3；图版三四，4）。

猪　1件。仅做出猪的轮廓。M19：5，通长12、高6厘米（图五二，6；图版三四，5）。

仓盖　1件。M19：6，泥质灰陶。圆锥形，顶部隆起，外呈凸起状三角形蕉叶纹。口径11、高8厘米（图五二，2；图版二六，5）。

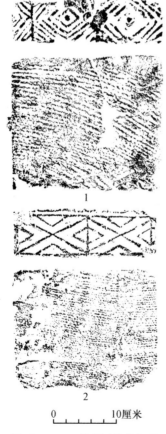

图五一　M19券顶砖纹饰拓片

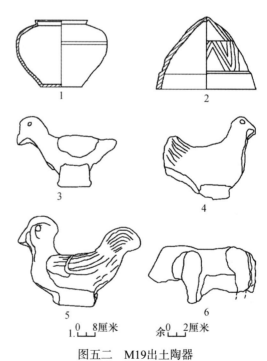

图五二　M19出土陶器
1.瓮（M19：1）　2.仓盖（M19：6）　3.鸭（M19：4）
4、5.鸡（M19：2、M19：3）　6.猪（M19：5）

（2）铜器

仅出土铜钱，计25枚。其中五铢钱21枚，货泉4枚（图版四四，4）。

①五铢钱 共21枚。铜质，绿锈，部分铜质呈紫红色。根据钱文不同，可分为二种：

第一种：8枚。"五"字交笔弯曲，上下横笔基本与两竖齐，"朱"旁上横笔圆折，"金"尖呈一小三角形，四点长方形排列整齐。M19：7-1～M19：7-8，直径2.5厘米（图五三，1～8）。

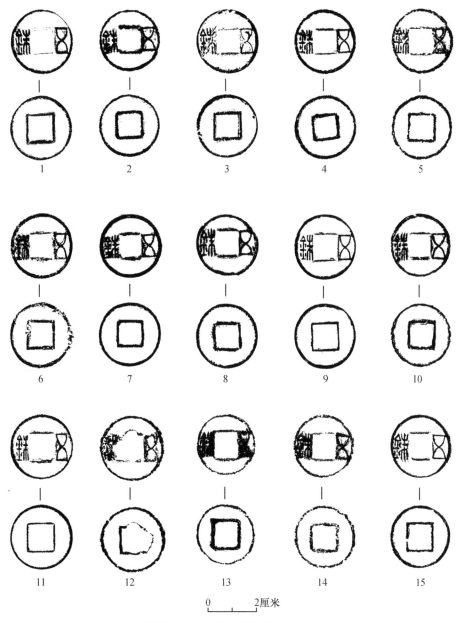

0 ____ 2厘米

图五三 M19出土钱币拓片（一）

1～15.铜五铢钱（M19：7-1、M19：7-2、M19：7-3、M19：7-4、M19：7-5、M19：7-6、M19：7-7、M19：7-8、M19：7-9、M19：7-10、M19：7-11、M19：7-12、M19：7-13、M19：7-14、M19：7-15）

　　第二种：13枚。"五"字交股弯曲甚大，上下两横出头接于外郭或内郭，"铢"字"朱"字头上横方折，"金"字头稍小，四点多呈长方形且较整齐。M19：7-9～M19：7-21，直径2.3～2.5厘米（图五三，9～15；图五四，1～6）。

　　②货泉　4枚。制作规整，有内外郭。篆文，笔画工整，"泉"字中竖笔断开。M19：8-1～M19：8-3、M19：9，直径2.2厘米（图五四，8～11）。

　　（3）铅器

　　仅见1枚铅质钱。钱文五铢。钱币内外郭俱全，表面呈灰白色。M19：10，直径2.5厘米（图五四，7）。

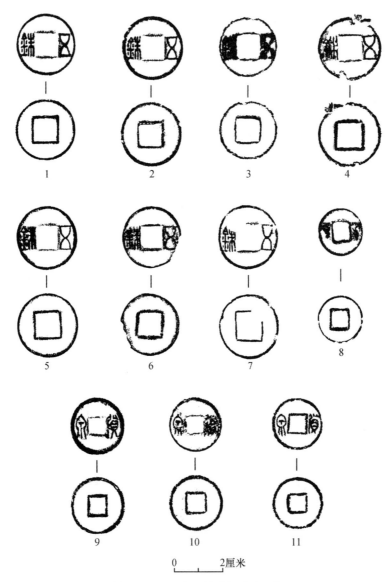

图五四　M19出土钱币拓片（二）

1～6.铜五铢钱（M19：7-16、M19：7-17、M19：7-18、M19：7-19、M19：7-20、M19：7-21）　7.铅五铢钱（M19：10）

8～11.铜货泉（M19：9、M19：8-1、M19：8-2、M19：8-3）

二十、M20

位于发掘Ⅲ区中部，T0615东部偏北，北邻M21，向南打破M26。

1. 墓葬形制与结构

该墓开口于表土层下，表土层厚0.2米。方向95°或275°。平面呈长方形，单室砖墓，墓坑遭受严重破坏，砖砌墓壁和墓底铺地砖不存，仅存墓底土坑墓圹。墓圹为直壁，平底（图五五）。

墓圹长4.8、宽2.2、残深0.5米。

坑内填黄褐色五花土，土质松软，墓坑内填大量碎砖块。

2. 葬具、葬式

葬具及人骨无存，葬式不明。

3. 随葬品

无。

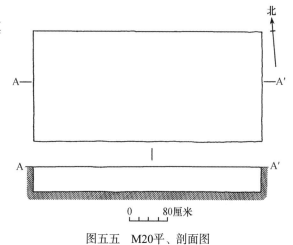

图五五 M20平、剖面图

二十一、M21

位于发掘Ⅲ区中部，T0615东北角，向东延伸到T0515西北部，南邻M20、北邻M5。

1. 墓葬形制与结构

墓口西高东低，开口于表土层下，表土层厚0.2米。平面呈"刀"形，由墓道和墓室组成，坐西北朝东南，墓向115°。墓室为纯砖结构，用长条形有榫卯结构的子母砖修筑，其构筑方式为先挖土坑墓圹，用长条形砖沿墓圹砌墙起券封顶，再铺地，然后用砖封门。该墓遭到破坏，墓室上部及券顶和西壁、封门砖墙已不存在。墓室口底同大，墓底距地表深1.08～1.4米（图五六；彩版九，3）。

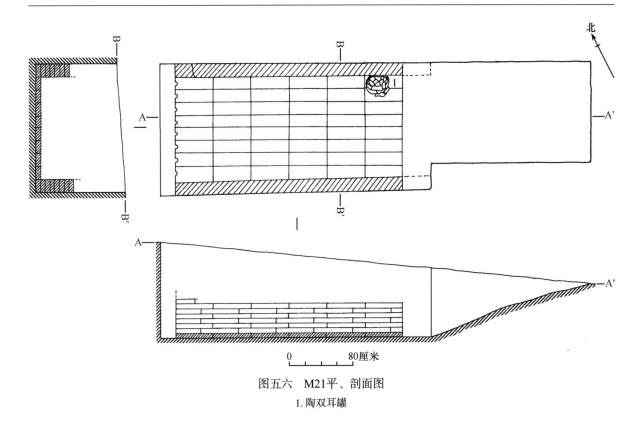

图五六　M21平、剖面图
1. 陶双耳罐

　　墓道设于墓室东部，为土坑竖穴墓道，平面长方形，底呈斜坡状，坡底延伸至墓室底部，坡面不太规整。墓道口长2、宽1.24米，底坡长2.1米。填土为黄褐色五花土，土质较松软。

　　墓室长方形，口长3.4、宽1.6米，底内长2.86、宽1.3米，深0.88～1.2米。墓室两侧砖墙砌法为条形花纹砖单砖顺向错缝叠砌，墙残存6层。墓底用长条形子母砖齐缝平铺而成。墓室内填土为黄褐色五花土，土质较松软，夹杂有料姜石及碎砖块、陶片等。

　　墙砖、铺地砖均为青灰色长条形，为带榫卯结构的楔形砖，墙砖、铺地砖规格为47厘米×15厘米×7厘米，券顶砖规格为47厘米×15厘米×（5.5～7）厘米。砖的一面为素面，一长侧面或窄长侧面皆饰回字菱形纹、田字菱形纹或间三角几何纹（图五七）。

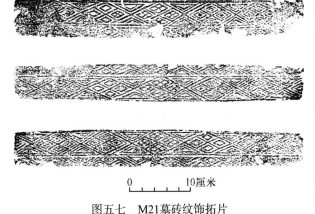

图五七　M21墓砖纹饰拓片

2. 葬具、葬式

　　该墓葬具和人骨架已腐朽无存。

3. 随葬品

　　墓葬虽被盗掘破坏，但在墓底东部靠北壁出土1件陶双耳罐，墓底填土中出土陶井、陶釜、陶甑各1件。

陶双耳罐 1件。M21：1，泥质灰陶。敞口，方唇，沿下凹，矮束颈，溜肩，近肩部有两对称的扁环形耳，鼓腹，最大腹径在器中部，下腹斜直内收，凹圜底。肩、腹、底满饰绳纹，腹部间饰四道弦纹。口径16.8、腹径28.8、底径8.8、高28.9厘米（图五八，1）。

陶井 1件。M21：2，泥质红陶。直口微侈，宽折沿，方唇，沿面微凹，微束颈，深腹，上腹微收，下腹稍鼓，平底。最大径在下腹，底部有刀削痕。口径11.6、底径10.2、高9.5厘米（图五八，2；图版三四，1）。

陶釜 1件。M21：3，泥质灰陶。敛口，圆唇，弧鼓腹，腹部微折，圜底。口径5.5、腹径8.4、高4.5厘米（图五八，3）。

陶甑 1件。M21：4，泥质灰陶。敞口，翻沿，斜直腹，底部有刀削痕，小平底。口径8、底径2.5、高4.2厘米（图五八，4；图版四〇，3）。

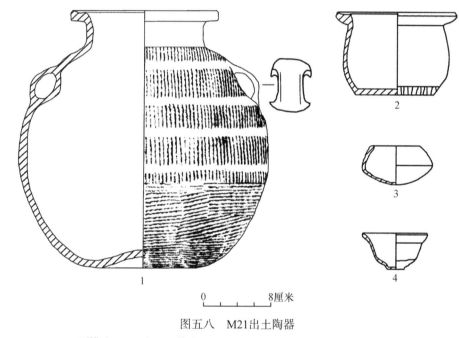

0 _____ 8厘米

图五八 M21出土陶器

1.双耳罐（M21：1） 2.井（M21：2） 3.釜（M21：3） 4.甑（M21：4）

二十二、M22

位于发掘Ⅲ区中部偏南，T0717西南部，向南延伸到T0718中，西北邻M17，东北邻M19，东邻M27，东南邻M25。

1. 墓葬形制与结构

墓口西高东低，开口于表土层下，表土层厚0.2～0.3米。平面呈"甲"字形，由墓道和前、后墓室组成，坐西北朝东南，墓向115°。墓室用长条形有榫卯结构的子母砖修筑，遭到严重破坏，上部及券顶和西壁、封门砖墙已不存在。墓室口底同大，通长4.32、宽2.4米，墓底距地表深1.78~2.1米（图五九；彩版九，4）。

墓道位于墓室东南部，为土坑竖穴墓道，平面长方形，口残长2.2、宽1.8米，墓道下端深1.78米。两侧壁竖直，底面不太规整。呈不规则阶梯状，至墓口残剩四级阶梯，下端一级最宽，约1.2米，底略呈斜坡。填土为黄褐色五花土，土质较松软。

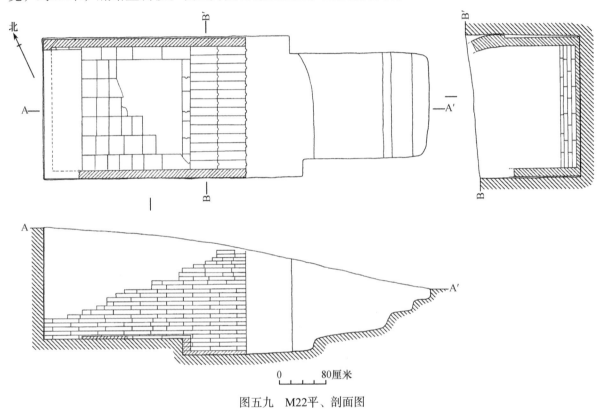

图五九　M22平、剖面图

墓室长方形，由前、后室组成，前后等宽，总长4.16、内宽2.08米，底距墓口深1.58~1.82米。前室为横长方形，进深1.76米，后室近方形，进深1.76米。墓室两侧砖墙为条形花纹砖单砖错缝顺向叠砌，后室墙砖砌至13层起券，砖花纹侧面多朝内。前室底用长条形砖纵向齐缝平铺，东端铺地砖不存，后室底用长方形砖横向齐缝平铺，东部铺地砖不存。后室底高出前室底0.28米。墓室内填土为黄褐色五花土，土质较松软，夹杂有料姜石及碎砖块、陶片等。

墙砖、券砖、前室铺地砖为青灰色长条形，后室铺地砖为青灰色长方形，部分墙砖为青灰色小方形。墙砖及前室铺地砖规格均为46.6厘米×14.5厘米×7.3厘米，砖的一面饰绳纹，一长侧面横向模印四组回字菱形纹（图六〇，1~4）；券顶楔形砖规格为42.5厘米×19.6厘米×（5.6~6.7）厘米，砖的一面饰绳纹，一窄长侧面饰上下对称的回字菱形纹（图六一，1~3）；后室铺地砖规格为46厘米×残宽28厘米×5.4厘米，砖的一面模印菱形纹或三角几何纹（图六一，4、5）。小方砖规格为19.5厘米×19.8厘米×6.8厘米，画面多被磨蚀，无法拓出。

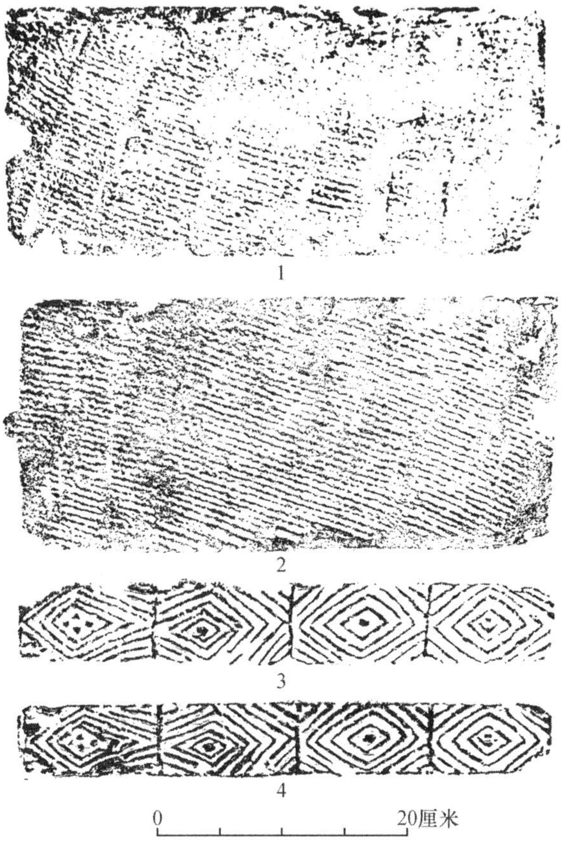

图六〇 M22墓砖纹饰拓片（一）

1、2. 绳纹 3、4. 回字菱形纹

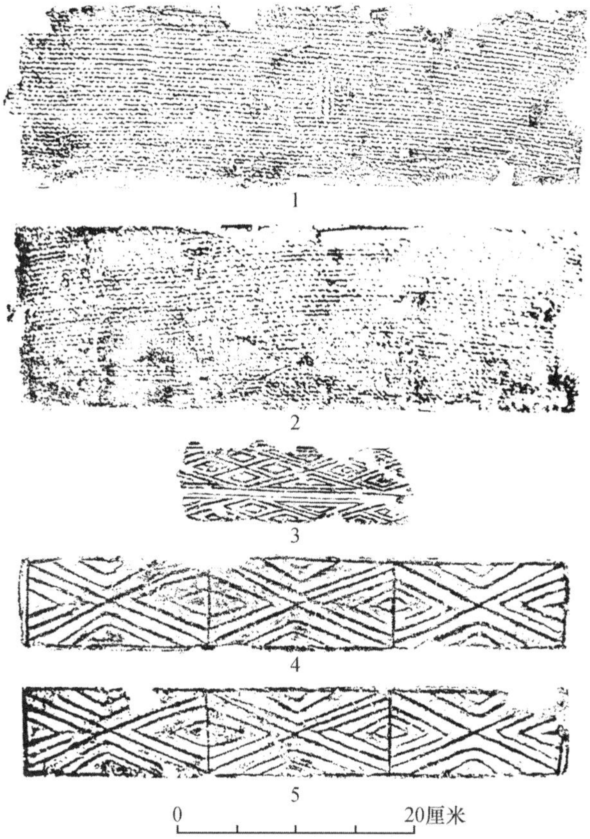

图六一 M22墓砖纹饰拓片（二）

1、2. 绳纹 3、4. 回字菱形纹 4、5. 菱形纹、三角几何纹

2. 葬具、葬式

葬具腐朽不详。

人骨腐朽无存，墓主人性别、年龄、葬式等不详。

3. 随葬品

墓葬被盗扰破坏，在墓内填土中出土部分陶器残片，器形有陶双耳罐、井、灶、釜、甑等。经修复复原出几件陶器，均为泥质灰陶（图版八，2）。

陶双耳罐 1件。M22∶2，泥质灰陶。口部残。溜肩，小弓形双耳，鼓腹，最大腹径在上部，下腹弧形内收，平底。肩、腹部有两道凹弦纹。残高18.2、腹径22.3、底径12.6厘米（图六二，1；图版二三，6）。

陶井 1件。M22∶1，泥质灰陶。浅腹。方唇，平折沿微上翘，侈口，矮束颈，溜肩，直腹，平底。口径10.8、腹径12.6、底径10、高10.4厘米（图六二，2；图版三四，2）。

陶釜　1件。M22：3，泥质灰陶。敛口，鼓腹，圜底。口径6.2、腹径8.6、高5.4厘米（图六二，3；图版三五，2）。

陶甗　1件。M22：4，泥质黄褐陶。圆唇，翻折沿，沿面微凹，斜弧腹内收，小平底。口径13.4、底径3.4、高6.8厘米（图六二，4；图版四〇，2）。

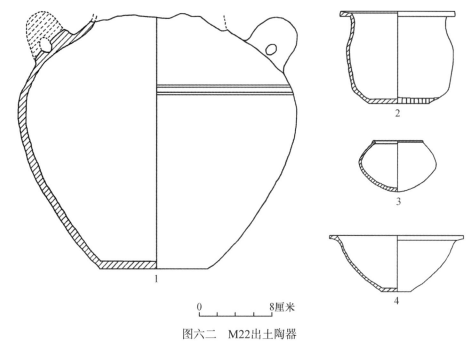

0　　　　　　　8厘米

图六二　M22出土陶器

1. 双耳罐（M22：2）　2. 井（M22：1）　3. 釜（M22：3）　4. 甗（M22：4）

二十三、M23

位于发掘Ⅲ区中部，T0516西北部，西部邻M19，西北邻M26，打破M24。

1. 墓葬形制与结构

该墓开口于表土层下，表土层厚0.1米。方向215°。砖室墓，平面呈"凸"字形，由甬道和墓室组成。墓坑被严重毁坏，仅存墓底西部一部分，残长3.14、残宽0.3～1米，墓坑残深0.58米（图六三；彩版二，3）。坑内填黄褐色五花土，夹杂有料姜石和碎砖块，土质较松软。

甬道长方形，南部和东部被破坏不存，残长1.1、残宽0.24米，西墙高0.48米。甬道砖墙条形砖顺向错缝叠砌，铺地砖横向齐缝平铺。

墓室长方形，北部和东部被破坏不存，残长2.04、内残宽0.84、砖墙残高0.48米。砖墙砌法与甬道相同，铺地砖前端两平砖横向齐缝平铺，北部纵向齐缝平铺。

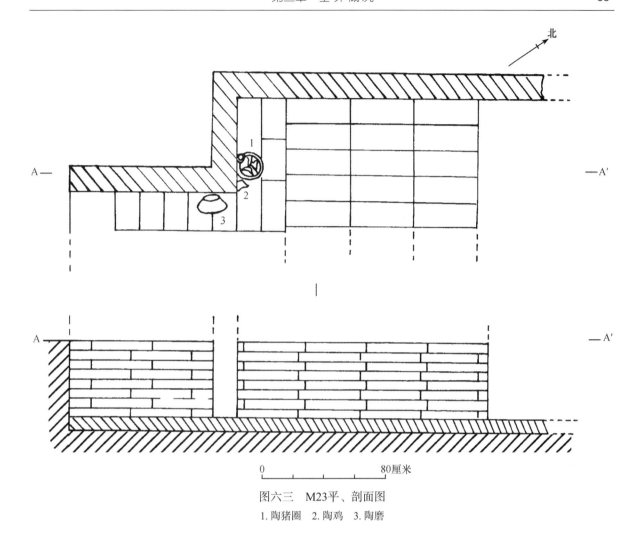

图六三 M23平、剖面图
1. 陶猪圈 2. 陶鸡 3. 陶磨

墙砖为青灰色长条形，用砖大小不一，规格有41.5厘米×15厘米×5.5厘米、41.5厘米×16.2厘米×5.8厘米、43厘米×16.5厘米×6厘米，砖的一面饰斜绳纹，一长侧面饰回字菱形纹或编织纹（图六四）。

2. 葬具、葬式

葬具及人骨无存，葬式不明。

3. 随葬品

墓内随葬器物均为陶器。墓底出土随葬品有陶猪圈、磨、鸡各1件，墓内近底部填土中出土陶鸡2件、狗1件。

图六四　M23墓砖纹饰拓片

陶猪圈　1件。M23：1，泥质灰陶。圆形圈栏，在院栏上悬空一座圆形陶屋，上无顶，一面开一个长方形小门。紧靠栏外设一斜坡通道。院栏内置一陶猪，呈直立状，鬃毛竖起，内空，足相连为一体，尾巴放于脊上。猪圈直径21.2、通高12.8厘米（图六五，1；图版二七，2）。

陶磨　1件。M23：3，泥质灰陶。分上下两扇，下扇连接圆形磨盘，中空，磨盘为敞口，平底。上扇中部有两个相对的半月形槽。磨径9.4、磨盘径18.4、通高8.6厘米（图六五，6；图版二七，4）。

陶狗　1件。M23：4，泥质黑皮陶。破碎，足残。昂首站立，颈、腹各饰宽带，内空，卷尾。体长25.6、高19.2厘米（图六五，2；图版三四，6）。

陶鸡　3件。M23：2，泥质灰陶。口部略残。昂首，直立，尾巴上翘，圈足。通长13.4、高9厘米（图六五，3；图版四一，3）。M23：5，泥质灰陶。口、足略残，形态与M23：2近同，昂首，直立，翘尾，圈足。通长14.6、高9厘米（图六五，4；图版四一，4）。M23：6，泥质红陶。腹部残，形态与M23：2近似，昂首，直立，圈足，尾巴上翘，内中空。通长11.5、高10.8厘米（图六五，5；图版四一，5）。

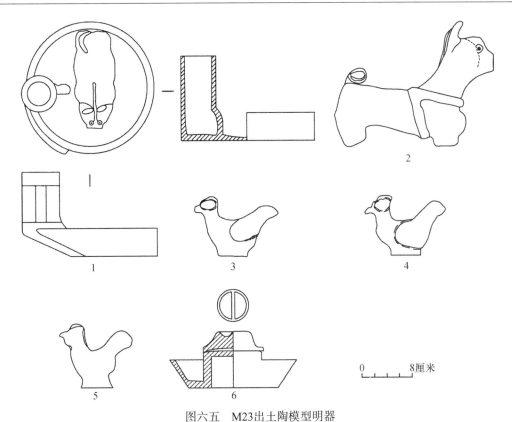

图六五 M23出土陶模型明器

1. 猪圈（M23：1） 2. 狗（M23：4） 3~5. 鸡（M23：2、M23：5、M23：6） 6. 磨（M23：3）

二十四、M24

位于发掘Ⅲ区中部，T0516西北部，西部邻M19，西北邻M26，东部被M23打破。

1. 墓葬形制与结构

开口于表土层下，表土层厚0.1米。方向215°。墓坑平面呈近长方形，土坑竖穴，墓室除西壁外口底基本同大，长3.04、口宽1.6~1.9米、底宽1.95~2.02米，墓深2.2~2.3米。墓北、东、南壁陡直，壁面较规整，西壁外伸0.1~0.24米，墓底较平坦。

坑内填黄褐色五花土，土质较松软，夹杂有少量料姜石和炭灰颗粒。坑内下部沿四壁和墓底积炭。

2. 葬具、葬式

（1）葬具

墓内葬具已朽，根据墓底积炭和清理情况，应为一椁一棺，棺椁尺寸皆不详。棺位于椁内西侧。

在墓底南北两端各有一东西向的垫木槽，断面呈长方形，长度与墓底宽度相同，宽分别为0.2、0.28米，深0.1米。

（2）葬式

墓内人骨已朽，头朝西南，双手交叉放于腹部，葬式为仰身直肢（图六六；彩版七，2）。

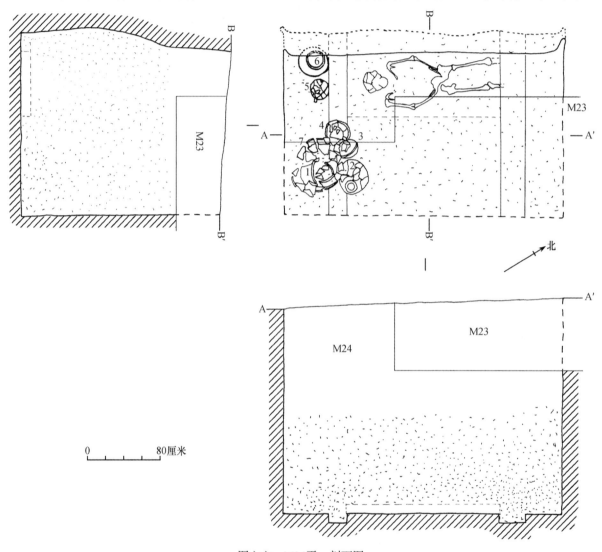

图六六　M24平、剖面图

1.陶瓮　2.陶双耳罐　3.陶釜　4.陶甑　5.陶鼎　6.铁罐　7.陶器盖

3. 随葬品

随葬器物共7件，置于椁内棺外南部，自东向西有陶瓮、陶双耳罐、陶釜、陶甑、陶鼎、陶器盖各1件，铁罐1件（图版一一，1）。

（1）陶器

6件。器类有瓮、双耳罐、鼎、器盖、釜、甑。

瓮 1件。M24：1，泥质灰陶。敞口，尖唇，平沿，矮领，圆肩，鼓腹，最大腹径在上腹部，下腹斜直内收，平底。腹部饰两道凹弦纹。口径25.6、腹径44、底径14.6、高32厘米（图六七，1；图版二〇，5）。

双耳罐 1件。M24：2，泥质浅灰陶。敞口，近方唇，翻折沿，束颈，颈上窄下宽，广肩，近肩部有两对称扁环形耳，鼓腹，圜底微凹。肩部以下满饰横竖绳纹，间五道弦纹。口径10.4、腹径27.2、底径6、高27.2厘米（图六七，2；彩版一八，2；图版二二，2）。

鼎 1件。M24：5，泥质黄褐陶。子母口，折肩，近肩部附两对称长方形耳，有穿，弧腹及底，底部近平。有三蹄形足，三足外撇。口径17.6、底径7.2、足高10、通高19.2厘米（图

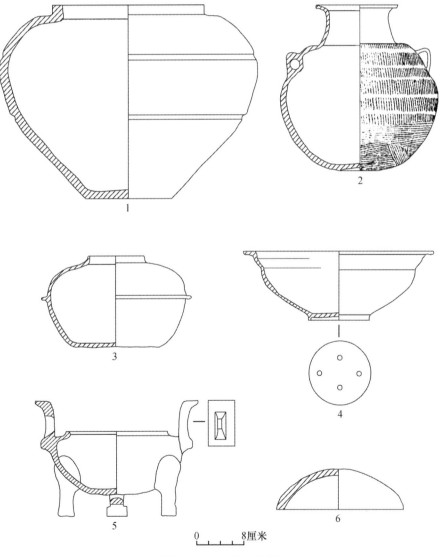

0   8厘米

图六七 M24出土陶器

1. 瓮（M24：1） 2. 双耳罐（M24：2） 3. 釜（M24：3） 4. 甑（M24：4） 5. 鼎（M24：5） 6. 器盖（M24：7）

六七，5；图版一三，6）。

器盖　1件。M24：7，轮制，泥质灰陶，黑皮。盘状弧形顶，近顶部有三道轮制弦纹。口径18.4、高6.8厘米（图六七，6）。

釜　1件。M24：3，泥质灰陶。尖唇，敛口，斜矮领，圆肩，鼓腹，腹中部有一周凸棱，下腹内收，平底。器身表面布满轮制留下的旋纹。口径9.2、腹径24、底径14.4、高14.8厘米（图六七，3；图版三五，6）。

甑　1件。M24：4，泥质灰陶。敞口，尖唇，平折沿，弧腹内收，上腹有一周凸棱，矮圈足，平底。口径32.8、底径10.4、高11.2厘米（图六七，4；图版三九，1）。

（2）铁器

仅见铁罐1件。M24：6，锈蚀严重，碎裂无法复原。

二十五、M25

位于发掘Ⅲ区中部偏南，T0818东南部，延伸到T0918东北部，西邻M31，东北部邻M22、M33，东南邻M44。

1. 墓葬形制与结构

该墓开口于表土层下，地表北高南低，表土层厚0.2米。坐北朝南，方向195°。平面呈"甲"字形，由墓道、甬道和前、后墓室组成。砖砌墓室外壁距坑壁0.02米，用长条形花纹砖修筑，上部及券顶已不存，墓室口底同大，通长4.4、宽1.54～3.1、深1～1.44米（图六八；彩版一〇，1）。

墓道位于墓室南端，残存部分平面喇叭形，北宽南窄，南端外凸呈弧形，坡底为斜坡状。墓道口残长1.6、最宽处1.56米，坡长1.7米，墓道下端深0.94米。两侧壁竖直，底面不太规整。

甬道平面呈长方形，内长1.3、宽1.2、残高0.7米。甬道两侧墙为条砖直行错缝叠砌，残存10层，底层压在铺地砖上。铺地砖纵向错缝平铺。甬道南端墓门外有封门墙，与甬道同宽，用条砖横向错缝叠砌封门，墙体中部外凸呈弧形。

墓室平面为方形，由前、后室组成，前后等宽，通长、宽均3.1米，底距墓口深1.17～1.3米。砖墙砌法与甬道相同。前室为横长方形，进深0.52、内宽2.76米，墙残高0.97米，存13层。前室底与甬道在同一平面上，铺地砖与甬道铺砖相连，铺法相同。后室即为棺室，长方形，进深2.44米，与前室等宽，墙残高0.55～0.83米，存8～12层。后室铺砖与前室相同，后室底高出前室及甬道底0.14米。从墓室结构看平面为方形，墓内出土的残砖有楔形砖，据此推测墓顶应为穹隆顶。

墓内填土为黄褐色五花土，羼杂细沙土，土质较松软，夹杂有料姜石、鹅卵石、残砖块、陶片等。

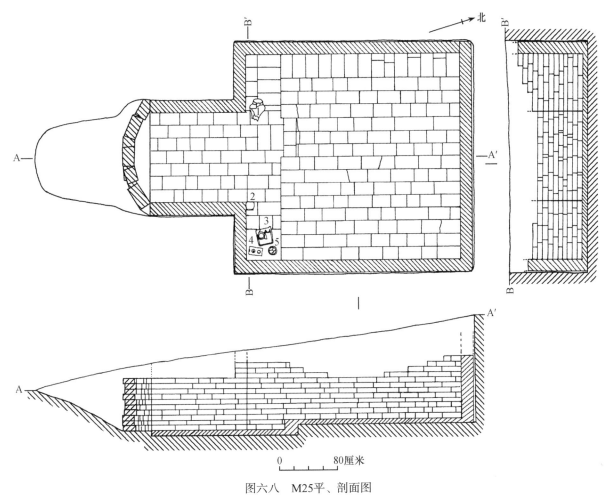

图六八　M25平、剖面图

1. 陶大壶　2. 陶井　3. 陶猪圈　4. 陶灶　5. 陶奁　6. 陶甑　7. 陶瓮　8. 陶鸡　9、10. 铁削　11. 铁两齿叉形器
12、13. 铁环首长条形器（其中6～13位于墓葬填土中）

墙砖、封门砖、铺地砖、券砖均为青灰色长条形，墙砖、封门砖、铺地砖规格为42.2厘米×16.6厘米×6.7厘米，券顶楔形砖规格为42厘米×17.5厘米×（6～7）厘米。墓砖的一面均模印有绳纹。墙砖、封门砖、铺地砖长侧面和券砖窄长侧面模印多重菱形纹（图六九）。

2. 葬具、葬式

墓底葬具和人骨已腐朽无存。

3. 随葬品

墓葬被盗扰破坏，墓内出土随葬品不多，共计13件。在甬道底西南部出土陶瓮1件，前室底西边出土陶壶1件，东部出土有陶仓、陶井、陶猪圈、陶灶、陶甑各1件，其中陶甑应为灶上

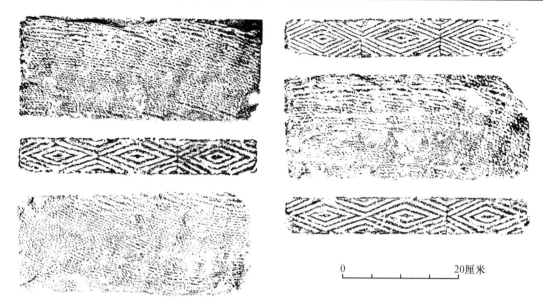

图六九　M25墓砖纹饰拓片

附件，在墓内填土中出土陶鸡1只（彩版二〇，1）。填土中另出铁削2件，铁两齿叉形器1件，铁环首长条形器2件。

（1）陶器

8件。　器类有大壶、瓮、㿺、灶、甑及陶井、猪圈、鸡等模型明器。

大壶　1件。M25：1，泥质红陶，器表施青釉，外着白色陶衣，多处已剥落，残留痕迹。浅盘口，弧颈，溜肩，扁腹，下腹斜直内收，假圈足。口径16、腹径22、底径14.8、高30厘米（图七〇，1；图版一八，4）。

瓮　1件。M25：7，泥质灰陶。直口，方唇，圆肩，弧腹，最大腹径在近肩部，平底。口径22.4、腹径40.8、底径18、高32厘米（图七〇，4；图版二一，3）。

㿺　1件。M25：5，泥质黄褐陶。敛口，方唇，腹壁斜直外撇，平底。口径9.6、底径12.8、高7.6厘米（图七〇，5；图版二五，6）。

灶　1件。M25：4，泥质黄褐陶。灶面呈长方形，上有两个火口，釜灶烧结在一起，前墙下有长方形落地火门，上有长方形挡火墙。长18.7、宽10.5、高7.8厘米（图七〇，8；图版三二，6）。

甑　1件。M25：6，泥质红褐陶。敞口，圆唇，平折沿，弧腹内收，平底，底面有五个箅孔。口径10.4、底径4、高5厘米（图七〇，6；图版三七，5）。

井　1件。M25：2，泥质红褐陶，夹细砂，器表有施白色陶衣残痕。方唇，平折沿微上翘，敞口，矮束颈，溜肩，筒腹，上腹略弧，下腹缓收，平底。口径11.2、腹径11.6、底径10.8、高11.4厘米（图七〇，2；图版三四，3）。

猪圈　1件。M25：3，泥质红褐陶。平面呈长方形，下部有一周围栏，栏上一侧悬空搭设厕屋一座，一面敞口，四阿式屋顶，顶部有瓦垄，紧靠栏外设一斜坡通道。长20.2、宽21.6~23.6、高19.2厘米（图七〇，3；彩版一八，6；图版二七，1）。

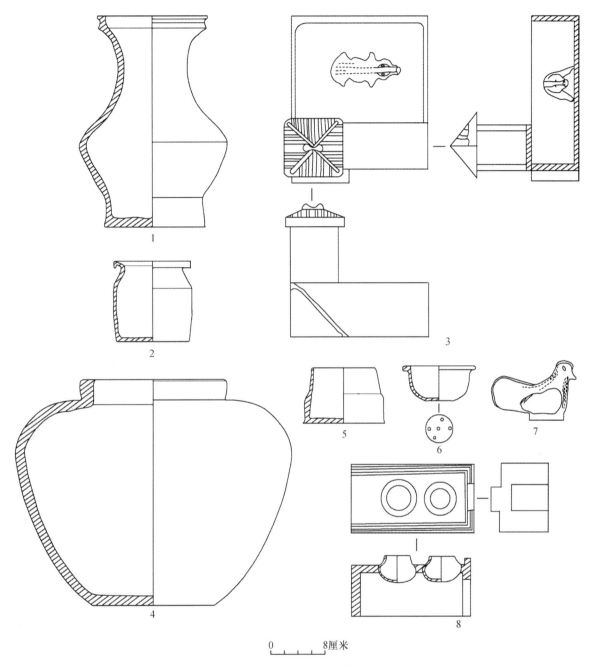

图七〇　M25出土陶器

1.大壶（M25：1）　2.井（M25：2）　3.猪圈（M25：3）　4.瓮（M25：7）　5.奁（M25：5）

6.甑（M25：6）　7.鸡（M25：8）　8.灶（M25：4）

　　鸡　1件。M25：8，泥质黄褐陶。昂首，短鸡冠，长尾微翘，腹中空，圈足。通长12.6、高8.4厘米（图七〇，7；图版四一，6）。

　　（2）铁器

　　5件。器类有削、两齿叉形器、环首长条形器。

削　2件。均锈蚀严重，残断，环形首。M25：9，刀背近直，刀身截面呈三角形。刀身宽2、通长21.8厘米（图七一，1；图版四三，3）。M25：10，形态与M25：9近同，刃部残。刀身截面呈三角形。残长12.8、刀身宽2厘米（图七一，2；图版四三，3）。

两齿叉形器　1件。M25：11，形状似为鱼叉，铤尾端残，横截面呈方柱形，铤前部分为两齿，齿均残。器通长17.2、铤残长15.2、齿残长2、两齿间距3.8厘米（图七一，3；图版四三，3）。

环首长条形器　2件。M25：12、M25：13，器身残断，为长条形，截面呈扁方柱体。一端弯曲成环形，中间套一圆环。通长21.4、环首径1.8厘米（图七一，4；图版四三，3）。

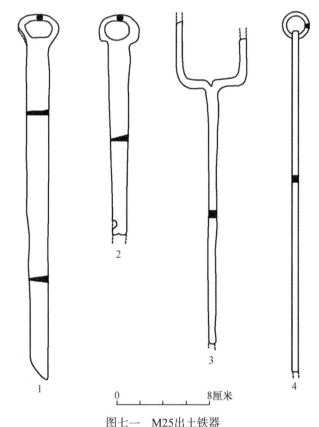

0 　　　　　　　　 8厘米

图七一　M25出土铁器
1、2. 削（M25：9、M25：10）　3. 两齿叉形器（M25：11）　4. 环首长条形器（M25：12）

二十六、M26

位于发掘Ⅲ区中部，T0615东部偏南延伸到T0515西南部，被M20打破北部，东南邻M24。

1. 墓葬形制与结构

开口于表土层下，表土层厚约0.2米。方向206°。墓坑平面呈梯形，土坑竖穴，西北部被M20打破。

墓室口底同大，长2.84、宽1.64～1.88米，残深0.74～1.22米。墓壁陡直，壁面较粗糙，墓底较平坦。

坑内填黄褐色五花土，夹杂有红色细砂和料姜石，土质较松软，墓底部平铺一薄层草木灰。

2. 葬具、葬式

（1）葬具

墓内葬具已朽，仅留灰痕，从痕迹看，应为一椁一棺。

椁室平面呈"Ⅱ"形，椁痕长2.46、宽1.26～1.36、残高0.14米。椁挡板灰痕两端均向外伸出，受挤压变形，通长1.4～1.6米。

棺位于椁内东侧，棺痕长1.92、宽0.64米。

墓底南部有一垫木槽，长度与墓底宽度相同，槽宽0.2、深0.06米。

（2）葬式

墓内人骨架已经腐朽，仅剩部分下肢骨，从仅存的痕迹判断为1人，葬式、性别、年龄等不详（图七二；彩版六，2）。

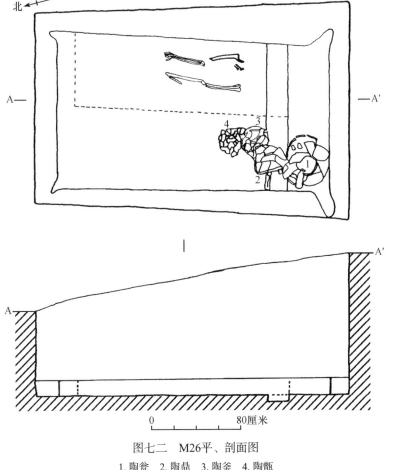

图七二　M26平、剖面图

1.陶瓮　2.陶鼎　3.陶釜　4.陶甑

3. 随葬品

随葬器物共4件，放置于椁内棺外西南部，自南向北有陶瓮、陶鼎、陶釜、陶甑各1件（图版六，1）。

陶瓮　1件。M26：1，泥质灰陶。敞口，沿下垂，沿面有一周凹槽，矮领，圆肩，鼓腹，最大腹径在中腹部，上腹近直，下腹内收，平底。腹部有三周凹弦纹。口径22.4、腹径40.8、底径22.4、高29.6厘米（图七三，3；图版二〇，2）。

陶鼎　1件。M26：2，夹细砂灰陶。子母口，腹略鼓，上腹微弧，下腹内收较甚，平底。腹上三蹄足外撇较甚。上覆浅腹弧形盖，顶部近平，有三鸟啄形纽。通高22.8、口径30.4、底径11.2、足高10.4厘米（图七三，2；图版一四，2）。

陶釜　1件。M26：3，夹砂灰陶。直口，圆唇，斜折肩，上腹近直，下腹内收较甚，腹中部有一周凸棱，平底。口径5.2、底径5.6、高14.8厘米（图七三，1；图版三六，6）。

陶甑　1件。M26：4，夹细砂黄褐陶。敞口，方唇，平折沿，弧腹内收较甚，圈足外撇。上腹部有一周弦纹。口径25.4、足径12.8、高9.2厘米（图七三，4；图版三九，2）。

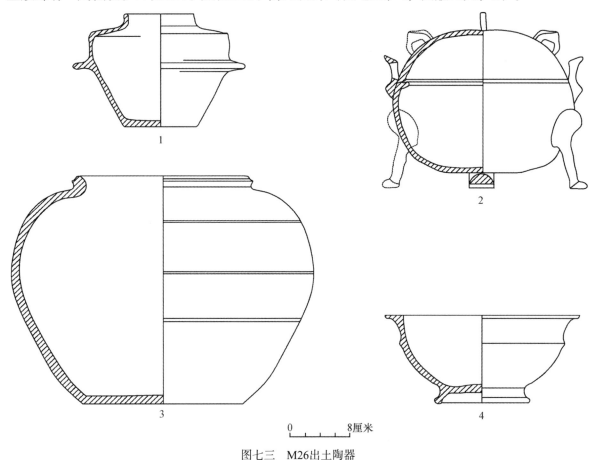

0 ——— 8厘米

图七三　M26出土陶器

1. 釜（M26：3）　2. 鼎（M26：2）　3. 瓮（M26：1）　4. 甑（M26：4）

二十七、M27

位于发掘Ⅲ区中部，T0617东南部，北邻M19，西邻M22，东邻M28。

1. 墓葬形制与结构

该墓开口于表土层下，地表西北高东南低，表土层厚0.1~0.25米。墓葬坐西北朝东南，方向130°。墓坑为土坑竖穴，平面呈近长方形，由墓道和墓室组成。墓口通长5.3、宽1.66~1.84米，墓底距地表深1.2~2.16米。

墓道位于墓室东南部，平面长方形，墓壁竖直，底面呈不规整斜坡状，残长2.2、宽1.7、底坡长2.24米。下端深0.9米，距墓底高0.2米。

墓室口底同大，长3.1、宽1.66~1.84、残深1.1~1.96米。墓壁陡直，壁面较粗糙，墓底较平坦。

坑内填夹杂粗砂粒的红褐色五花土，土质较硬，结构较致密。

2. 葬具、葬式

（1）葬具

葬具已朽，仅留灰痕，为一椁一棺。

椁室平面呈"Ⅱ"形，椁痕长2.9、宽1.28~1.36、残高0.26米。椁挡板灰痕两端均向外伸出，受挤压变形，通长1.64~1.84米。

棺位于椁内右侧，棺痕长2.3、宽0.52米。

墓底两端各有一垫木槽，断面呈长方形，长度分别与墓底宽度相同，槽均宽0.2、深0.12米。

（2）葬式

墓内人骨架已经腐朽，仅存骨质朽痕，头朝西北，可看出葬式为仰身直肢。性别、年龄等不详（图七四；彩版六，3）。

3. 随葬品

随葬品共3件，放置于棺外椁内西南部和东南部，分别为陶瓮1件，陶甑1件，铁釜1件。

（1）陶器

2件。器类有瓮和甑（图版六，2）。

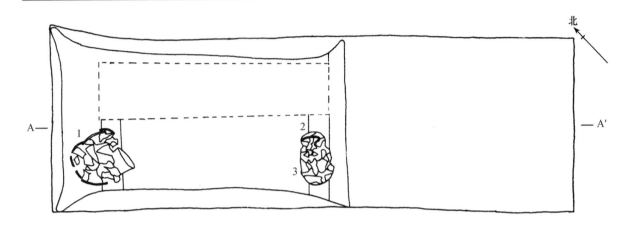

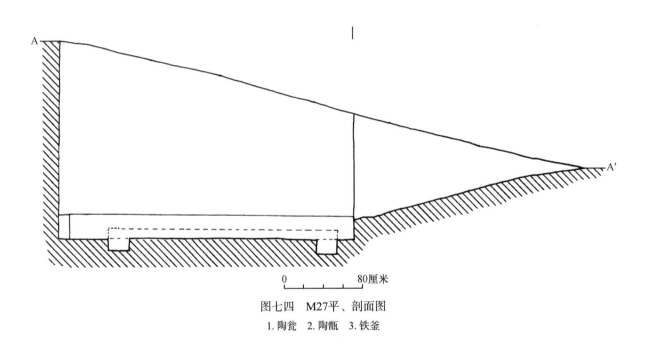

图七四　M27平、剖面图
1.陶瓮　2.陶甑　3.铁釜

　　陶瓮　1件。M27：1，泥质灰陶。方唇，敛口，矮直领，斜折肩，深腹，腹壁略弧，圜底。腹上饰竖绳纹间六道弦纹，下腹饰纵横交叉绳纹。底饰竖绳纹。口径20.8、腹径40、高35.4厘米（图七五，1；图版一九，2）。

　　陶甑　1件。M27：2，泥质黄褐陶。敞口，方唇，平沿，斜弧腹内收，中部略鼓，平底。口径28.4、底径14.6、高12.8厘米（图七五，2；图版三九，6）。

　　（2）铁器

　　仅出土铁釜1件。M27：3，锈蚀破碎严重，未能修复。

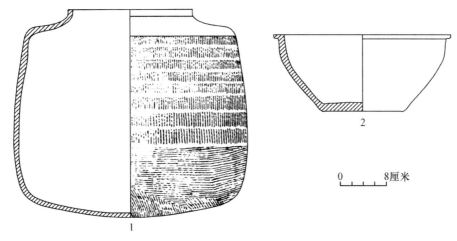

图七五 M27出土陶器
1. 瓮（M27：1） 2. 甑（M27：2）

二十八、M28

位于发掘Ⅲ区中部偏南，T0517西部延伸至T0617东部，北邻M24，南邻M27。

1. 墓葬形制与结构

该墓开口于表土层下，地表西北高东南低，表土层厚0.2米。墓葬坐西北朝东南，方向133°。平面上与M27南北并列分布，为异穴合葬。墓坑为土坑竖穴，平面呈近长方形，由墓道和墓室组成。墓口通长4.4、宽1.66~1.9、墓底距地表深0.82~1.46米。

墓道位于墓室东南部，平面近长方形，墓壁竖直，底面呈斜坡状，残长1.4、宽1.8~1.9、底坡长1.44米。下端深0.5米，距墓底高0.12米。

墓室口底同大，长3、宽1.66~1.9、残深0.62~1.26米。墓壁陡直，墓底较平坦。

坑内填夹杂粗砂粒、料姜石的红褐色五花土，土质较硬，结构较致密。

2. 葬具、葬式

（1）葬具

墓内葬具已朽，仅留灰痕，为一椁一棺。

椁室平面呈"Ⅱ"形，椁痕长2.9、宽1.36~1.62、残高0.16米。椁挡板灰痕两端均向外伸出，受挤压变形，通长1.58~1.84米。

棺位于椁内左侧，棺痕长2.2、宽0.6米。

（2）葬式

墓内人骨架已经腐朽，仅存骨质朽痕，葬式、性别、年龄等不详（图七六；彩版六，4）。

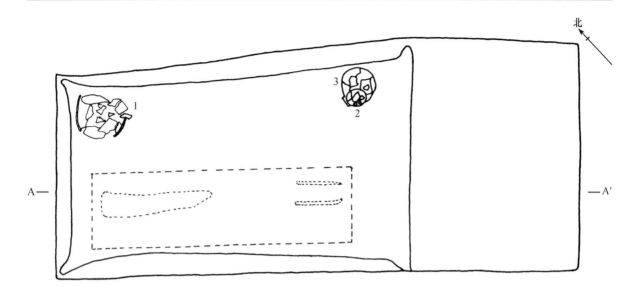

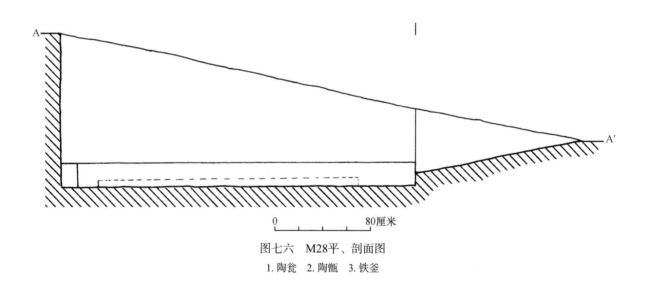

图七六　M28平、剖面图
1.陶瓮　2.陶甑　3.铁釜

3. 随葬品

　　该墓出土随葬器物共3件，放置于棺外椁内西北角和东南部，分别为陶瓮1件，陶甑1件，铁釜1件。

　　（1）陶器

　　2件。器类有瓮和甑（图版六，2）。

　　瓮　1件。M28：1，泥质黄褐陶。方唇，敞口，矮直领，圆肩，鼓腹，下腹斜直内收，平底。下腹饰两道凹弦纹。口径20、腹径37.2、底径21.2、高28.6厘米（图七七，1；图版二〇，3）。

　　甑　1件。M28：2，泥质灰陶。方唇，平沿下垂，敞口，斜腹略弧内收，平底。腹上有一道凹弦纹，底部有三个箅孔。口径28.4、底径11.8、高10.4厘米（图七七，2；图版三九，3）。

（2）铁器

仅出土铁釜1件。M28：3，破碎锈蚀严重，未能复原。

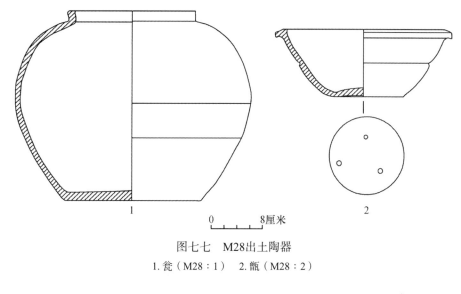

0 _____ 8厘米

图七七 M28出土陶器
1.瓮（M28：1） 2.甑（M28：2）

二十九、M29

位于发掘Ⅲ区中南部，T0920东北部，延伸到T0919南部，北邻M31，东邻M44，西南邻M47，西邻M30。

1. 墓葬形制与结构

地表地势西高东低，开口于表土层下，表土层厚0.15～0.25米。砖室墓，平面呈"甲"字形，由墓道和前、后墓室组成，坐西朝东，墓向117°。砖砌墓室遭到严重破坏，仅存墓底土坑墓圹。墓室口底同大，通长3.8、宽2.24～2.3米，墓底距墓口深0.6～0.76米（图七八；彩版一〇，3）。

墓道呈斜坡状，位于墓室东部偏南，土坑竖穴墓道，平面近长方形，口残长2、宽1.26～1.45米，墓道下端深0.6米。两侧壁竖直，底面不太规整，下部较平坦，与墓前室底在同一平面。

墓室长方形，分前、后室，前后等宽。前室横长方形，宽2.24、进深1.35米，后室近方形，宽2.3、进深2.45米。墓内填土为灰褐色五花土，土质较松软，夹杂有鹅卵石及碎砖块等。

2. 葬具、葬式

由于墓室被全部毁坏，墓底葬具和人骨无存。

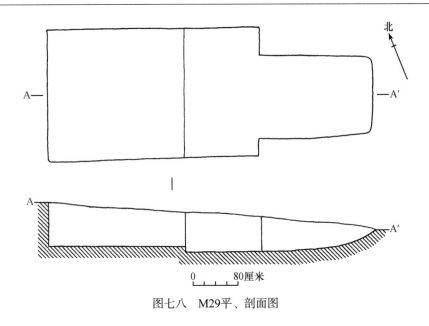

图七八　M29平、剖面图

3. 随葬品

随葬器物不存，仅在填土中出土有残陶片，器形为盘、狗等，未能修复。

三十、M30

位于发掘Ⅲ区中南部，T1019东南部，向南延伸至T1020中。地表地势北高南低。

1. 墓葬形制与结构

该墓开口于表土层下，表土层厚0.15～0.2米。方向205°。砖室墓，平面呈"凸"字形，由墓道、甬道、墓室组成。砖砌墓室完全破坏，仅存墓底土坑墓圹和墓室几块铺地砖。墓室口底同大，通长5、宽1.5～2.3米，墓底距墓口深0.5～1米（图七九；彩版一〇，4）。

墓道呈斜坡状，位于甬道南端，平面近长方形。口残长1.6、宽1～1.12米，墓道底坡长1.64、下端深0.5米。

甬道长方形，长1.4、宽1.5、残深0.5～0.64米。

墓室长方形，长3.6、宽2.3、残深0.64～1米，墓室底与甬道底在同一平面上。

墓内填土为黄褐色五花土，土质较硬，结构较致密，包含有残砖及陶片等。

2. 葬具、葬式

由于墓室毁坏，墓底葬具和人骨无存，葬具及葬式不详。

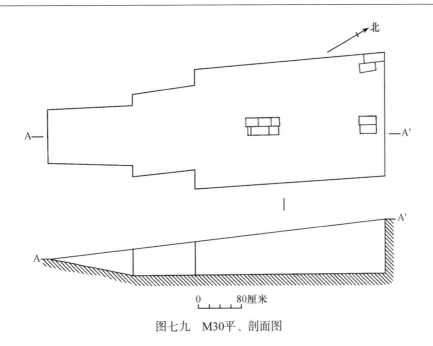

图七九 M30平、剖面图

3. 随葬品

无随葬器物。仅在填土中出土有陶仓盖1件、陶碓残片和铜钱2枚。

（1）陶器

2件。器类有仓盖和碓。

仓盖 1件。M30∶1，泥质红陶，器表施绿釉。博山炉形盖，呈圆锥状，器身上下模印两周重三角形，表示山峦起伏。口径9.5、高6厘米（图八〇，2；图版二六，6）。

碓 1件。M30∶2，泥质红陶，器表施酱绿釉。平面呈近长方形，前端有一凸出的圆形杆窝，后端残。残长9.5、宽7、厚1.2厘米（图八〇，1；图版二四，6）。

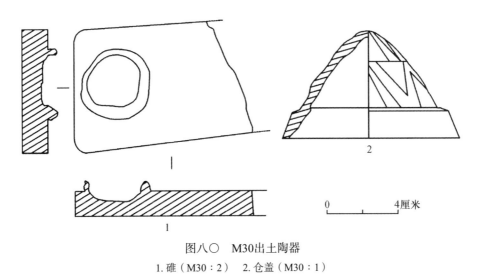

图八〇 M30出土陶器

1. 碓（M30∶2） 2. 仓盖（M30∶1）

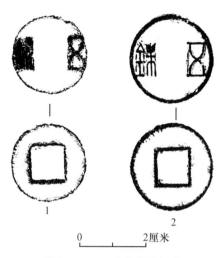

图八一　M30出土铜钱拓片
1、2. 五铢钱（M30∶3-1、M30∶3-2）

（2）铜钱

2枚。钱文五铢。可分两种。

第一种：1枚。外郭被剪去。M30∶3-1，"五"字交笔弯曲，上下两横与两竖齐，"朱"字头上横圆折，"金"字尖呈箭镞状，四点呈长方形。直径2.25厘米（图八一，1；图版四四，3）。

第二种：1枚。制作规整，有外郭无内郭。M30∶3-2，"五"字交股弯曲较甚，上下两横出头接于内外郭，"朱"字头上横方折，下横圆折，"金"字尖呈三角形，四点呈长方形较规整。直径2.55厘米（图八一，2；图版四四，3）。

三十一、M31

位于发掘Ⅲ区中部，T0918西南部，北部邻M32，东邻M25。

1. 墓葬形制与结构

该墓开口于表土层下，表土层厚0.15～0.2米。方向105°。墓坑平面呈长方形，土坑竖穴，墓室口大底小，墓壁向下斜直内收，墓底较平坦。

墓坑口长3.3、宽2.32米，底长3.06、宽2.08～2.14米，底距墓口深2.5～2.8米。

坑内上部填黄褐色五花土，土质较硬，结构较致密，深度1.1～1.6米。下部为椁室，在墓底和四壁处填充木炭，因棺椁塌陷使墓内四周的积炭填充整个墓室底部，炭灰厚度1.2～1.4米。

2. 葬具、葬式

葬具已朽，墓底积炭，椁棺朽痕已无法辨别。

墓内人骨已经腐朽无存，性别、年龄、葬式等不详（图八二；彩版七，3）。

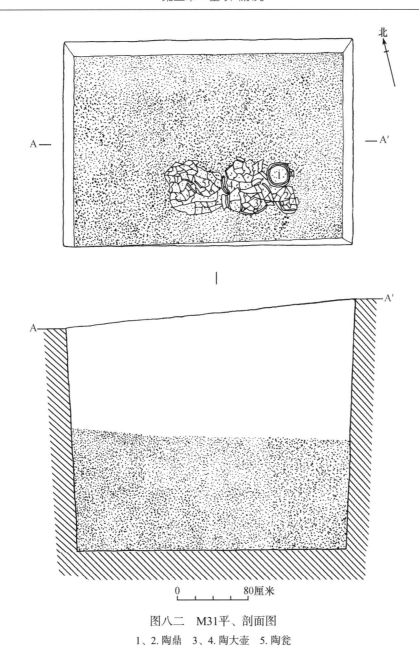

图八二 M31平、剖面图

1、2.陶鼎 3、4.陶大壶 5.陶瓮

3.随葬品

随葬器物共5件，放置于墓底南部略偏东处，自东向西有陶鼎2件，陶大壶2件，陶瓮1件（图版八，3）。

陶鼎 2件。M31∶2，泥质灰陶。子母口，折肩，上腹微弧，下腹缓收至底。近肩处附两对称长方形耳，腹上有一周凸棱。腹下三蹄足。上覆浅腹弧形盖，顶有三鸟啄形纽。口径20、腹径27.2、足高12、通高26.8厘米（图八三，2；图版一四，1）。M31∶1，泥质灰陶。形制与M31∶2近同，破碎较甚，未能修复。

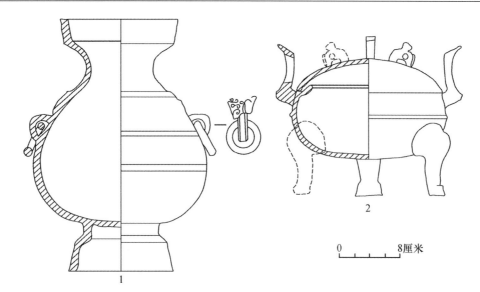

图八三　M31出土陶器

1. 大壶（M31∶3）　2. 鼎（M31∶2）

陶大壶　2件。M31∶3，泥质灰陶。盘口，束有颈，溜肩，肩部有两对称的兽面铺首衔环。鼓腹，下腹弧形内收，腹部有四道凹弦纹，肩部有一道较宽的凸弦纹。覆碗形圈足，下端内压。口径20.8、腹径30.4、圈足径18.4、高42厘米（图八三，1；图版一六，6）。M31∶4，形制与M31∶3近同，破碎较甚，未能修复。

陶瓮　1件。M31∶5，泥质灰陶。破碎较甚，未能修复。

三十二、M32

位于发掘Ⅲ区中部偏南，T0917西南角，延伸至T1017、T1018中，南部邻M31，东部邻M22。

1. 墓葬形制与结构

地表地势东北高西南低，开口于表土层下，表土层厚0.15～0.2米。方向285°。砖室墓，平面呈"凸"字形，由墓道、甬道、墓室组成。砖砌墓室破坏，仅存墓底部分，砌于墓底生土之上，条形砖顺向错缝叠砌，紧贴墓壁。铺地砖无存。土坑墓圹口底同大，通长4.38、宽1.4～2.24米，墓底距墓口深0.74～1.34米（图八四；彩版一〇，2）。

墓道呈斜坡状，位于甬道西端，平面长方形，口残长1.4、宽1.04米，底坡长1.44、下端深0.74米。

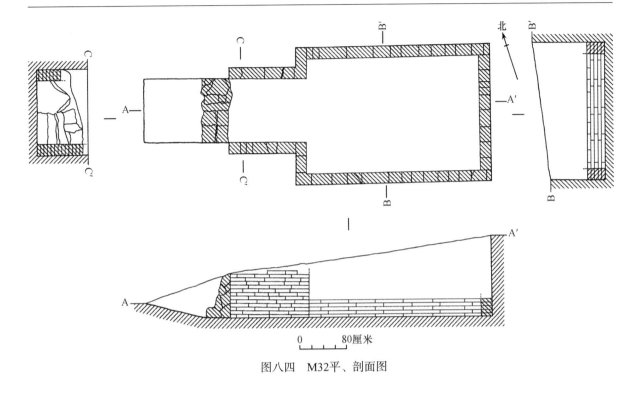

图八四 M32平、剖面图

甬道长方形，长1.3、宽1.04米。两侧墙为条砖直行错缝叠砌，南、北残存砖墙分别7层、13层，高0.4～0.78米。甬道西端与墓道底之间积石，用大小不一的石块封堵墓门，积石宽约0.4、高0.3～0.78米。

墓室长方形，内长2.9、宽1.88、残高0.3～0.72米。墓壁砖墙砌法与甬道相同，北、东、南壁各残存5层，西壁残存12层。墓室底与甬道底在同一平面上。

墓内填土为黄褐色五花土，土质较硬，结构较致密，包含有残砖块等。

墙砖大小不一，规格分别为42.2厘米×18.5厘米×6.4厘米、20.4厘米×17.5厘米×6厘米、26.5厘米×17厘米×6厘米。均为青灰色长条形，一面为素面，另一面饰绳纹，长侧面饰回字菱形纹或者田字菱形纹（图八五、图八六）。

2. 葬具、葬式

由于墓室被扰毁，墓内葬具和人骨无存，无法判断葬具数量及葬式。

3. 随葬品

墓葬毁坏严重，无随葬器物出土。

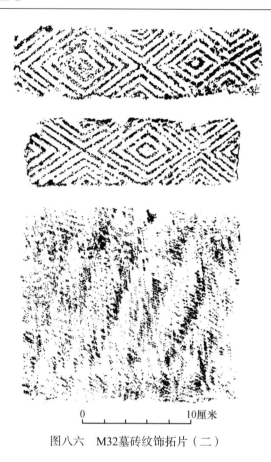

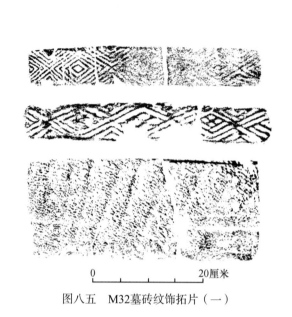

图八五　M32墓砖纹饰拓片（一）

图八六　M32墓砖纹饰拓片（二）

三十三、M33

位于发掘Ⅲ区中部，T0718中部偏西，北邻M22，西南邻M25。

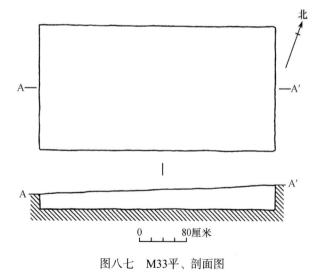

图八七　M33平、剖面图

1. 墓葬形制与结构

开口于表土层下，表土层厚0.05～0.2米。方向70°或250°。平面呈长方形，单室砖墓，墓坑遭受严重破坏，砖砌墓壁和墓底铺地砖不存，仅存墓底土坑墓圹。长4、宽2、残深0.24～0.4米（图八七）。墓圹为直壁，墓底不太平坦。

坑内填黄褐色五花土，土质松软，包含少量碎砖渣。

2. 葬具、葬式

墓内葬具及人骨无存，葬式不明。

3. 随葬品

无随葬品。

三十四、M34

位于发掘Ⅲ区北部，T0610西北部，东北邻M35，东南邻M16。地表地势东高西低，西部为断崖。

1. 墓葬形制与结构

该墓开口于表土层下，表土层厚约0.2米。方向105°。单室砖墓，墓坑遭受严重破坏，平面呈长方形，由墓道和墓室两部分组成，仅存墓底一部分（图八八；彩版一一，1）。

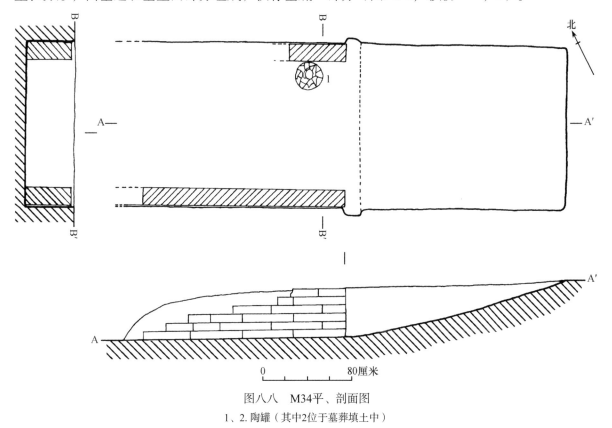

图八八 M34平、剖面图

1、2.陶罐（其中2位于墓葬填土中）

墓道为长方形斜坡状，居中而设，位于墓室东端，南北两壁陡直。墓道口残长1.85、宽1.4米；坡底残长2.05米，墓道下端深0.42米，坡度28°。

砖砌墓室残长2、内宽1.4、残高0.42米。墓砖墙仅存南、北壁各一段，砌于墓底生土之上，条形砖顺向错缝叠砌，砖墙与墓圹间隙0.02米。无铺地砖。墓室前端封门墙不存，与墓道之间存留有宽0.15米的空隙。

墓墙砖为青灰色长条形，规格为45.8厘米×14.8厘米×7.6厘米，砖的一面饰绳纹，一长侧面饰菱形纹（图八九）。

坑内填黄褐色五花土，夹杂有料姜石和碎砖块，土质较松软。

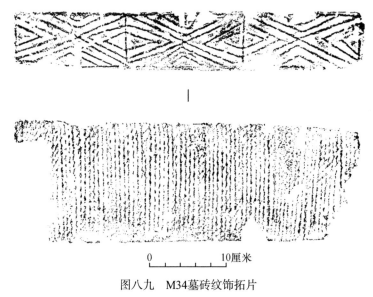

图八九　M34墓砖纹饰拓片

2. 葬具、葬式

葬具及人骨无存，葬式不明。

3. 随葬品

陶双耳罐2件，一件置于靠北墙东端，一件由出于墓室扰土中的破碎陶片修复而成（图版八，4）。

陶双耳罐　2件。M34：1，泥质灰陶。盘口较直，口沿内侧微敛，短直领，圆肩，肩部有两对称双弓形耳，耳孔小，鼓腹，最大径在中腹，平底。肩部饰三道凹弦纹。口径10.4、腹径20.8、底径12、高19.6厘米（图九〇，2；图版二四，2）。M34：2，泥质灰陶。尖唇，翻卷沿，敞口，矮束颈，广肩，近肩部有两个对称的牛鼻形耳，鼓腹，腹中部近直，下腹弧形内收，凹圜底。肩、腹饰斜绳纹，间四道弦纹抹痕，下腹及底饰横行绳纹。口径17.6、腹径19.8、底径8、高28厘米（图九〇，1；图版二二，3）。

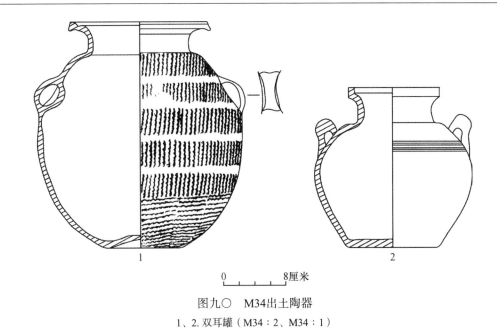

图九〇 M34出土陶器
1、2. 双耳罐（M34：2、M34：1）

三十五、M35

位于发掘Ⅲ区北部，T0610的北部，部分延伸至T0609内，东临M36，西南临M34。地表地势东高西低，西部为断崖。

1. 墓葬形制与结构

墓葬开口于表土层下，表土层厚0.05～0.2米。平面呈长方形，由墓道和墓室组成，坐北朝南，墓向190°。墓室为纯砖结构，用长条形砖、长方形砖构筑，其建筑方式为先挖土坑墓圹，用长方形砖铺地，再用长条形砖沿墓圹砌墙起券封顶，然后用砖封门，土圹与砖墙之间有约0.02米的缝隙。该墓曾遭到严重盗掘破坏，墓室上部和封门砖墙已不存在。墓室口底同大，墓底距地表深1.03～1.24米（图九一；彩版一二，1）。

墓道为土坑竖穴墓道，设于墓室南部，平面长方形，底呈斜坡状，坡底较陡，延伸至墓室底部，坡面不规整。墓道口长2.9、宽1.5米；底坡长3.3米，坡度32°。填土为黄褐色五花土，土质较松软。

墓室为砖砌墓室，墓室外壁与坑壁间隙为0.02米。墓室呈长方形，长3.1、宽1.5、残高1米。墓壁砖墙砌于铺地砖之上，北墙残存5层，东墙残存8层，西墙残存3层，砌法为条形花纹砖顺向错缝叠砌，砖为有榫卯结构的子母砖。墓室顶部不存。墓底用长方形画像砖齐缝平铺而成（彩版一二，2）。墓室内填土为黄褐色五花土，土质较松软，夹杂有料姜石及碎砖块等。

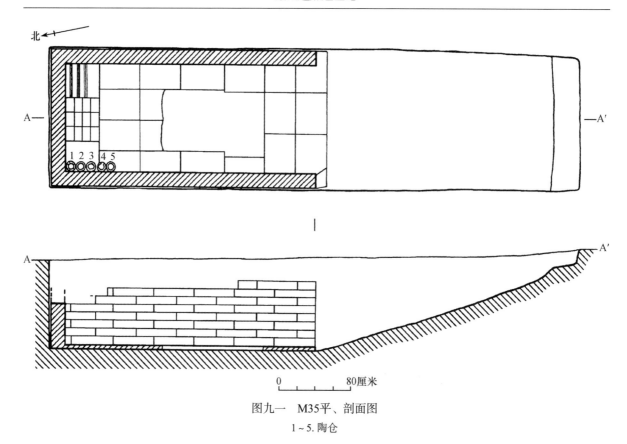

图九一　M35平、剖面图

1~5.陶仓

墙砖均为青灰色长条形，铺地砖为青灰色长方形。墙砖规格分为几种，分别为45.5厘米×14.5厘米×7.2厘米、45厘米×15.3厘米×9.2厘米、45厘米×15.4厘米×9厘米、45厘米×15.4厘米×9厘米。铺地砖规格分为几种，分别为31.5厘米×34厘米×4.5厘米、47厘米×30厘米×6厘米、33厘米×34厘米×6厘米、46厘米×34厘米×6厘米、46厘米×33厘米×6厘米、46厘米×34厘米×6厘米。

2. 葬具、葬式

该墓葬具和死者人骨架已腐朽无存。墓主人性别、年龄、葬式等不详。

3. 随葬品

该墓早年遭到盗掘破坏，随葬器物保存较少。靠墓底西壁出土5件陶仓，均为泥质陶，保存较完整（彩版一二，3；图版三，2）。

陶仓　5件，均为素面，敛口，平底。M35：1，泥质灰陶。尖圆唇，翻沿，斜折肩，腹较直。底部有刀削痕。口径7.6、底径9.2、高15.2厘米（图九二，4；图版三〇，1）。M35：2，泥质灰陶。方唇，斜折肩，腹较深，中部微鼓，底部有刀削痕。口径7.2、底径8.6、高16.4厘米（图九二，5；图版三〇，2）。M35：3，泥质红陶。方唇，斜折肩，腹较浅，内收，底部有刀削痕。口径8、底径8.6、高11.2厘米（图九二，3；彩版一八，5；图版三一，4）。M35：4，泥质灰陶。尖圆唇，翻沿，斜折肩，腹较直。底部无刀削痕。口径7.6、底径8.8、高17.6厘米（图九二，1；图版三〇，3）。M35：5，泥质灰陶。方唇，斜折肩，腹较深，中部微鼓，底部有刀削痕。口径7.2、底径8.8、高16.8厘米（图九二，2；图版三〇，4）。

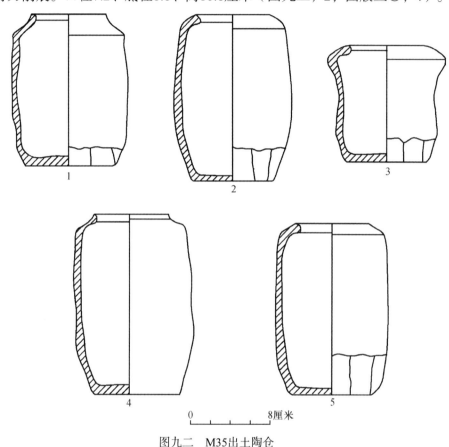

图九二　M35出土陶仓
1. M35：4　2. M35：5　3. M35：3　4. M35：1　5. M35：2

4. 墓砖花纹、画像内容

墓室用长条形花纹砖、长方形画像砖砌成。墓葬早年曾被严重盗掘破坏，构筑墓壁和铺地的画像砖多被破坏不存，而墓门用砖情况不明。从墓葬用砖情况看，墓内各种长条形花纹砖数量最多，主要用于构筑墓室墙壁、墓顶、墓门等处，长方形画像砖用于铺设墓底。现根据各类花纹、画像砖构筑位置和画像内容，分别分类介绍于后。

（1）墙砖

墓室墙砖均为花纹砖。因花纹砖数量较大，无法统计。所有砖均在砖的单长侧面模印出比较简单的花纹图案，一般以几何纹为主体构成。根据花纹图案的不同，可分为四种。

多重菱形纹　砖规格为45.5厘米×14.5厘米×7.2厘米（图九三，1）。

网格纹　砖规格为45厘米×15.3厘米×9.2厘米。在砖的一长侧面上、下模印两组网格纹间两组连续小方格纹（图九三，2）。

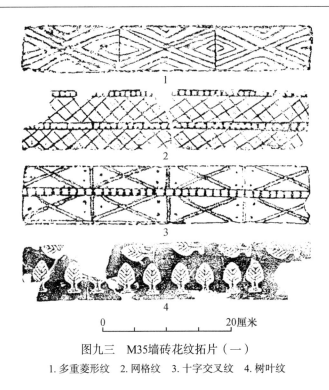

图九三　M35墙砖花纹拓片（一）
1. 多重菱形纹　2. 网格纹　3. 十字交叉纹　4. 树叶纹

　　十字交叉纹　砖规格为45厘米×15.4厘米×9厘米。在砖的一长侧面上、下各四组双斜十字交叉纹间乳钉纹，中间一组横向连续小方格纹间隔（图九三，3）。

　　树叶纹　砖规格为45厘米×15.4厘米×9厘米（图九三，4）。

　　（2）铺地砖

　　墓室底部均平铺长方形实心画像砖，画像模印于砖的一面。此类砖数量多，保存共22块。根据画面内容可分六种。

　　网格纹　4块。砖规格为残长31.5厘米×34厘米×6厘米。在砖一面模印上下六组网格纹，间饰五组二方连续小方格纹，上下方各一组小方格纹（图九四）。

　　铺首衔环、网格纹　1块。砖规格为残长33厘米×34厘米×6厘米。画面右边残缺，中间模印铺首衔环，上下各一组网格纹（图九五）。

　　连续菱形图案　1块。砖规格为47厘米×30厘米×6厘米。画面上下模印十组连续多重菱形纹（图九六）。

　　铺首衔环、网格纹、树叶纹　3块。砖规格为46厘米×34厘米×6厘米。整幅画面模印铺首衔环、网格纹、树叶纹。左右两侧各两组连续小方格纹，间饰网格纹，画面中间模印一组树叶纹，树叶纹两侧各模印三组铺首衔环（图九七）。

　　铺首衔环、网格纹　1块。砖规格为46厘米×33厘米×6厘米。画面中间上下模印三组铺首衔环，左右分别饰两组网格纹，各以三组连续小方格纹间隔，中间一组二方连续小方格纹（图九八）。

　　铺首衔环　12块。规格为46厘米×34厘米×6厘米。画面上下模印三组各四个铺首衔环（图九九）。

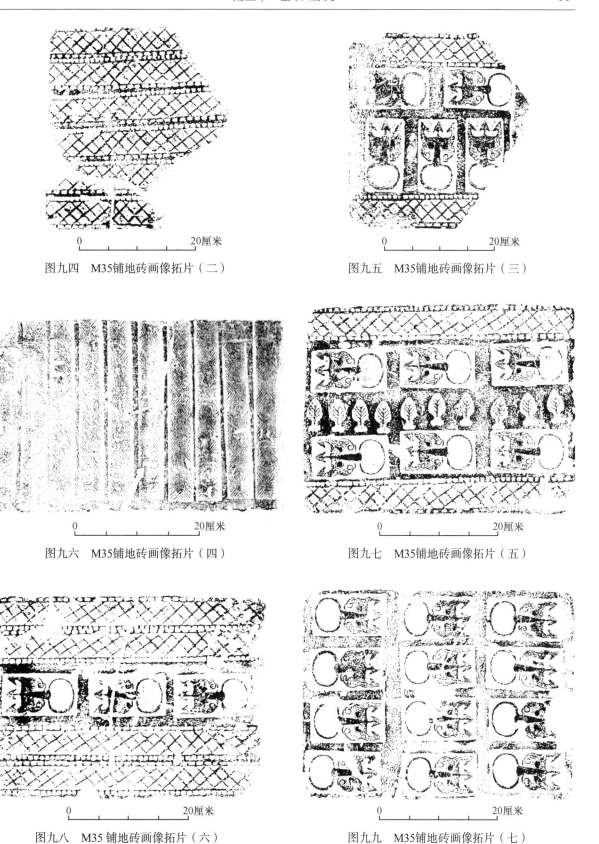

图九四 M35铺地砖画像拓片（二）

图九五 M35铺地砖画像拓片（三）

图九六 M35铺地砖画像拓片（四）

图九七 M35铺地砖画像拓片（五）

图九八 M35 铺地砖画像拓片（六）

图九九 M35铺地砖画像拓片（七）

三十六、M36

位于发掘Ⅲ区北部，T0509中南部，并延伸至T0510北部。

1. 墓葬形制与结构

开口于表土层下，表土层厚约0.2米。方向200°。单室砖墓，由墓道和墓室两部分组成，墓室平面呈长方形，墓壁垂直，墓底平坦（图一〇〇）。

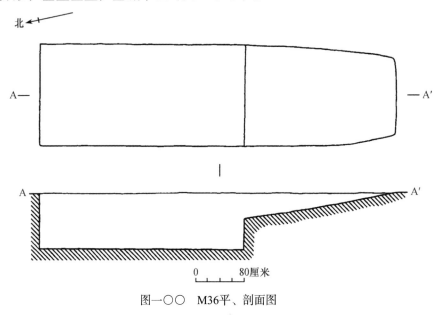

图一〇〇　M36平、剖面图

墓道为近长方形斜坡状，位于墓室南部，前端较窄，东西两壁较直，壁面粗糙，底部呈缓坡状，坡底不平坦。墓道口部长2.5、宽1.24～1.64米；坡底长2.54米，坡度10°。坡底高出墓室底部0.5米。

砖砌墓室遭受严重毁坏，砖墙及铺地砖无存，仅留土坑墓圹，长3.4、宽1.64、残深0.9米。

坑内填黄褐色五花土，夹杂有碎砖块、泥质灰陶片和料姜石等，土质较松软。

2. 葬具、葬式

葬具不详。

死者人骨腐朽无存，葬式、性别、年龄等不详。

3. 随葬品

随葬品无存，仅在墓内扰土中出土有陶罐、甑、器盖等的陶器残片，无法修复，另出大泉五十铜钱2枚。

大泉五十　2枚。制作粗劣，厚重有砂孔。M36：1-1、M36：1-2，方孔圆钱，内外郭坚挺明显，外郭凸出，高于内郭，悬针篆文。直径2.8厘米（图一〇一；图版四四，2）。

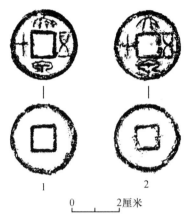

图一〇一　M36出土铜钱拓片

1、2. 大泉五十（M36：1-1、M36：1-2）

三十七、M37

位于发掘Ⅲ区北部，T0607东部偏北，延伸到T0507西部，北邻M38，南邻M35。

1. 墓葬形制与结构

该墓开口于表土层下，表土层厚0.05~0.25米。方向292°。为带斜坡墓道的竖穴土坑墓，平面呈梯形。墓口上部部分被破坏，墓室口底同大，墓坑东、北、南壁垂直至底，壁面粗糙不规整，墓底平坦。

墓道为斜坡状，位于墓室西部，平面呈梯形，东宽西窄，口部长2.78、宽1.2~1.44米，直壁，底坡长2.82米，坡度10°。墓道坡底下端与墓室底部近平。

墓室长3.02、宽1.44~1.54、残深1米。

坑内填土为黄褐色五花土，土质较硬，包含有料姜石等。

2. 葬具、葬式

（1）葬具

葬具已朽，仅见灰痕，为一椁一棺。

椁紧贴墓壁，灰痕不明显。

棺位于墓底中部，棺灰痕长2.3、宽0.74~0.84米，底板灰厚约0.08米。

（2）葬式

墓底人骨1具，已经腐朽，仅剩头骨朽痕和部分肢骨，葬式可辨为仰身直肢。性别、年龄不详（图一〇二）。

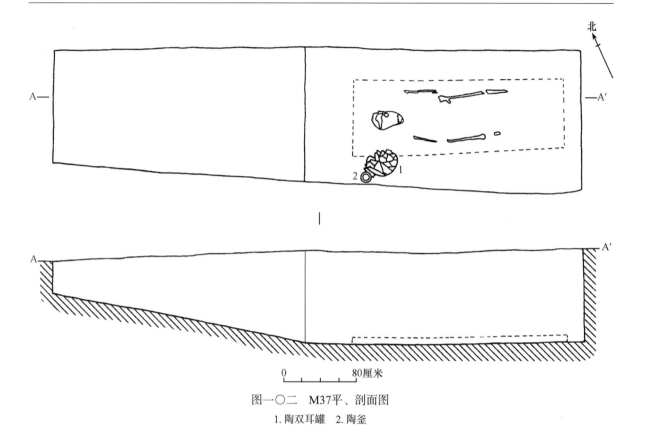

图一〇二　M37平、剖面图

1.陶双耳罐　2.陶釜

3. 随葬品

随葬品仅见陶罐、陶釜各1件，放置于墓底棺外南侧西部。M37：1和M37：2，均为泥质灰陶。破碎较甚，未能修复。

三十八、M38

位于发掘Ⅲ区北部，T0507西北部。南邻M37。

1. 墓葬形制与结构

开口于表土层下，表土层厚0.05～0.2米。方向210°。土坑竖穴墓，平面呈梯形。

墓口上部已被破坏，墓室口底同大，长2.8、宽1.24～1.4、残深0.3～0.44米，壁面不规整，墓底较平坦（图一〇三）。

坑内填土为灰黄褐色五花土，土质较硬，包含有石块、料姜石和粗砂粒等。

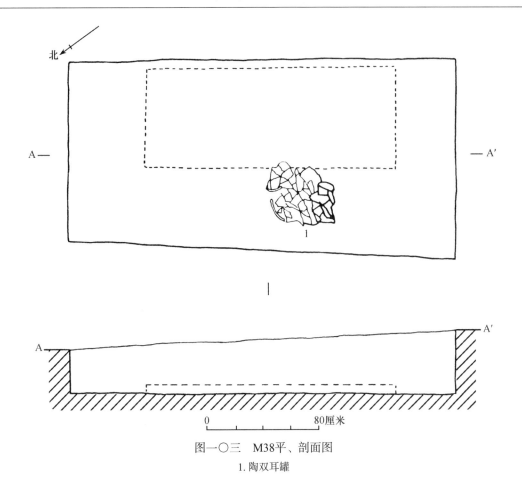

图一○三 M38平、剖面图
1.陶双耳罐

2. 葬具、葬式

葬具已朽，仅见灰痕，单棺，位于墓底南部，棺灰痕长1.8、宽0.68米。

墓内人骨架已经腐朽，葬式不明。

3. 随葬品

陶双耳罐1件，放置于墓底棺外北部偏西处。

双耳罐 1件。M38:1，泥质灰陶。方唇，翻沿，敞口，矮直领，圆肩，肩部有两个对称的扁环形耳，鼓腹，下腹弧形内收较甚，圜底。肩、腹饰斜绳纹，间六道弦纹抹痕，下腹及底饰纵横交错绳纹。口径18.4、腹径26.8、高26.8厘米（图一○四；图版二二，5）。

图一○四 M38出土陶双耳罐
（M38:1）

三十九、M39

位于发掘Ⅲ区东北部，T0305南部，西邻M40。

1. 墓葬形制与结构

该墓地表地势西北高东南低，开口于耕土层下，耕土层厚0.05～0.1米。方向192°。竖穴土坑墓，平面呈梯形，墓口上部被破坏，仅存墓底。

墓坑口底同大，北壁自两端往中间呈凹弧状，坑长2.52～2.6、宽1.84～2、残深0.1～0.6米，壁面不太规整，墓底较平。

墓内填土为黄褐色五花土，土质较松软，包含有石块、料姜石和粗砂粒等。

2. 葬具、葬式

（1）葬具

葬具已朽，仅见灰痕，从残痕看，为一椁一棺。

椁室紧贴墓壁，痕迹不明显。

棺位于椁内东部，棺灰痕残长1.5、宽0.5米。

（2）葬式

墓内人骨已经腐朽，仅剩部分肋骨和下肢骨，从残留人骨看，头朝南，葬式可辨为仰身直肢。年龄、性别不详（图一〇五；彩版六，5）。

3. 随葬品

共5件，铜洗1件，陶鼎、陶罐各1件，陶大壶2件，均置于墓底棺外西侧南端。

（1）陶器

4件。器类有鼎、罐、大壶（图版八，5）。

鼎　1件。M39：5，夹砂灰陶，器表通体施白色陶衣，脱落严重，仅见残痕。敛口，方唇，鼓腹，上腹近直，腹壁内收较甚，圜底。腹下三蹄足外撇较甚。腹上附对称长方形双耳，耳向外撇折。上承浅盘弧形盖，顶部三纽，二纽残失。通高19.2、腹径21.6、足高10.8厘米（图一〇六，2；图版一四，3）。

大壶　2件。M39：2，泥质灰陶。器身通体施白色陶衣，剥落严重。盘口较直，长束颈，颈上部有一周凸棱，溜肩，肩部模印两对称铺首衔环，鼓腹，下腹弧形内收较甚，圈足略外撇。上承子母口弧形顶盖，盖顶有三个"S"形卧鸟纽。口径17.6、腹径32.8、底径19.2、通高

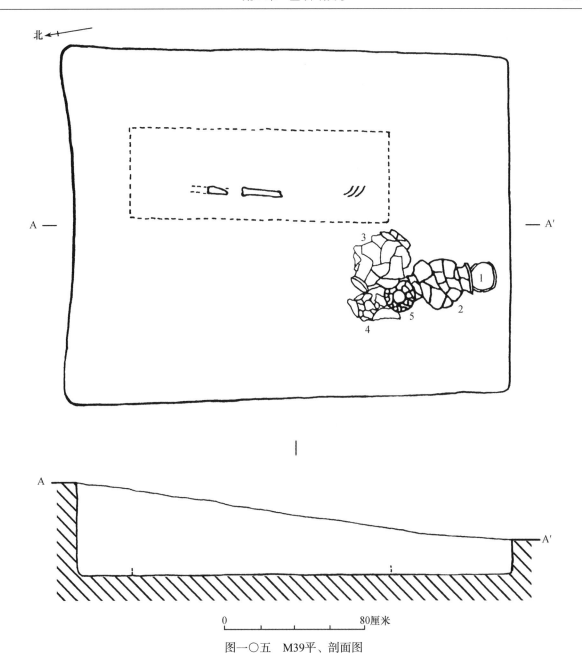

图一〇五 M39平、剖面图
1.铜洗 2、3.陶大壶 4.陶罐 5.陶鼎

48.4厘米（图一〇六，1；彩版一八，4）。M39：3，泥质灰陶。形制与M39：2近同，破碎较甚，未能修复。

罐 1件。M39：4，泥质灰陶。破碎较甚，未能修复。

（2）铜器

仅出铜洗1件。M39：1，浅绿色，胎壁较薄，破碎。敞口，折沿，鼓腹内收，平底微凹，底残。口径14.2、腹径13、底径8.8、高6厘米（图一〇六，3）。

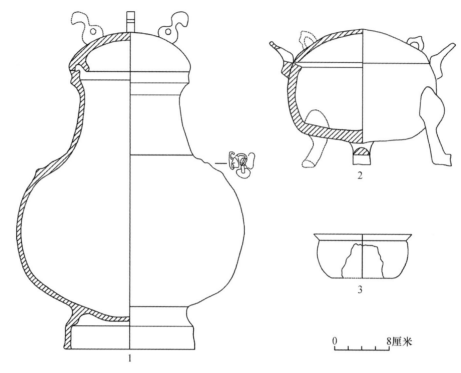

图一〇六　M39出土器物

1. 陶大壶（M39：2）　2. 陶鼎（M39：5）　3. 铜洗（M39：1）

四十、M40

位于发掘Ⅲ区北部，T0505西部偏北，北邻M42，西邻M41。

1. 墓葬形制与结构

该墓开口于表土层下，表土层厚0.05～0.25米。长方形竖穴土坑墓，方向192°。墓口被破坏，墓室因受挤压变形，墓壁略呈凹弧状，四角微向外伸出，中部略窄，口底同大。墓壁不规整，壁面粗糙，墓底较平。

墓坑长2.58～2.7、宽1.65～1.8、残深0.8～1.06米。

墓坑内填土为黄褐色五花土，土质较松软，包含有少量石块、料姜石及粗砂粒等。

2. 葬具、葬式

（1）葬具

葬具已朽，仅见灰痕，从灰痕看，为一椁一棺。

椁室平面呈近"Ⅱ"形，椁痕长2.3、宽1.25、残高0.1米，板灰厚约0.08米。椁南北两端挡板东西两角灰痕均向外朝墓室四角伸出，挡板灰痕通长约为1.8米。

棺位于椁内西部，棺痕长1.9、宽约0.6米。

（2）葬式

墓内人骨架已经腐朽，保存较差，仅剩头骨及肢骨骨渣，可看出轮廓，头向南，面朝上，葬式为仰身直肢。骨骼朽痕残长1.62米，初步鉴定为女性。年龄不详（图一〇七）。

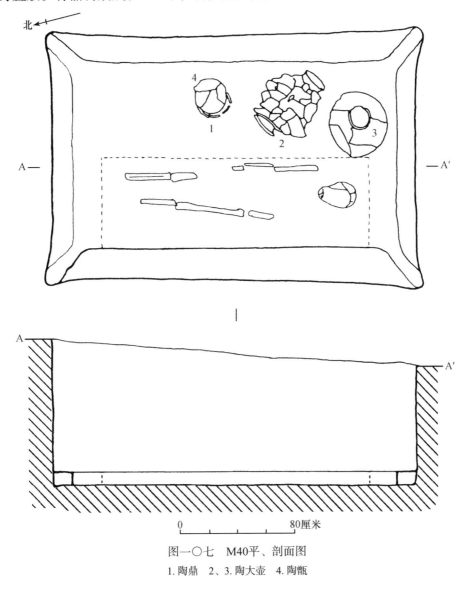

图一〇七　M40平、剖面图
1.陶鼎　2、3.陶大壶　4.陶甑

3.随葬品

随葬品均为陶器，共4件，放置于椁内棺外东侧中南部，自北向南为鼎1件、大壶2件、甑1件。

　　鼎　1件。M40：1，泥质灰陶。子母口，口部微敛，尖唇，折肩，弧腹，上腹较直，下腹弧形内收至底。鼎耳、足残缺。口径19.6、腹径27.2、器身残高11.6厘米（图一〇八，3）。

　　大壶　2件。M40：2，夹细砂灰陶，黑皮。盘口，束颈，口下一周凸棱，溜肩，肩上有两个对称的兽面铺首，下有圆环形耳，无环，鼓腹，下腹弧形内收较甚，喇叭形圈足，上有一周凸棱。肩部有一周较宽的凸弦纹。口径18.4、腹径39.2、足径22.4、高50厘米（图一〇八，1；图版一七，3）。M40：3，夹细砂灰陶，黑皮。形制与M40：2近同。盘口，束颈，口下一周凸棱，溜肩，肩上有两个对称的兽面铺首，下有圆环形耳，无环，鼓腹，下腹弧形内收较甚，喇叭形圈足，上有一周凸棱。肩部有一周较宽的凸弦纹。肩腹部兽面铺首和环形耳残缺。口径19.6、腹径38.8、足径20.5、高53.2厘米（图一〇八，2；图版一七，4）。

　　甑　1件。M40：4，泥质灰陶，黑皮。口微敛，圆唇，弧腹，下部内收较甚，平底。底部有箅孔。口径20.4、底径10.6、高7.6厘米（图一〇八，4；图版四〇，4）。

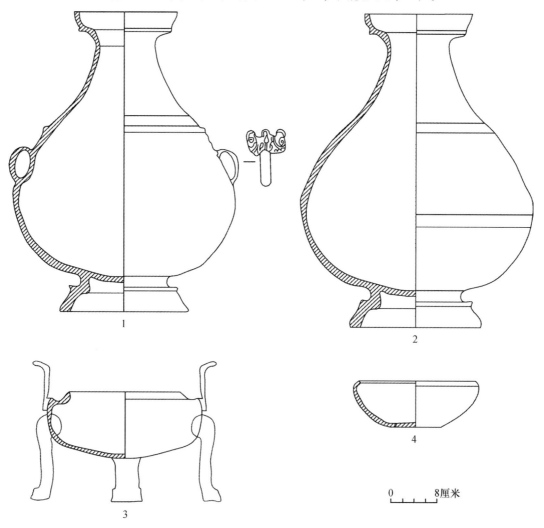

图一〇八　M40出土陶器
1、2.大壶（M40：2、M40：3）　3.鼎（M40：1）　4.甑（M40：4）

四十一、M41

位于发掘Ⅲ区北部，T0605东北部，东邻M40。

1. 墓葬形制与结构

该墓开口于表土层下，表土层厚约0.25米。长方形竖穴土坑墓，方向192°。墓口被破坏，仅留墓底，墓室因受挤压变形，墓壁呈凹弧状，四角微向外伸出，中部略窄，口底同大，长2.64～2.8、宽1.52～1.6、残深0.4～0.6米，墓壁不规整，壁面粗糙，墓底较平。

墓坑内填土为黄褐色五花土，土质较松软，包含有少量料姜石、石块及粗砂粒等。

2. 葬具、葬式

（1）葬具

葬具已朽，仅见灰痕，从灰痕看，为一椁一棺，痕迹不太明显。

椁紧贴墓底四壁，平面呈近"Ⅱ"形，长约2.6、宽约1.5米。椁南北两端挡板东西两角均向外伸出，挡板灰痕通长约为1.6米。

棺位于椁内东部偏南处，棺痕长约2、宽约0.68、残高0.08米。

墓底南部有一东西向垫木槽，横断面呈倒梯形，长度与墓底宽度相同，槽宽0.08、深0.04米。

（2）葬式

墓内人骨架1具，已经腐朽，仅可看出轮廓，头向南，面朝上，葬式为仰身直肢，两臂顺放于身体两侧。人骨架痕迹残长约1.6米，骨痕粗大，初步鉴定为男性。年龄不详（图一〇九）。

3. 随葬品

随葬陶器6件，放置于椁内棺外西侧南部，有陶双耳罐2件、陶鬶1件、陶钵3件（图版一一，2）。其中，3件陶钵上下叠放在一起。另在墓室内上部填土中出土铜铃2件。

（1）陶器

6件。器类有双耳罐、鬶、钵。

双耳罐 2件。M41：1，泥质灰陶。方唇，翻折沿，侈口，束颈，广肩，肩部有对称扁环形双耳，深鼓腹，腹中部近直，下部急收，凹圜底。肩、腹部饰斜绳纹，间五道弦纹抹痕，下腹及底饰纵横交错绳纹。口径13.6、腹径28.8、底径10.4、高30厘米（图一一〇，1；图版二二，6）。M41：2，泥质黄褐陶。侈口，尖唇，翻折沿，束颈，圆肩，肩部有对称扁环形双

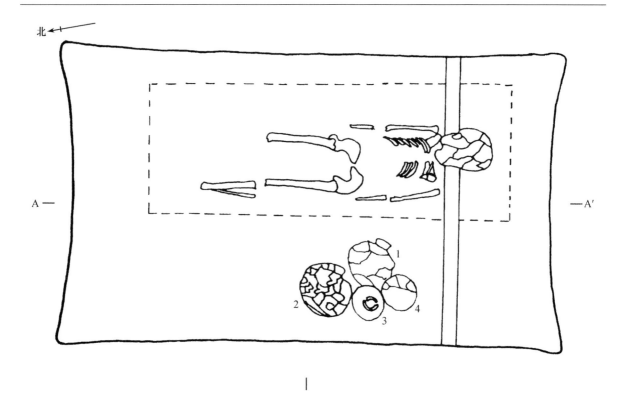

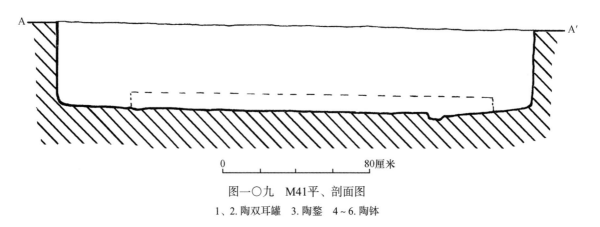

图一〇九　M41平、剖面图

1、2.陶双耳罐　3.陶鋬　4~6.陶钵

耳，鼓腹，平底稍弧。肩、腹饰斜绳纹，间四道弦纹，下腹及底饰纵横交错绳纹。口径13.4、腹径26.8、底径10.4、高25.6厘米（图一一〇，2；图版二一，6）。

　　鋬　1件。M41：3，泥质灰陶。侈口，尖唇，翻折沿，束颈，肩有两对称小耳，鼓腹，圜底近平。下腹及底饰纵横交错绳纹。口径12.8、腹径20、高18.4厘米（图一一〇，3；图版二五，3）。

　　钵　3件。M41：4，泥质灰陶。敛口，圆唇，弧腹，圜底内凹。口径20、底径8、高8.8厘米（图一一〇，4；图版二四，3）。M41：5，泥质黄褐陶。敛口，圆唇，弧腹，上腹略弧，

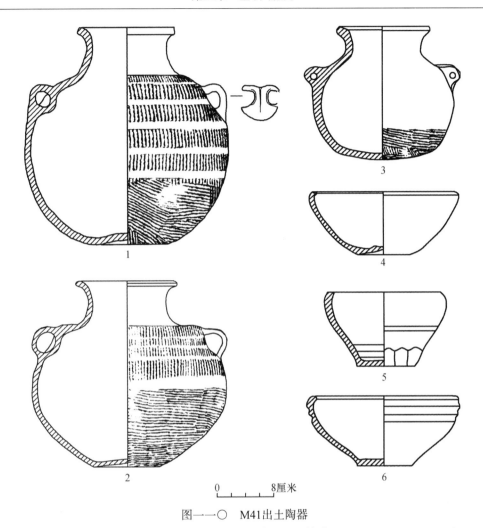

图一一〇 M41出土陶器

1、2.双耳罐（M41：1、M41：2） 3.鍪（M41：3） 4~6.钵（M41：4、M41：5、M41：6）

下腹斜直内收，中腹有三道凸弦纹，下腹近底部有刀削痕，平底。口径16.4、底径8.4、高10.4厘米（图一一〇，5；图版二四，4）。M41：6，泥质灰陶。敛口，圆唇，弧腹，最大腹径偏下，下腹略弧缓收，平底。腹上部有三道凸弦纹。口径20.8、底径8、高9.6厘米（图一一〇，6；图版二四，5）。

（2）铜器

2件。为铜铃一种（彩版一七，3）。M41：01，浅绿色，通体锈蚀。上窄下宽，下端呈凹弧形，两翼尖突，截面为椭圆形，顶部有半环形纽。上饰网格纹。上端宽1.6、下端宽4、通高2.5厘米（图一一一，1）。M41：02，形制与M41：01近似，浅绿色，锈蚀，顶端纽残缺。上窄下宽，下端两翼尖突较甚。中部饰网格纹间乳钉纹。上端宽3.4、下端宽6.3、残高2.8厘米（图一一一，2）。

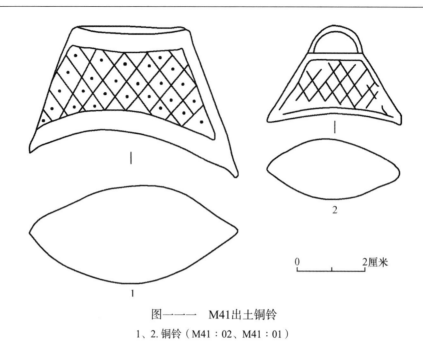

图一一一　M41出土铜铃
1、2. 铜铃（M41：02、M41：01）

四十二、M42

位于发掘Ⅲ区北端，其北部与M43相邻，南部与M40、M41相邻。地表地势东高西低，西部为断崖。

1. 墓葬形制与结构

该墓开口于表土层下，表土层厚0.05～0.1米。为一座长方形单室墓，平面呈"刀"形，坐西朝东，墓向123°。墓葬为纯砖结构，墓室用长条形花纹砖、空心画像砖、实心画像砖构筑，历史上遭到严重盗掘破坏，墓室上部已不存在，绝大部分画像砖位置已失去原貌。墓室口底同大，东西长3.92、南北宽3.12米，墓底距地表深1.58～1.96米（图一一二；彩版一三，1）。

墓道　土坑竖穴墓道，设于墓坑东端东壁南部，平面近长方形，底呈斜坡状（彩版一三，6）。墓道口长4.2米，东端宽1.6米，西端宽1.8米，深0.4～1.84米；底坡长4.5米，坡度24°。墓道内底下距坑底0.15米。填土为黄褐色五花土，土质较硬。

墓门　位于墓室东壁南部，因破坏严重，结构已不太清楚，应为长条形子母榫砖和长条形空心砖构筑。墓室南壁最东端内外各用三块条形砖直立上下砌筑成近方形砖钉柱，构成墓门南门框，北门框破坏不存。墓门外可看出是用长条形砖侧向齐缝上下叠砌封门，每层用四块条砖，有内外三道封门砖墙。封门墙下部残存三层，最下层完整保存，其上两层中部向内倒塌；南门框南端残存有上下叠砌的内外封门墙，可看出砌法为齐缝上下叠砌（彩版一三，5）。另外，在墓门口出土少量残空心砖，长条形砖杂乱地堆放于门口，从而推测当时墓门上部应有长

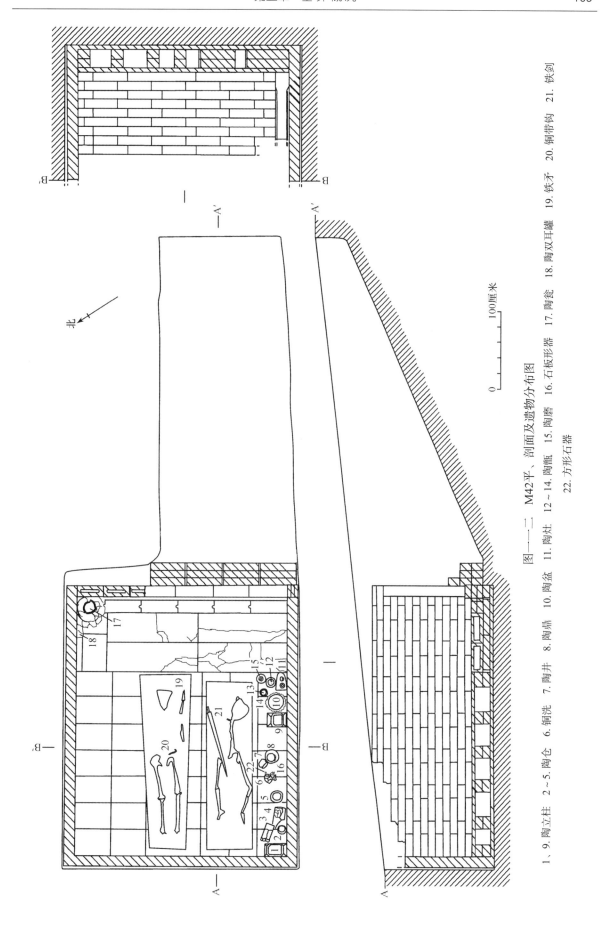

图一二 M42平、剖面及遗物分布图

1、9.陶立柱 2～5.陶仓 6.铜洗 7.陶井 8.陶鼎 10.陶盆 11.陶灶 12～14.陶甑 15.陶磨 16.石板形器 17.陶瓮 18.陶双耳罐 19.铁矛 20.铜带钩 21.铁剑 22.方形石器

条形空心砖作为门楣使用。

　　墓室　砖砌墓室，墓室外壁与坑壁间隙为2厘米，墓室由前室、后室组成，两室等宽相通，共用两侧墓壁（彩版一三，2）。墓室内通长3.5、宽2.8、残高1.32米。墓壁砖墙砌于铺地砖之上，北墙残存14层，南墙残存11层，西墙残存9层，砌法为条形砖顺向错缝叠砌，用砖为有榫卯结构的子母砖。墓室东壁用长条形空心砖侧向立砌，此处破坏严重，空心砖已被扰动，多数已不存，仅北部三块未被移动，其中两块保存较好，一块已残缺。墓室顶部不存，从东北角保存情况看，墓室砖墙叠砌12层后以楔形砖起券，为四角攒尖顶。墓室铺地砖由上下两层组成，两层中空，通高0.3米。砌法为先在墓圹底部用长方形砖齐缝顺铺一层，在其上中部偏东处用两层单顺砖砌出一道南北向隔墙，从而将墓室分成东西两部分，西部垒砌两层纵横交错的砖丁墙箍，用以支撑上层铺地砖，南边墙箍横砖砌出五组，两砖一组，中间断开，北边墙箍纵砖砌出四组，四砖一组，中间断开；隔墙东部垒砌一层纵横交错的砖丁墙箍，两顺砖一组共六组（图一一三）。隔墙与墙箍砖规格与墓壁用砖相同，后再在砖丁墙箍之上齐缝平铺一层长方形砖，形成墓室内地面。中部偏东处隔墙东西两侧上层铺地砖用材不一样，西部与墓圹底部铺地砖铺法和砖规格相同，东部自南向北由四块长条形空心砖和两块方形砖齐缝平铺，在空心砖、方形砖与墓室东壁之间用一道单顺砖平铺。墓室依照墓内地面铺地砖的不同分为前后两部分，东部为横前室，进深0.96米，西部为棺室，进深2.38米。

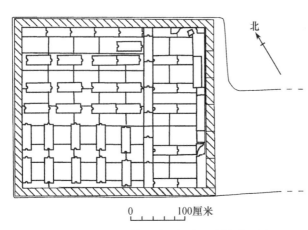

图一一三　M42铺地砖之间砖丁墙箍平面图

　　墓室内填土为扰乱土，呈黄褐色五花土，土质较松软，夹杂有料姜石、粗砂及大量墓砖、空心画像砖碎块等。

　　墙砖、封门砖、券砖均为青灰色长条形，铺地砖为青灰色长方形或方形，墙砖规格为47厘米×16厘米×9厘米，封门砖规格为47厘米×16厘米×10.5厘米，券顶楔形砖规格为47厘米×16厘米×（7~9）厘米，铺地砖中长方形砖规格47厘米×35厘米×6厘米、空心砖规格为120厘米×26厘米×14.5厘米、方形砖规格为39.5厘米×39.5厘米×6厘米。

2. 葬具、葬式

（1）葬具

　　此墓葬具已腐朽，从朽痕看，为南北并列两棺，位于棺室中部略偏南处，棺内皆铺厚约0.05米的草木灰（彩版一三，4）。北端棺痕迹长2.24、宽0.5~0.6米、南端棺痕迹长2.1、宽0.56~0.6米。

（2）葬式

两棺内各葬死者1人，骨架被扰乱，可辨葬式均为仰身直肢。经鉴定南棺为男性墓主人，北棺为女性墓主人，应为夫妻同穴合葬。

3. 随葬品

该墓早年遭到盗掘破坏，随葬器物保存较少。出土遗物有陶、铜、铁、石四种，共计20件（套）。主要为陶器，此外还随葬少量的铜器、铁器和石器等。大多放置于棺室南部靠南壁处，自西向东依次放置有陶仓4件，铜洗1件，石板形器1件，方形石器1件，陶井1件、鼎1件、盆1件、灶1件（灶上附件釜2件）、甑3件、磨1件；前室东北部有陶瓮1件、残双耳罐1件；北棺内头骨左侧有铁矛1件，腰部左侧有铜带钩1件；南棺内人骨右侧有铁剑1把（图一一二；彩版一三，3）。其中陶罐仅存少量陶片，未能复原，铜洗因胎壁较薄，出土时已经破碎，其他器物均修复成形。

（1）陶器

计14件（套）。器形有鼎、双耳罐、瓮、盆、仓、灶、甑、井和磨（彩版二〇，2）。主要出自墓底棺室南侧，少量出在墓前室东北角，均为泥质灰陶。制作方法以轮制为主，兼有模制、手制。

鼎　1件。M42：8，素面，无盖。敛口，折沿，尖唇，斜折肩，浅扁鼓腹，平底，圆形锥状足。近肩部附有两个对称长方形扁平耳，有假穿，顶端稍外撇。口径12、腹深7.2、通高11.2厘米（图一一四，2；图版一五，1）。

双耳罐　1件。M42：18，肩部双系，颈部以下饰绳纹。仅存少量陶片，未能复原。

瓮　1件。M42：17，素面。直口、尖圆唇，翻折沿，圆肩，弧腹内收，平底。口径20.8、底径20.8、最大腹径40、高29.2厘米（图一一四，1；图版二一，2）。

盆　1件。M42：10，泥质灰陶。器身素面。平折沿，圆唇，边缘为一周指窝纹花边，口微敞，直腹微内收，平底。口径24、底径19.2、高8厘米（图一一四，3；彩版一七，4）。

仓　4件。均为素面，形制大小基本相。直口，圆唇，矮直领，斜折肩，深腹，腹壁较直，平底。M42：2，尖圆唇，筒腹，腹中部稍鼓，下腹及底部有刀削痕。口径8.8、腹径13.6、底径11.2、高22.8厘米（图一一四，6；图版二八，1）。M42：3，筒腹，最大腹径在近肩部，腹壁缓收及底。口径8、腹径13.6、底径11.2、高22.8厘米（图一一四，7；图版二八，2）。M42：4，圆唇，深腹，腹壁上部近直，中部微鼓，下部缓内收，下腹及底部有刀削痕。口径9.2、腹径14.4、底径12、高22.8厘米（图一一四，8；图版二八，3）。M42：5，筒腹，腹壁上部近直，腹下部缓收。口径8.8、腹径15.2、底径11.2、高22.8厘米（图一一四，9；图版二八，4）。

灶　1件。素面。M42：11，灶体前端宽而方，后端窄呈圆弧形，灶壁斜直外撇，灶门为拱形，灶面上有两个基本等大的火眼，火眼上置形制相同、大小不一的陶釜各1件；釜圆唇，

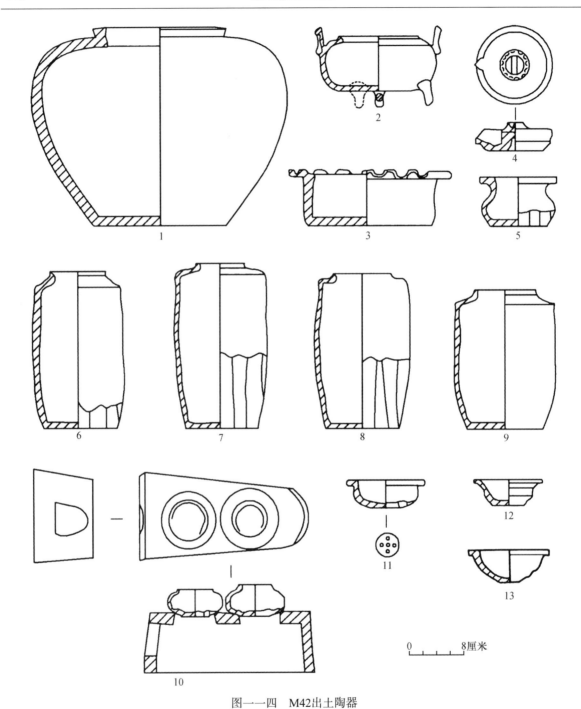

图一一四 M42出土陶器

1. 瓮（M42：17） 2. 鼎（M42：8） 3. 盆（M42：10） 4. 磨（M42：15） 5. 井（M42：7） 6～9. 仓（M42：2、
M42：3、M42：4、M42：5） 10. 灶（M42：11） 11～13. 甑（M42：12、M42：13、M42：14）

敛口，斜直领，广肩，鼓腹，下内收较甚，平底，有刀削痕。灶体长25.6、前端宽25.6、后端
宽20、高8.8厘米（图一一四，10；图版三二，2）。

甑　3件，形制基本相同。敞口，弧腹内收，平底，素面。M42：12，方唇，平折沿，沿
面较宽，略下凹，下部有刀削痕，底部有五个箅孔。口径7.2、底径3.2、高4厘米（图一一四，

11；图版三七，4）。M42：13，圆唇，翻沿，下有刀削痕，平底。口径11.4、底径8.8、高4.5厘米（图一一四，12；图版三八，2）。M42：14，方唇，平折沿，沿面较宽，下凹，平底。口部有一周凸棱。口径12.8、底径2.8、高4.4厘米（图一一四，13）。

井 1件。M42：7，素面。方唇，平折沿，沿面较宽，上面有一周浅凹槽，口微敛，束颈，鼓腹，腹下有刀削痕，平底。口径11.4、腹径11.2、底径8.8、高7厘米（图一一四，5；图版三三，3）。

磨 1件。M42：15，由上、下两扇及磨盘三部分组成。上扇表面中部凿两个对接半月形槽，肩部有一周指甲纹，下扇腹壁与磨盘底相连，腹中空，扇面较平，低于磨盘口，深盘呈凹槽形，口微敛，圆唇，弧腹内收。通高4、扇面径4、盘口径11.2、底径8厘米（图一一四，4；图版二七，3）。

（2）铜器

2件。器类有洗、带钩。

铜洗 1件。M42：6，浅绿色，胎壁较薄，破碎，无法复原。敞口，平折沿，弧腹内收。口径约13厘米。

铜带钩 1件。M42：20，锈蚀严重，浅绿色，横断面近圆形。蛇形，钩首及钩体似蛇形，钩首模糊，身较长，圆纽，纽在身中部偏后。身正面弧，背面平，素面。身后部断裂。长10.6、体尾端宽1.1、纽径1.6厘米（图一一五，3）。

（3）铁器

2件。器类有剑、矛。

铁剑 1件。M42：21，保存较完整，略锈损，剑身弯曲变形。全实茎，无剑首，窄格。剑身中脊隆起，断面作菱形，尖锋，双面刃。通长93.2厘米（图一一五，4；图版四三，6）。

铁矛 1件。M42：19，保存较完整，矛体分锋刃和銎部。前锋较尖，刃似长条叶状，较薄，两翼下端为最宽，銎部细长，圆孔，尾端较粗，无系。刃脊略隆起，断面作菱形。通长30.4、锋刃长11、刃最宽处2.2、銎部长19.4、尾端直径2.2厘米（图一一五，5；图版四三，4）。

（4）石器

2件。器类有石板形器、方形石器。

石板形器 1件。M42：16，青灰石质，器作长方形，残断。体薄，一面光滑，一面不太平整，似一磨石。残长约12.5、宽4.7、厚0.5厘米（图一一五，1；图版四〇，5）。

方形石器 1件。M42：22，与石板形器一起出土，青灰石质，器作方形，为方座圆顶，表面光滑平整，器身较厚。器上部作一圆纽，其形似一印章。边长3、高1.1厘米（图一一五，2；图版四〇，6）。

4.画像砖位置和内容

墓室用长条形花纹砖、方形实心画像砖、长方形实心画像砖、长方形空心画像砖构筑，此

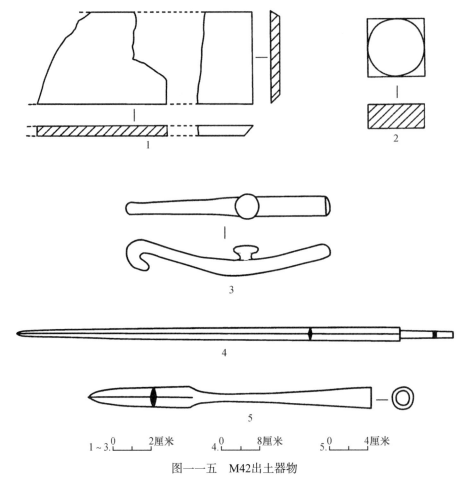

图一一五　M42出土器物

1.石板形器（M42：16）　2.方形石器（M42：22）　3.铜带钩（M42：20）　4.铁剑（M42：21）　5.铁矛（M42：19）

外，还有"山"字形空心画像砖和八角形陶制空心画像立柱等建筑构件。该墓葬历史上曾被严重盗掘破坏，画像砖多被移动，已不在原来的位置，其中墓室东壁及墓门处长方形画像空心砖放置较多，破坏最为严重。

从墓葬保存状况及墓室用砖结构情况看，墓内各种花纹、画像砖及其他画像建筑构件的放置部位是不一样的。其中长条形花纹砖数量最多，主要用于构筑墓室墙壁、墓顶、墓门等处，方形实心画像砖、长方形实心画像砖用于墓室铺地，长方形空心画像砖构筑墓室东壁及墓门。

该墓葬除构筑墓室的墙砖、券砖、封门砖、铺地砖数量较多，无法统计外，其他不同类型画像砖包括可辨画面内容的残砖共计出土27块。为便于介绍，按照发掘时画像砖出土时的现存位置，以画像砖正面画像为准进行编号。每块砖一面或正反两面模印花纹、画像，内容主要有狩猎、车骑出行、双阙、门吏、持节小吏、白虎铺首衔环、二龙穿璧、人物、牛耕、牧羊、生产等图案，还有菱形纹、乳钉方格纹、豆点纹、璧纹、重环纹、变形云纹等花纹图案（表一）。现根据各类花纹、画像砖以及陶制立柱、"山"字形画像建筑构件出土情况和画面内容，按类型分别介绍于后。

表一 M42画像砖统计表 （单位：厘米）

编号	画像砖位置	画像内容	尺寸	备注
1	不详	狩猎	120×26×14.5	出土于墓室前端上部回填土中
2	墓门口下部乱砖之上	阙、持节小吏、白虎铺首衔环	135×（26~30）×16	可能作为墓门上端门楣使用
3	墓前室东壁最北端	双阙、白虎铺首衔环、二龙穿璧、狩猎	118.5×（26~31）×15	砖正面左上角残缺，背面右侧带一凸棱，上部残半
4	墓前室东壁北端向南第二块	狩猎、二龙穿璧	119.5×34×14	右上角残缺
5	墓前室东壁北端向南第三块	狩猎、二龙穿璧	残65×残22×14	空心砖右部及下端残缺
6	墓前室东壁南端门口内北侧	双阙、人物	118×（26~34）×16	砖上端残缺，背面两侧带凸棱
7	墓前室铺地砖	狩猎	120×26×14.5	破碎，未修复完整
8	墓前室铺地砖	二龙穿璧、狩猎	120×26×14.5	破碎，未修复完整
9	墓前室铺地砖	乳钉方格纹、豆点纹、璧纹	120×26×14.5	破碎，未修复完整
10	墓前室铺地砖	乳钉方格纹、豆点纹、璧纹	120×26×14.5	破碎，未修复完整
11	不详	狩猎、二龙穿璧	残44×残22×14	出土于墓前室东壁北端上边，砖左边大部及下端残缺
12	不详	阙、铺首衔环	残36×26×16	出于墓室东北角上部，两端残缺
13	前室靠北壁上层铺地砖（南）	车骑出行	39.5×39.5×6	画面较完整
14	前室靠北壁上层铺地砖（北）	车骑出行	39.5×39.5×6	画面较完整
15	不详	双阙、门吏	39.5×39.5×6	出土于前室墓底靠东壁北端回填土中，经粘对下端中部略残
16	不详	车骑出行	39.5×39.5×6	残，出土于墓内填土中
17	不详	牛耕图	残37×残36×6	出土于墓室前端上部填土中，上部及左端残缺
18	不详	牧羊图	残32×残18×6	出土于墓内填土中
19	不详	牧羊图	残27×39.5×6	出土于墓门处上部南端
20	不详	生产图	残20×残13×6	出土于墓内填土中
21	不详	耕作图	残15×残13×6	出土于墓内填土中
22	墓室墓壁墙砖	连续菱形图案、猎犬	47×16×9	数量未统计
23	墓室券顶砖	连续菱形图案、猎犬	47×16×（7~9）	数量未统计
24	墓室封门砖	连续菱形图案	47×16×10.5	数量未统计
25	墓室铺地砖	连续菱形图案	47×35×6	画面朝上放置，数量未统计

编号	画像砖位置	画像内容	尺寸	备注
26	紧靠西壁中间下层铺地砖（北边）	人物、二龙穿璧、狩猎	47×35×6	画像略残，左半部分漫漶
27	紧靠西壁中间下层铺地砖（南边）	阙、人物、狩猎	47×35×6	画像砖残破，画面漫漶
28	不详	持节小吏、狩猎	上端残宽26、厚16，下端残宽32、厚14，通高24	残破，出土于墓内东北角扰土中
29	前室北端上下两层铺地砖之间	持节小吏、狩猎、二龙穿璧	上端宽49、厚16，下端宽43、厚14，通高24	残破
30	前室北端上下两层铺地砖之间	持节小吏、阙、二龙穿璧	上端残宽30、厚16，下端残宽23、厚14，通高24	残破
M42：1	墓室西南角	狩猎、二龙穿璧	残高65。柱身八个面，其中两面宽11.5～14，余三面均各宽5、7、5。下部柱础宽25.5、厚15、高18	立柱斗拱及柱身上部残缺
M42：9	后室南壁东端	铺首衔环、狩猎、二龙穿璧	通高120。斗拱宽25、厚16、高度15；柱身呈八角形，两面宽9～12，其余三面各宽5、7、5，另三面各宽5、8、6；柱础宽25、厚16、高16	立柱由连成一体的斗拱、柱身、柱础组成
31	墓内填土中	执戟门吏、铺首衔环、二龙交尾、狩猎	通高122。斗拱宽27、厚16、高度18；柱身呈八角形，正反两面宽9～10，右侧三面各宽4.5、9、4.5，其余三面各宽4、8、4；柱础宽25.5、厚15.5、高20.5	立柱由连成一体的斗拱、柱身、柱础组成

（1）长方形空心画像砖

从发掘情况看，长方形画像空心砖主要用于构筑墓室东壁、墓门以及墓前室铺地。此类形制的空心画像砖数量较多，保存状况最差，多被移动，出土时已不在原来位置，仅少数空心砖尚在原位，保存较好。其中，东壁墓门北部保存有4块空心砖，未被移动，除1块残外，其他3块相对基本完好；在前室用四块空心砖铺地，均破碎较甚，已无法复原。此类空心砖部分背面一侧或两侧向外伸出有凸棱。

墓内出土长方形空心画像砖包括残块共计12块，画像24幅。正反两面均有画像，一面模印画像内容较繁复，另一面则较简单，一般是以几何纹为主体构成的花纹图案。

1）狩猎

2块。编号1、7。

画像砖规格为120厘米×26厘米×14.5厘米。1块出土于墓室前端上部回填土中，经修复较完整，另1块为墓前室南部西边铺地砖，经粘对未修复完整，两块画像砖画面完全相同。正面中间用一组两方连续乳钉方格纹、璧纹、豆点纹作间隔，上下模印出两组完全相同的狩猎画像，每组中由一模五次连续印成。图中山峰突兀，左边一人牵犬，猎犬在追逐中首、尾、四肢成一直线，显出风驰电掣的速度。右边一人举毕网捕。两鹿在山间慌张奔逃。画面四周饰瓦垄纹（图一一六）。毕，有长柄的网。《诗经·小雅》："鸳鸯于飞，毕之罗之。"画像砖背面与正面中间模印画像相同，周饰瓦垄纹。

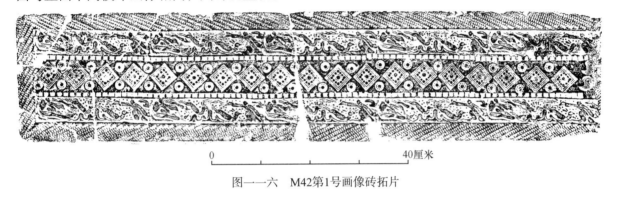

0   40厘米

图一一六　M42第1号画像砖拓片

2）阙、持节小吏、白虎铺首衔环

2块。编号2、12。

2号画像砖由几块残砖拼对而成。砖规格为135厘米×（26～30）厘米×16厘米。出土时只有右端半块，出于墓门口下部乱砖之上。12号画像砖仅存一残块，砖规格为（残）36厘米×26厘米×16厘米。出于墓室东北角上部，仅剩空心砖中部偏右部分，画面与2号画像砖中部内容基本相同，不同的是缺少一组阙和持节小吏（图一一八）。

2号画像砖砖正面略残缺，画面横向布局，以中部向两侧展开；背面右侧中部带一扉棱，两端则无，背面中间模印乳钉方格纹，两侧模印豆点纹，最左端两角璧纹，周饰瓦垄纹（图一一七，1）。从砖的形制和画面布局推测，可能作为墓门上端门楣砖使用。

正面画像布局比较严谨，以中部一组画像为中心向两端连续展开，同模印出，左右对称，画面相同。中部一组画像下端两边为双阙，阙内两持节小吏，中间为长青树、白虎铺首衔环，画像下部残缺。其上端画像左右分两组，同模印出，内容相同。左边一组画像中上部缺失。每组两人，皆戴冠，着交襟长袍，席地而坐，怀抱金吾，作对语状。右有"（使）者君"的题记，两人之间横书"（王）将军"三字。画上部有帷幔纹。中部一组画像左右向两端分别模印有一组一阙、一持节小吏，两组一阙、一持节小吏及身后一佩剑侍卫共六组画像。两两左右相对的相同画面又构成一层对称的完整画像，自中部向两侧共有四层这样的完整画像。在画像左端多模印出一人物，画面漫漶，人物轮廓不太清晰，应是一持节小吏。整幅画面中阙为双层阙，两侧各有长青树一株，持节小吏形象相同，均戴冠，着宽袖长袍，手中持节，侧身相向，作躬身迎候状，身后侍者佩剑，着交襟长袍，侧身端立。画像上部间饰豆点纹，周为瓦垄纹（图一一七，2）。

崔豹《古今注》："汉朝执金吾。金吾，亦棒也，以铜为之，黄金涂抹，谓为金吾，御史大

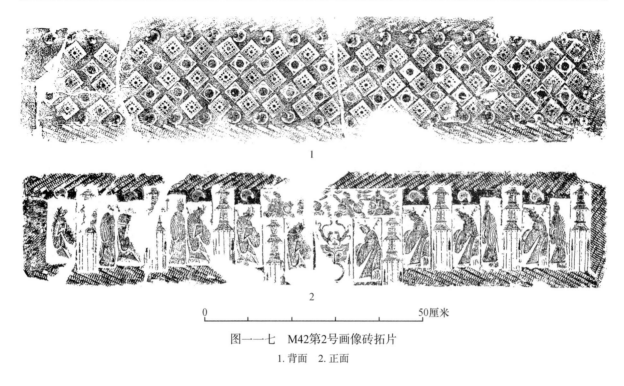

1

2

图一一七　M42第2号画像砖拓片

1. 背面　2. 正面

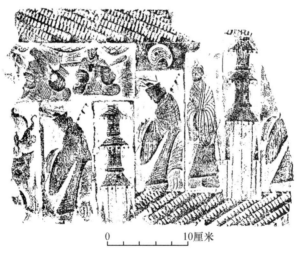

图一一八　M42第12号画像砖正面拓片

夫，司隶校尉亦得执焉。御史、校尉、郡守、都尉、县长之类，皆以木为吾焉。"

3）持节小吏、双阙、白虎铺首衔环、二龙穿璧、狩猎

1块，编号3。出土于M42墓前室东壁最北端。砖规格为118.5厘米×（26～31）厘米×15厘米。砖正面左上角残缺，背面右侧带一凸棱，上部残半。背面模印乳钉方格纹、豆点纹，上部及左右饰瓦垄纹，右边上半部残失（图一一九，2）。

砖正面画像由上至下分为四组，上下又分别用四组相同的二龙穿璧图案作间隔，二龙各穿一璧，交尾，回首相向，龙口间有一鱼。上组为两持节小吏，戴冠，穿宽袖长袍，手中持节，

侧身相向，作躬身迎候状；中间有上下四个
豆点纹间隔。次为双阙，阙为双层，两侧各
有长青树两株，中作一门框，门内一持节小
吏，状态与上组画像相同，持节作躬身迎候
状，其上有饰乳钉方格纹的门额。再次仍为
双阙，中间白虎铺首衔环，两侧各有长青树
一株。画面下部：为狩猎场面，左右各两
组，画像内容相同。图中山峰突兀，左边一
人牵犬，猎犬在追逐中首、尾、四肢成一直
线；右边一人举毕网捕；两鹿在山间慌张奔
逃。中间上下两组二龙穿璧图案。在画面上
部及左右饰瓦垄纹，左上角和下端缺失（图
一一九，1）。

节是古代出行时的信物。《周礼·秋官
小行人》："达天下之六节：山国用虎节，
土国用人节，泽国用龙节，皆以金为之；道
路用旌节，门关用符节，都鄙用管节，皆以
竹为之。"孙诒让《正义》引《后汉书·光
武帝纪》李注云"节所以为信也，柄长八
尺，以旄牛尾为其（月毛）三重"。

4）狩猎、二龙穿璧

1块，编号4。出土于M42墓前室东壁北
端向南第二块。砖规格为119.5厘米×34厘米
×14厘米。

正面右上角残缺，自上至下模印狩猎、二
龙穿璧图案，由四组画像组成，每组中由一模

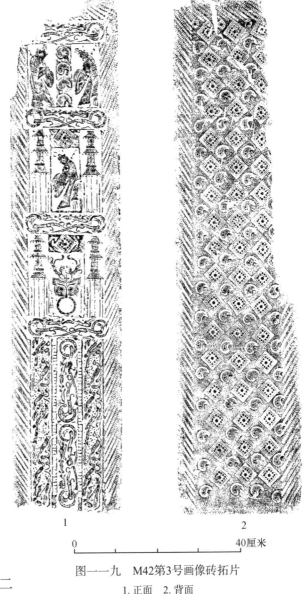

图一一九　M42第3号画像砖拓片
1.正面 2.背面

五次连续印成图案相同的画像，中间用四组连续方格纹图案作间隔。上组为二龙穿璧，二龙各
穿一璧，交尾，回首相向，龙口间有一鱼。上组画像自右至左模印，左端多印出半幅。中间两
组画像完全相同。图中山峰突兀，两鹿在山间慌张奔逃。下组为狩猎场面，一人骑马回首射
箭，后边猛兽似为犀牛，作奔跑状。画周饰瓦垄纹（图一二〇，1）。背面模印乳钉方格纹、
璧纹，周饰瓦垄纹，右下部缺（图一二〇，2）。

5）狩猎、二龙穿璧

2块。编号5、11。一块出土于墓前室东壁北端上边扰土中，空心砖左边大部及下端残缺，
规格为（残）44厘米×（残）22厘米×14厘米。一块出土于墓前室东壁北端向南第三块。空心
砖右部及下端残缺，规格为（残）65厘米×（残）22厘米×14厘米。两块画像砖画面完全相

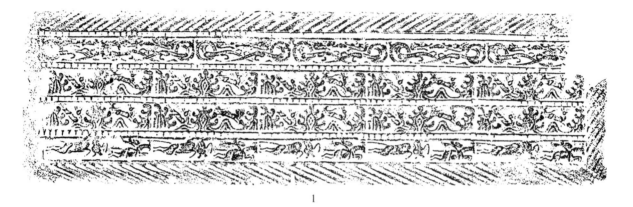

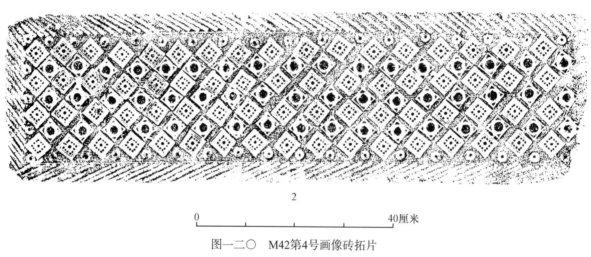

图一二〇　M42第4号画像砖拓片
1. 正面　2. 背面

同，可能是同一块画像砖的左、右两端部分。

正面画像自上至下由三组画像组成，每组中由一模连续印成图案相同的画像，各残余两组。内容与4号画像砖基本相同，几组画像排列不同，上下两组为狩猎，中间为二龙穿璧。画面周饰瓦垄纹（图一二一）。

6）双阙、人物

1块。编号6。出土于M42墓前室东壁南端门口内北侧。画像砖上端残缺，背面两侧带凸棱。砖规格为118厘米×（26～34）厘米×16厘米。

砖正面画像由上至下分为十组，以双阙及人物画像为主体图案，间以二龙穿璧、白虎铺首衔环、狩猎场面、长青树，以及豆点纹、乳钉方格纹、帷幔纹等花纹图案。画面上部有两个持节小吏，躬身相向侍立两侧，持节小吏上下各有一组二龙穿璧图案，上端一组近乎缺失。向下为双阙和白虎铺首衔环，长青树六株。再下两人，怀抱金吾，席地而坐，皆戴冠，着交襟长袍，作对语状。右侧题记因画面漫漶而无法拓出，两人之间有横书，仅存"军"字，画上部饰帷幔纹。再下为一组两个持节小吏和一组二龙穿璧图案。二龙穿璧下模印双阙，饰长青树四株，阙内一持节小吏，上部饰一乳钉方格纹。再向下还有两个持节小吏，相向作躬身迎候状，中间人物为一宾客，戴冠，着交襟长袍，右手抬起于胸前，与右边小吏作对语状。最下端为一组狩猎场面，画面漫漶。整幅画像周饰瓦垄纹（图一二二，1）。画面中阙、铺首衔环、持节小吏、二龙穿璧及狩猎画像内容与3号砖相同。背面模印有乳钉方格纹、豆点纹和璧纹，周饰瓦垄纹（图一二二，2）。

7）二龙穿璧、狩猎

1块。编号8。为前室南部东边铺地砖，砖规格为（残）43厘米×26厘米×15厘米。画像砖破碎较甚，经粘对未修复完整。画面由上下两

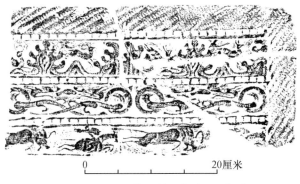

图一二一　M42第11号画像砖正面拓片

组画像组成，中间用一组连续乳钉方格纹、璧纹作间隔，上下两组分别模印出二龙穿璧、狩猎的画像，每组中由一模分几次连续印成内容完全相同的画像。其中二龙穿璧图案，二龙各穿一璧，交尾，回首相向，龙口间有一鱼。狩猎画像山峰突兀，左边一人牵犬，猎犬在追逐中首、尾、四肢成一直线；右边一人举毕网捕；两鹿在山间慌张奔逃。画周饰瓦垄纹（图一二三）。

8）乳钉方格纹、豆点纹、璧纹

2块。编号9、10。为墓前室北部铺地砖，规格为120厘米×26厘米×15厘米。画像砖破碎较甚，未修复完整。空心砖正面与背面画像完全相同，中间为一组连续二方乳钉方格纹、豆点纹、璧纹。画周饰瓦垄纹（图一二四）。

（2）方形实心画像砖

墓内方形实心画像砖位于墓室前端，作为上层铺地砖使用，多已被破坏或取走，数量不详，仅有2块铺地砖还在原位未动，位于前室靠北壁处，保存较完整。另外，墓室南墙前端上部出土1残块，墓内扰土中出土6块残砖。经拼对，方形实心画像砖共9块，画像9幅。

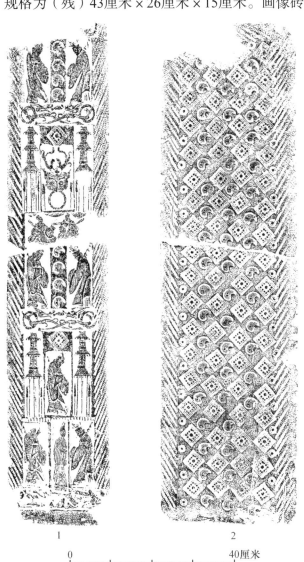

图一二二　M42第6号画像砖拓片

1. 正面　2. 背面

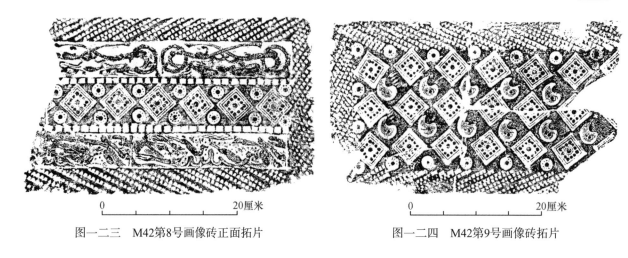

图一二三　M42第8号画像砖正面拓片　　　　　　图一二四　M42第9号画像砖拓片

1）车骑出行

3块。编号13、14、16。一块残缺，出土于墓内回填土中，另两块是前室靠北壁的上层铺地砖，画面朝下放置。三块大小一样，画面相同。

13号画像砖，规格为39.5厘米×39.5厘米×6厘米。画像系一模印出。图中下有一辎车，一马挽引。舆中坐两人，前为驭者，后为主人，车上有伞形华盖。驭者挽缰帧褶，主人正襟危坐。马首有璎珞，颈有轭，马尾弯曲下垂。怒马四蹄腾空，昂首张口，引颈嘶鸣，作飞驰状。马首两侧印出两只飞雁。辎车上部两步从，左手捐弓于肩，右手执矛。车后两驺从，驱马奔驰，各执一向后飘动的旌，仅印出前半部分，以示随从无数（图一二五A；图版四二，2）。

14号画像砖，规格为39.5厘米×39.5厘米×6厘米。画像系一模印出。图中下有一辎车，一马挽引。舆中坐两人，前为驭者，后为主人，车上有伞形华盖。驭者挽缰帧褶，主人正襟危坐。马首有璎珞，颈有轭，马尾弯曲下垂。怒马四蹄腾空，昂首张口，引颈嘶鸣，作飞驰状。马首两侧印出两只飞雁。辎车上部两步从，左手捐弓于肩，右手执矛。车后两驺从，驱马奔驰，各执一向后飘动的旌，仅印出前半部分，以示随从无数（图一二五B）。

16号画像砖，规格为39.5厘米×39.5厘米×6厘米。画像砖为几块拼对，左下部残缺。画像系一模印出。图中下有一辎车，一马挽引，画面残缺。舆中坐两人，前为驭者，后为主人，车上伞形华盖残。驭者挽缰帧褶，主人正襟危坐。马尾弯曲下垂。辎车上部两步从，左手捐弓于肩，右手执矛。车后两驺从，驱马奔驰，各执一向后飘动的旌，仅印出前半部分，以示随从无数（图一二五C）。

2）双阙、门吏

1块。编号15。出土于前室靠东壁北端墓底回填土中，经粘对下端中部略残。砖规格为39.5厘米×39.5厘米×6厘米。画面中重檐四阿式双阙，阙上各立有一猴，阙中部装饰有菱形套环。阙内两执戟门吏，皆戴冠，着长袍，躬身侍立，伸头作对语状。阙两侧中间各印有一面屋脊，似代表大门两端院墙，院墙外大门两侧各模印柏树一株，院内有繁茂的树枝。画像中部上端一凤凰，昂首曲颈，呈展翅状（图一二六；图版四二，1）。

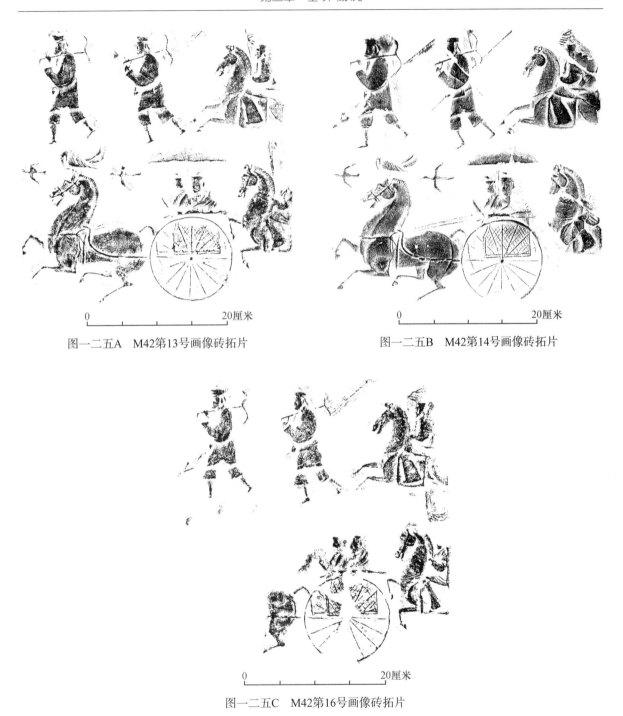

图一二五A　M42第13号画像砖拓片　　　　图一二五B　M42第14号画像砖拓片

图一二五C　M42第16号画像砖拓片

3）牛耕图

1块。编号17。出土于墓室前端上部填土中，上部及左端残缺。砖规格为（残）37厘米×（残）36厘米×6厘米。画面右下部模印两组"二牛一人"牛耕图，上面一组上端残缺，下组较完整。每组画中刻出四条横线代表田地，一人着短上衣，躬身双手扶犁，前边两牛驾辕张嘴低头在田中耕作，牛身硕壮，头上双角，垂尾，四蹄作奔驰状。右端有一罐状物，其下一人着对襟短褂，右手上举，似在喊田中劳作之人用饭（图一二七；图版四二，3）。

另外部分画像砖出土于墓室南墙前端上部和墓内扰土中，编号分别为18、19、20、21。画像砖较残，画面极不完整。

图一二六　M42第15号画像砖拓片

图一二七　M42第17号画像砖拓片

4）牧羊图

2块。编号18、19。18号砖规格为（残）32厘米×（残）18厘米×6厘米。画面中部为一羊群形象，羊群重叠，有的仅刻出头和羊腿部，以示羊数众多。前边一羊为奔跑状，一羊惊慌回顾，仅刻出羊头部，上端一羊亦为奔跑状，左下为一小羊。羊群后部有一牧羊人，身着短衣，手执一鞭，怀中似抱一羊羔（图一二八，1）。另一块19号砖仅剩画像砖右部，尺寸为（残）27厘米×39.5厘米×6厘米。画面分上下两组，上部左端漫漶，右边一人站立，双手执琴立于地，前置一瑟或建鼓。下部为牧羊图，上端刻树木和一猎狗，下为羊群，前边一人，肩负一物，身着短衣，右手执一鞭，左手撑一伞盖（图一二八，2）。

5）生产图

1块。编号20。仅剩画像砖左上端，尺寸为（残）20厘米×（残）13厘米×6厘米。画面似表现作坊中生产劳动的场面。画像下部为一舂米的器具，后边一人双手紧握长方形撑杆，双腿用力，正在舂米。人前方上部刻盛作物的量器，左上刻一飞鸟（图一二八，3）。

6）耕作图

1块。编号21。仅剩画像砖左上角，尺寸为（残）15厘米×（残）13厘米×6厘米。内容为一农夫正在田间劳动的场面。画中人后刻出一条横线代表田地，一人着长衣，双手紧握农具，弯腰低头，在田间耕作（图一二八，4）。

图一二八　M42出土部分方形实心画像砖拓片

1. 牧羊图（编号18）　2. 狩猎图（编号19）　3. 生产图（编号20）　4. 人物（编号21）

（3）长方形实心花纹、画像砖

长方形实心花纹、画像砖用来构筑墓室，在墓内作为墙砖、封门砖、券砖、铺地砖使用。此类砖数量多，出土时未加统计，仅拣选少量标本。

1）连续菱形图案、猎犬

编号22、23。为墓室墙砖、券顶楔形砖一长侧面，画面均朝墓室内。其中墙砖规格为47厘米×16厘米×9厘米，券顶楔形砖规格为47厘米×16厘米×（7～9）厘米。在砖一长侧面模印上下两组内容相同的花纹，中间为一在山冈中奔驰的猎犬，右边印出另一猎犬的后腿部，上饰半圆圈纹；猎犬两边花纹相同，为连续菱形图案间卷云纹、乳钉纹、璧纹、重环纹（图一二九，1、2）。

2）连续菱形图案之一

编号24。为墓室封门砖一长侧面。砖规格为47厘米×16厘米×10.5厘米。画面模印上下两组内容相同的连续菱形图案间卷云纹、乳钉纹、璧纹、重环纹（图一二九，3、4）。

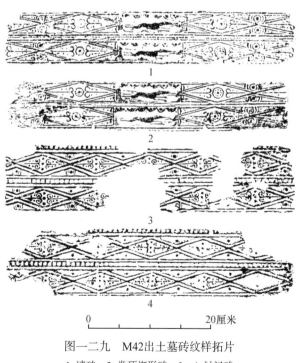

图一二九　M42出土墓砖纹样拓片

1. 墙砖　2. 券顶楔形砖　3、4. 封门砖

3）连续菱形图案之二

编号25。位于墓室铺地砖的一面，画面朝上放置。砖规格47厘米×35厘米×6厘米。画面以小方格纹作间隔，上下模印六组内容相同的二方连续菱形图案，间饰卷云纹、乳钉纹、重环纹（图一三〇C）。

4）人物、二龙穿璧、狩猎

1块。编号26。出土于墓底紧靠墓室西壁中间下层铺地砖，为北边一块。画面朝上，画像略残，左半部分漫漶。规格为47厘米×35厘米×6厘米。

整幅画面由六组画像组成。中间模印由人物画像构成的主体画面。画像分上下两组，上边一组画像为持节小吏，左三人，右两人，均戴冠，着宽袖长袍，手中持节，相对作躬身迎候状。下边一组模印内容相同的两组人物画像，同模印出，画面与2号画像砖中部上端内容相同，左端印一豆点纹两璧纹作装饰。中部人物画像的左右两侧分别模印一组二龙穿璧图案，上饰一豆点纹。画面上端一组为两方连续菱形图案，间饰卷云纹、乳钉纹、重环纹。下端一组为狩猎场面（图一三〇A；图版四二，4）。

5）阙、人物、狩猎

1块。编号27。出土于墓底紧靠墓室西壁中间下层铺地砖，为南边一块。规格为47厘米×35厘米×6厘米。

画像砖残破较甚，画面多不完整。多模分次印出，内容丰富。整幅画面分为上、中、下三部分，共由八组画像组成。上下两部分画像均为狩猎场面，各分两组，同模印出，画像内容相同。中部从左至右由六组画像组成。左右两侧同模印出两组内容相同的画像，每组两人，画面与26号画像砖中部下端内容相同，左侧画像人物头部又印以璧纹覆盖。再向内从左至右分别模印持节小吏一人、狩猎画像一组、二龙穿璧一组和一阙。狩猎画像同上下两端内容相同。阙作双层，两侧模印长青树两株。画面间饰有乳钉方格纹、璧纹、豆点纹等（图一三〇B；图版四二，5）。

（4）"山"字形空心画像砖建筑构件

共3块。编号28、29、30。均残破，在墓内东北角扰土中出土一残块，另两块东西向放置于前室北端上下两层铺地砖之间。三块画像砖构件同模制出，形制大小及模印画像内容相同。画像砖形制上端呈"山"字形，下端为横长形基座，基座底面中间有一直径8厘米的圆孔。

28号画像砖，一部分残碎，未能复原。上端残宽28、厚16厘米，下端残宽26、厚14厘米，通高24厘米。在其正、背面和两端面分别模印相同内容画像，底面绳纹模糊不清，无法拓出。正、背面"山"字头一边各为持节小吏，中间一双层阙，各画面两边饰瓦垄纹。下端画像分上下两部分内容，上为两组狩猎场面画像，下为两组二龙穿璧图案，狩猎和二龙穿璧画面内容与8号画像砖正面画像相同，其右端饰一乳钉方格纹作装饰。两端面均有画像，其中一端画面漫漶，拓片未能拓出，另一端上端上部饰瓦垄纹，其下一段留白，无画像，再下为一组狩猎画像，图中山峰突兀，左边一人牵犬，张毕网捕，一鹿在山间慌张奔逃；下端模印上下两组狩猎画像，左边两鹿在山间慌张奔逃，右边一人举毕网捕（图一三一A，1~3）。

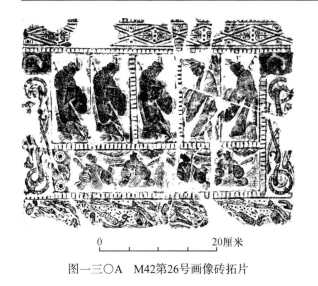

图一三〇A M42第26号画像砖拓片

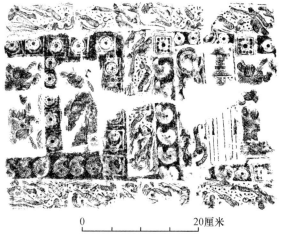

图一三〇B M42第27号画像砖拓片

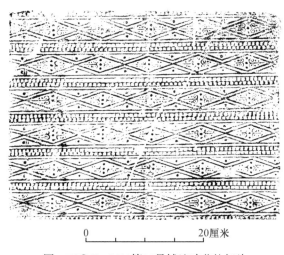

图一三〇C M42第25号铺地砖花纹拓片

29号画像砖，上端通宽49、厚16厘米，下端宽43、厚14厘米，通高24厘米。在其正、背面和两端面分别模印相同内容画像，底面绳纹模糊不清，无法拓出。正、背面"山"字头两边为持节小吏，中间一双层阙，在两侧各模印有长青树一株，各画面两边饰瓦垄纹。下端画像分上下两部分内容，上为两组狩猎场面画像，下为两组二龙穿璧图案，狩猎和二龙穿璧画面内容与8号画像砖正面画像相同，其右端饰一乳钉方格纹作装饰。两端面上端上部饰瓦垄纹，其下一段留白，无画像，再下为一组狩猎画像，图中山峰突兀，左边一人牵犬，一鹿在山间慌张奔逃，右边画面漫漶，其上似刻出一毕网；下端模印上下两组狩猎画像，左边两鹿在山间慌张奔逃，右边一人举毕网捕（图一三一B，1~4）。

30号画像砖，砖一端残缺。上端残宽27、厚16厘米，下端残宽24、厚14厘米，通高24厘米。在其正、背面和两端面分别模印相同内容画像，背面及两端面画像漫漶，底面绳纹模糊不清，拓片无法拓出。正面"山"字头一边为持节小吏，中间一双层阙，各画面两边饰瓦垄纹。下端画像分上下两部分内容，均为两组二龙穿璧图案（图一三一C）。

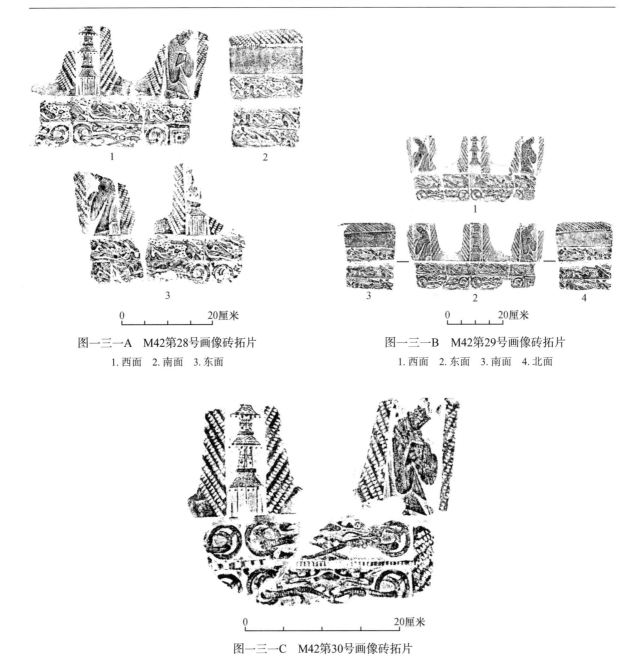

图一三一A　M42第28号画像砖拓片

1. 西面　2. 南面　3. 东面

图一三一B　M42第29号画像砖拓片

1. 西面　2. 东面　3. 南面　4. 北面

图一三一C　M42第30号画像砖拓片

（5）八角形陶制空心画像立柱

3件。后室南壁东端和西南角各出一个，墓内回填土中出土部分残块，经过对这些陶制立柱及残块的粘接拼对，复原3个，2个较为完整，1个仅有下半部。

1）M42：1

位于墓室内西南角。立柱柱身上部及斗拱残缺，存柱身下部及柱础，残高65厘米。柱身呈八角形，分为八个面，东西两面、南北两侧各三个面，东西两面宽11.5～14厘米，南北侧三面各宽5、7、5厘米。下部柱础宽25.5、厚15、高18厘米。

立柱柱身、柱础的各面均模印画像。柱身与柱础的东西正反两面画像整体布局在一个平面上，模印画像内容相同。柱身为狩猎画像，残剩两组，图中山峰突兀，左边一人牵犬，右边一人举毕网捕，中间两鹿在山间慌张奔逃。下端柱础上下各一组二龙穿壁，间隔一组小方格纹。在西面柱础画像上部中间饰两璧纹、两侧各有一豆点纹。东、西两面画像周围饰瓦垄纹（图一三二，1、3）。

立柱柱础南、北两侧面画像相同，以两组方格纹作间隔，上下各一组二龙穿壁图案，画面两端不完整，上饰瓦垄纹。柱身南、北两侧各三面纵向分别模印三组画像，对应画像内容相同，中间为狩猎场面，画面剩两组，左边和右边均为连续二龙穿壁图案，剩三组，北侧中间狩猎画像下端饰一乳钉方格纹和四个璧纹。在画像边缘空白处饰瓦垄纹（图一三二，2、4）。

2）M42：9

位于墓棺室内靠南壁东端。立柱由连成一体的斗拱、柱身、柱础组成，通高120厘米。柱上部斗拱横截面呈长方形，最宽处25、厚16、高度15厘米；柱身呈八角形，分为八个面，形成东西两面、南北两侧各三个面，东西两面宽9～12厘米、北侧三面各宽5、7、5厘米，南侧三面各宽5、8、6厘米；下部柱础宽25、厚16、高16厘米。

在八角形陶制立柱斗拱、柱身、柱础的各面均模印有画像。其中柱身与斗拱及柱础的东西正反两面画像在一个平面上，自上而下画面整体布局比较严谨。东、西两面模印画像内容相同，斗拱上部模印一组狩猎画像，画中有山峦、树木，左有一虎，向前奔扑，右边一人左腿跪地，右腿向前弯曲，左手执剑，右臂似前伸，欲与猛虎搏斗，人后边刻一猎犬，画面漫漶；狩猎画像下部两侧各饰一豆点纹，中间与柱身连接处为白虎铺首衔环，下端两侧模印长青树两株。再下为柱身画像，上端一持节小吏，其下模印三组狩猎画像，内容相同，图中山峰突兀，

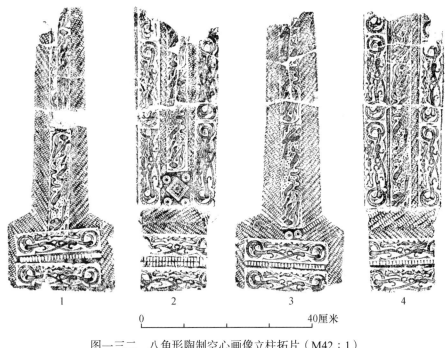

图一三二 八角形陶制空心画像立柱拓片（M42：1）

1.东面 2.北面 3.西面 4.南面

左边一人牵犬，右边一人举毕网捕，中间两鹿在山间慌张奔逃。最下端为柱础上画像，上下各一组二龙穿璧，间隔一组小方格纹。东、西两面画像四周饰瓦垄纹（图一三三，1、3）。

立柱斗拱与柱础南、北两侧面画像相同，斗拱上部模印狩猎画面，与东、西两面模印画像内容相同，上饰瓦垄纹，其下一组小方格纹，再下素面无画像，南侧狩猎画面倒置模印。柱础以一组方格纹作间隔，上下各一组二龙穿璧图案，画面两端不完整，上饰瓦垄纹。立柱柱身南、北两侧纵向各三组画像，上端各饰一乳钉方格纹和四个璧纹。其中北侧三面三组画像中间和左边各为三组狩猎场面，右边为上下四组二龙穿璧，南侧三面三组画像中间为三组狩猎场面，边饰瓦垄纹，左边和右边各为四组二龙穿璧图案，右边画像左饰瓦垄纹（图一三三，2、4）。

3）编号31

出土于墓内回填土中。立柱由连成一体的斗拱、柱身、柱础组成，通高122厘米。柱上部斗拱横截面呈长方形，最宽处27、厚16、高18厘米；柱身呈八角形，分为八个面，形成正反两面、左右两侧各三个面，两面宽9～10厘米、右侧三面各宽4.5、9、4.5厘米，左侧三面各宽4、8、4厘米；下部柱础宽25.5、厚15.5、高20.5厘米。

图一三三　八角形陶制空心画像立柱拓片（M42：9）
1.东面　2.北面　3.西面　4.南面

　　31号立柱斗拱、柱身、柱础的各面均模印有画像，其中柱身与斗拱、柱础的正面、背面画像在一个平面上，两面画像布局及内容相同，分模多次印出不同内容的画像。斗拱中间模印白虎铺首衔环和长青树两株，两侧各有一执棨戟门吏，右边门吏双手又捧一盾，皆戴冠、着深袖长衣，相向而立，作对语状，画面间饰两组小方格纹，周饰瓦垄纹。柱础上下模印三组不同内容的狩猎画像，上组画中有山峦、树木，左有一虎，张口向前奔扑，右边一猎人，作单腿跪姿，腰挎弓箭，左手执剑，右臂前伸，欲与猛虎搏斗，后边刻一猎犬；中间画像为骑马狩猎，左刻一牛奋蹄曲颈，向前猛冲，右边一人骑马回首，展双臂捕猎，似为举毕网捕，马作奔跑状；下组画像山峰突起，中间两鹿在山间慌张奔逃，右上部刻一飞鸟，曲颈回首。斗拱与柱础之间柱身模印连续二龙交尾画像，左右部分为同模上下分四次印出（图一三四，1、3）。

　　立柱斗拱与柱础之间柱身左、右两侧面模印画像同正面相同，为连续二龙交尾画像，三面均为同模上下分四次印出，中间一面并列两列，两侧各一列，下边两组之间有重合部分。斗拱两侧面画像不同。左侧面两组为牛虎形象的狩猎画像，画面右端不完整，以两组方格纹间隔，

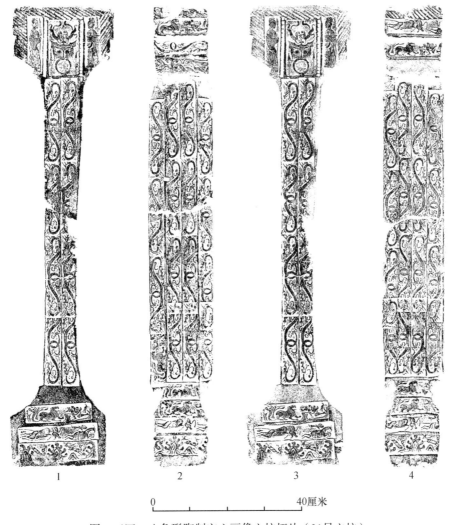

1　　　　　　　2　　　　　　　3　　　　　　　4

0　　　　　　　　　　　　　40厘米

图一三四　八角形陶制空心画像立柱拓片（31号立柱）

1. 正面　2. 右侧面　3. 背面　4. 左侧面

上部模印一牛，奋蹄曲颈，右端仅有马的后部，下部画中有山峦、树木，左有一虎，张口向前奔扑，右边一猎人，作单腿跪姿，腰挎弓箭，左手执剑，右臂前伸，欲与猛虎搏斗，后边刻一猎犬。右侧面画像为三组，上、下为狩猎，中间为不完整的二龙交尾画像，上部画面左侧面下部相同，下部画面倒置模印，一人牵犬，两鹿在山间奔逃。左、右两侧面上饰瓦垄纹。柱础左、右两侧面模印相同画像，上下为四组狩猎画像，画面均不完整。其中下边两组与正面画像相同，上边两组位于柱础左、右侧面上部斜面之上，内容与斗拱左侧面下部相同，同模印出，仅有画面中间部分，两端缺失（图一三四，2、4）。

四十三、M43

位于发掘Ⅲ区最北端，T0504西部居中，地表地势东高西低，西南邻M42。

1. 墓葬形制与结构

开口于表土层下，表土层厚0.05～0.25米。方向112°。单室砖墓，墓坑遭受严重破坏，平面呈长方形，由墓道和墓室两部分组成，仅存墓底，墓室西端残缺（图一三五；彩版一一，2）。

墓道为长方形斜坡状，居中而设，位于墓室东端，西部与墓室等宽，东部略窄，南北两壁陡直，壁面粗糙，北壁不规整，坡底不太平坦。墓道口残长2.3、宽1.4～1.64、底端残深0.4米；坡底残长2.4米，坡度20°。

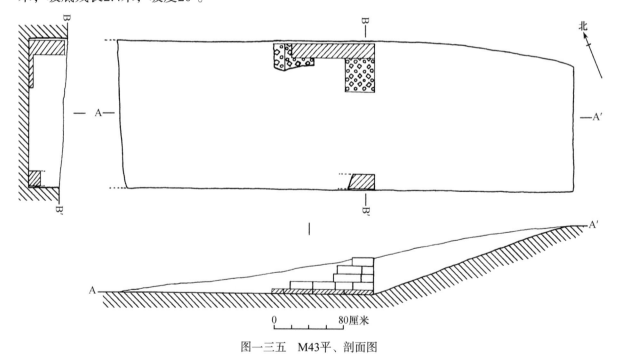

图一三五　M43平、剖面图

砖砌墓室残长3、内宽1.3、残高0.35米。墓砖墙紧贴墓壁，砌于墓底铺地砖之上，仅存南、北壁东端各一段，条形砖顺向错缝叠砌。铺地砖存留较少，铺法不明。墓室前端无封门砖墙。

墓坑内填黄褐色五花土，夹杂有料姜石和碎砖块，土质较松软。

墙砖为青灰色长条形，铺地砖为青灰色正方形。墙砖规格为45厘米×18.5厘米×7厘米，砖的一面饰绳纹，一长侧面饰回字菱形纹、三角几何纹（图一三六）。铺地砖规格为35厘米×35厘米×5厘米，砖的一面饰乳钉方格纹间壁纹，画面漫漶不清，拓片无法拓出。

2. 葬具、葬式

墓内葬具及人骨无存，葬式不明。

3. 随葬品

墓室毁坏严重，无随葬品出土。

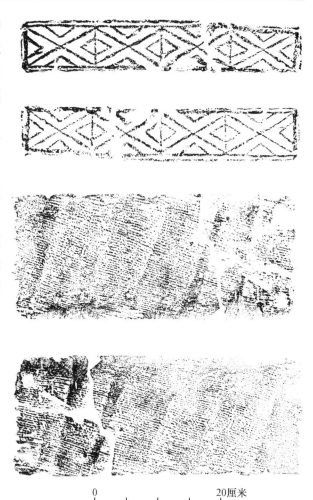

0   20厘米

图一三六　M43墓砖花纹拓片

四十四、M44

位于发掘Ⅲ区东南部，赵杰娃山头东坡，T0719东南角，地表地势西高东低。

1. 墓葬形制与结构

该墓开口于表土层下，表土层厚0.1～0.25米。方向132°。单室砖墓，平面呈长方形，由墓道和墓室两部分组成（图一三七；彩版一一，3）。墓室构筑方式是先挖土圹，然后在生土上砌墙，用长条形子母砖铺地，再起券封顶。

墓道为长方形斜坡状，居中而设，位于墓室东端，西部与墓室等宽，东部略窄，南北两壁陡直，壁面粗糙，北壁不规整，坡底不太平坦。墓道口残长2.3、宽1.4～1.64、底端残深0.4米；坡底残长2.4米，坡度20°。

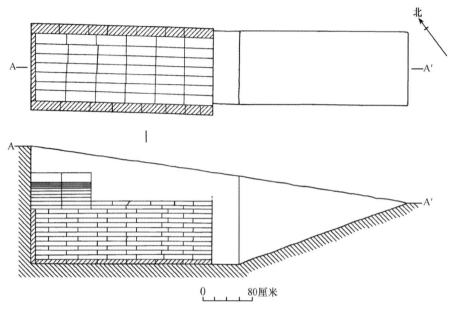

图一三七　M44平、剖面图

墓室为纯砖结构，用带有榫卯结构的子母砖砌筑，砖墙紧贴坑壁。平面呈长方形，内长2.8、宽1、通高1.2米，券顶高0.22。墓砖墙用条形砖顺向错缝叠砌。西部墙砖12层起券，券残长0.93、高0.57米。铺地砖用子母砖分六组呈纵向齐缝平铺。墓室前端无封门砖墙，与墓道底部之间存留有宽0.4米的空隙。

坑内填黄褐色五花土，包含有碎砖块和陶片等，土质较硬，结构较致密。

墙砖、铺地砖均为青灰色长条形，规格均为47厘米×15厘米×7厘米，券砖为楔形砖，规格46厘米×15厘米×（6~8）厘米，砖的一面为素面，长侧面皆饰回字菱形纹或田字菱形纹（图一三八）。

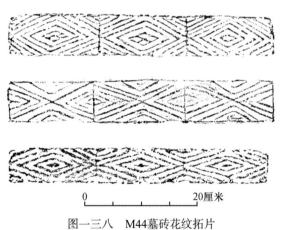

图一三八　M44墓砖花纹拓片

2. 葬具、葬式

墓内葬具及人骨无存，葬式不明。

3. 随葬品

随葬品仅在墓室扰土出土一些陶片，经粘对复原两件，有陶仓和陶井各1件（图版八，6）。

陶仓　1件。M44：1，泥质灰陶。尖唇，侈口，折肩，直腹较深，平底。口径7.2、底径

8.6、高19.2厘米（图一三九，1；图版三一，3）。

陶井 1件。M44：2，泥质灰陶。方唇，直口微侈，平折沿，深腹，上腹微收，下腹稍鼓，平底。口径12.8、底径9.8、高9.2厘米（图一三九，2；图版三三，5）。

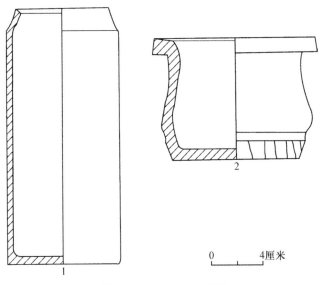

图一三九 M44出土陶器
1. 仓（M44：1） 2. 井（M44：2）

四十五、M45

位于发掘Ⅲ区西南部，T1119中部偏东，东南邻M30，东北邻M31。地表地势东高西低。

1. 墓葬形制与结构

该墓开口于表土层下，表土层厚0.1～0.25米。方向287°。墓坑遭受严重盗掘破坏，平面呈长方形，仅存土坑墓圹，墓壁竖直，长3.1、宽1.72、残深1.1～1.3米，墓底平坦（图一四○；彩版一一，4）。

坑内填黄褐色五花土，夹杂有少量石块和碎砖渣，土质较松软。

砖砌墓室砖墙无存。铺地砖仅存紧靠墓四壁的少量部分，可看出为青灰色长条形砖纵向顺铺，规格为46厘米×14厘米×7厘米。在墓室西壁有五花土分布并向西延伸，宽度与墓室宽相同，应是西部墓道，未进行发掘清理。

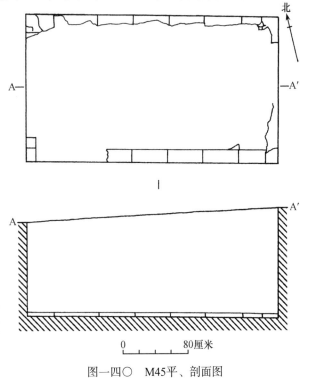

图一四○ M45平、剖面图

2. 葬具、葬式

葬具及人骨不存，葬式不明。

3. 随葬品

随葬品被盗掘不存，仅在墓室扰土中出土铜钱2枚。M45：1-1，M45：1-2，破碎。

四十六、M46

位于发掘Ⅲ区中南部，T1020南部、T1021北部，北邻M30，东邻M47。地表地势北高南低。

1. 墓葬形制与结构

该墓开口于表土层下，表土层厚0.1～0.25米。长方形竖穴土坑墓，方向200°。

墓室墓壁微呈凹弧状，四角向外伸出，中部略窄，口底同大。长3.34～3.42、宽2.24～2.4、深2～2.1米。墓壁较直，壁面光滑规整，墓底平坦。

墓坑内填土为黄褐色五花土，土质较硬，结构致密。

2. 葬具、葬式

（1）葬具

墓内葬具已朽，仅见灰痕，为一椁一棺。

椁室平面呈"Ⅱ"形，椁痕长3.12、宽1.5～1.62、残高0.36米。椁挡板灰痕两端均向外伸出，通长为1.66～1.7米。

棺位于椁内东部，棺痕长1.98、宽0.5米。

墓底南北两端各有一垫木槽，长度与墓底宽度相同，槽宽0.2、深0.1～0.12米。

（2）葬式

墓内人骨架已经腐朽，仅剩下肢骨渣，从痕迹看，头向南，葬式不明（图一四一；彩版一四，1）。

3. 随葬品

随葬器物共9件，放置于椁内棺外西侧南部，有陶鼎、陶大壶各2件，陶盒、陶瓮、陶釜、陶甑各1件（图版九，1），铁罐1件。

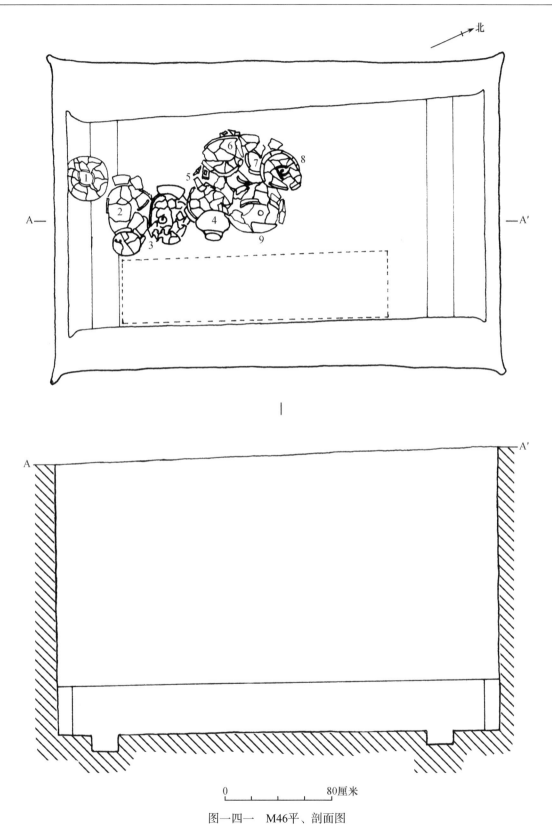

图一四一 M46平、剖面图

1.陶瓮 2、3.陶大壶 4.铁罐 5、9.陶鼎 6.陶甗 7.陶盒 8.陶釜

（1）陶器

8件。器类有瓮、大壶、鼎、甑、盒、釜。

瓮　1件。M46：1，泥质灰陶。直口，方唇，圆肩，腹略鼓，圜底近平。腹部近直，上饰竖绳纹，间三周弦纹，下腹及底饰斜绳纹。口径20、腹径38、底径高30.8厘米（图一四二，3；图版一九，1）。

大壶　2件。M46：2，泥质灰陶。盘口，束颈，溜肩，鼓腹，肩腹部有两对称的兽面铺首衔环耳，下腹弧形内收，覆碗形圈足，下端内压。肩、下腹部各有一道较宽的凸弦纹。上承浅腹弧形盖，顶部有一方形柱状纽。口径18.8、腹径24.4、足径19.2、通高41.2厘米（图一四二，

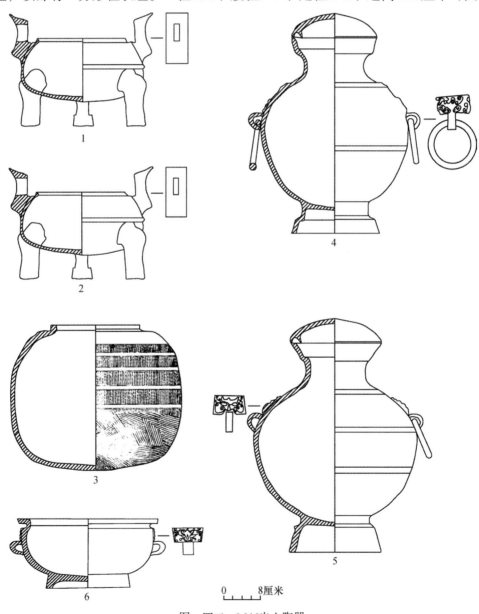

图一四二　M46出土陶器

1、2.鼎（M46：5、M46：9）　3.瓮（M46：1）　4、5.大壶（M46：2、M46：3）　6.甑（M46：6）

4；图版一七，5）。M46：3，泥质灰陶。形制与M46：2近同，一铺首的套环残缺。盘口，束颈，溜肩，鼓腹，肩腹部有两对称的兽面铺首衔环耳，下腹弧形内收，覆碗形圈足，下端内压。肩、腹部各有一道较宽的凸弦纹，下腹部有两道凹弦纹。上承浅腹弧形盖，顶部纽残缺。口径20、腹径36、足径20.4、通高49.2厘米（图一四二，5；图版一七，6）。

鼎　2件。M46：5，泥质灰陶。子母口，折肩，近肩部附双耳略外撇，微鼓腹，圜底近平。腹中间有一道凸弦纹，腹下三兽足。口径19.6、腹径27.2、足高12、通高24厘米（图一四二，1；图版一三，2）。M46：9，泥质灰陶。形制大小与M46：5相同。子母口，折肩，近肩部附双耳略外撇，微鼓腹，圜底近平。腹中间有一道凸弦纹，腹下三兽足。口径19.6、腹径27.2、足高12、通高24厘米（图一四二，2）。

甑　1件。M46：6，泥质灰陶。平折沿，方唇，敞口，微束颈，弧腹内收，圈足。腹部有对称铺首半环形纽，无环，铺首为变形兽面纹，周饰云纹。口径26、足径16、高15.2厘米（图一四二，6；图版三八，6）。

盒　1件。M46：7，泥质灰陶。破碎较甚，未能修复。

釜　1件。M46：8，泥质灰陶。破碎较甚，未能修复。

（2）铁器

仅有铁罐1件。M46：4，锈蚀严重，已破碎，无法复原。

四十七、M47

位于发掘Ⅲ区中南部，T0920西南部，延伸至T1020东南，西邻M46，北邻M30，东北邻M29。

1. 墓葬形制与结构

该墓地表地势北高南低，开口于表土层下，表土层厚约0.1米。竖穴土坑墓，墓口和墓室南壁上部遭到破坏，平面呈梯形，方向200°。

墓坑口底同大，长约3、宽2.26～2.46、残深0.92～1米，墓壁壁面粗糙不规整，墓底平坦。

坑内填黄褐色夹杂黑色土块的五花土，土质较硬，结构致密。

2. 葬具、葬式

（1）葬具

墓内葬具已朽，仅见灰痕，为一椁一棺。

椁痕不清。棺位于墓底北部偏东，棺痕长2.14、宽0.66～0.74米。

（2）葬式

墓内人骨架已经腐朽，仅可看出轮廓，头向南，面朝上，葬式为仰身直肢。骨架朽痕长约1.91米。初步鉴定为男性死者（图一四三；彩版一四，2）。

3. 随葬品

该墓随葬器物共14件，质地分陶、铜、铁三类。主要放置于棺外西侧，北部有残陶瓮1件，南部有陶鼎、小壶、釜、灶、井、器盖各1件，陶博山炉仓盖2件；一部分随葬品置于棺

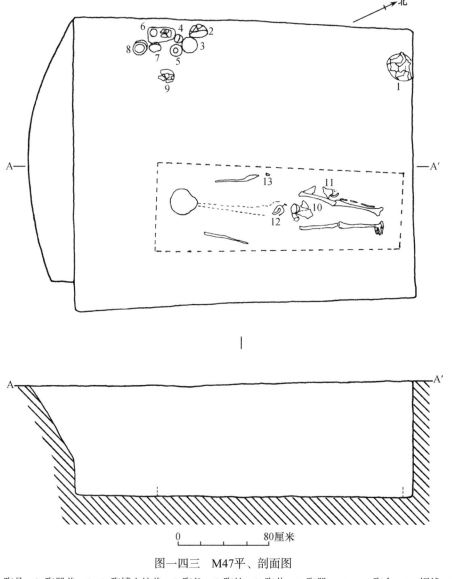

图一四三　M47平、剖面图

1.陶瓮　2.陶鼎　3.陶器盖　4、7.陶博山炉盖　5.陶釜　6.陶灶　8.陶井　9.陶器　10、11.陶仓　12.铜钱　13.铁带钩

14.陶小壶

内，中部偏北放陶仓2件，铜钱2枚和铁带钩1件置于死者腰部左侧；此外，还有一些陶片，放置于棺外西侧南部，不辨器形（图版五，2）。

（1）陶器

12件。器类有瓮、鼎、器盖、博山炉盖、灶、釜、井、小壶、仓及陶片。

瓮 1件。M47：1，泥质灰陶。残碎较甚，无法修复。

鼎 1件。M47：2，泥质灰陶。无盖。子母口，折肩，近肩部附对称双耳外撇，鼓腹，平底，有三锥状足。口径12.8、腹径17.6、通高9.2厘米（图一四四，4；图版一五，2）。

器盖 1件。M47：3，泥质黄褐陶。子母口，弧形顶盖，顶中部有环形纽，内穿一环。口径19.2、通高7.2厘米（图一四四，1；图版二六，2）。

博山炉盖 2件。M47：4，泥质黄褐陶。器形呈圆锥形，坡上模印四组呈凸起状的三角形蕉叶纹。口径8.4、高7.2厘米（图一四四，7；图版二六，3）。M47：7，泥质灰陶。形制与M47：4近似。圆锥状，上下模印四组凸起的三角形蕉叶纹。口径9、高5.5厘米（图一四四，10；图版二六，4）。

灶 1件。M47：6，泥质灰陶。体呈圆角三角形，灶上有两个火眼，前端有呈近三角形的灶门，后端有一穿，作烟囱用。灶上置有一甑，泥质灰陶。破碎，未能修复。体长22.4、面宽5.2～12、底宽7.2～12、高8厘米（图一四四，6；图版三二，5）。

釜 1件。M47：5，泥质灰黑陶。小侈口，矮领，圆折肩，鼓腹，圜底近平。口径5.6、腹径10、底径4、高4.2厘米（图一四四，9；图版三五，3）。

井 1件。M47：8，泥质灰陶。敞口，宽沿微上翘，方唇，短束颈，折腹，上腹向外斜直，下腹近直略内收，平底。下腹有刀削痕。口径12、底径10、最大腹径12、高8.8厘米（图一四四，5；图版三三，4）。

仓 2件。M47：10，泥质灰陶。尖唇，侈口，矮领，折肩，斜直腹略向内缓收，平底。中腹偏上有抹痕，下腹有刀削痕。最大腹径在上腹部。口径6.8、腹径12、底径9.2、高15.6厘米（图一四四，2；图版三一，1）。M47：11，泥质灰陶。圆唇，侈口，矮直领，弧折肩，筒腹，下腹缓收，平底。腹上部有一周凹弦纹，腹下有刀削痕。口径6.4、腹径10、底径8.2、高14.8厘米（图一四四，3；图版三一，2）。

小壶 1件。M47：14，泥质灰陶。残。束颈，溜肩，鼓腹，假圈足，底平。腹径8、底径5、残高7.8厘米（图一四四，8；图版一八，6）。

陶片 1件，不辨器形。M47：9，泥质灰陶。残破较甚，未能修复。

（2）铜器

2枚。只有铜钱一种，锈蚀严重，无内外郭。M47：12-1，"五"字交股弯曲，上下两横与两竖齐，"朱"字头上横方折，"金"字头呈三角形，"金"字头低于"朱"字头。直径2.3厘米（图一四五，1）。M47：12-2，"五"字交股弯曲，上下两横与两竖齐，"朱"字头上横方折，"金"字头呈三角形，"金"字头低于"朱"字头。直径2.3厘米（图一四五，2）。

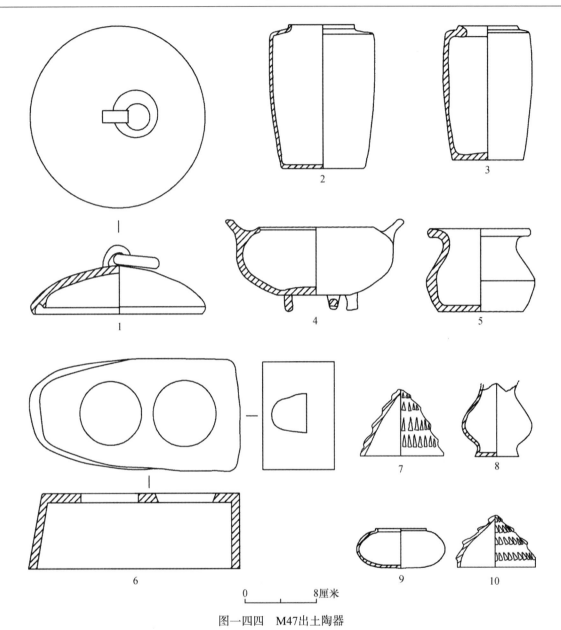

图一四四　M47出土陶器

1. 器盖（M47∶3）　2、3. 仓（M47∶10、M47∶11）　4. 鼎（M47∶2）　5. 井（M47∶8）　6. 灶（M47∶6）　7、10. 仓盖
（M47∶4、M47∶7）　8. 小壶（M47∶14）　9. 釜（M47∶5）

（3）铁器

1件。仅出铁带钩一种，锈蚀严重，尾端残断。M47∶13，残长5.3、最宽1.1厘米（图一四五，3；图版四三，1）。

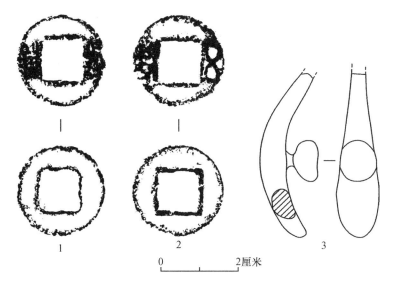

图一四五　M47出土铜钱、铁带钩

1、2. 五铢钱（M47：12-1、M47：12-2）　3. 铁带钩（M47：13）

四十八、M48

位于发掘Ⅲ区中南部，T1021东北部，地表地势北高南低。

1. 墓葬形制与结构

开口于表土层下，表土层厚0.05～0.1米。长方形竖穴土坑墓，方向4°或184°。因地表常年水土流失，墓坑遭到严重毁坏，仅存墓底北部，口底同大，残长1.02～2、宽1.32、残深0.2米，墓底平坦（图一四六）。

坑内填黄褐色五花土，土质较硬，包含有绳纹陶片。

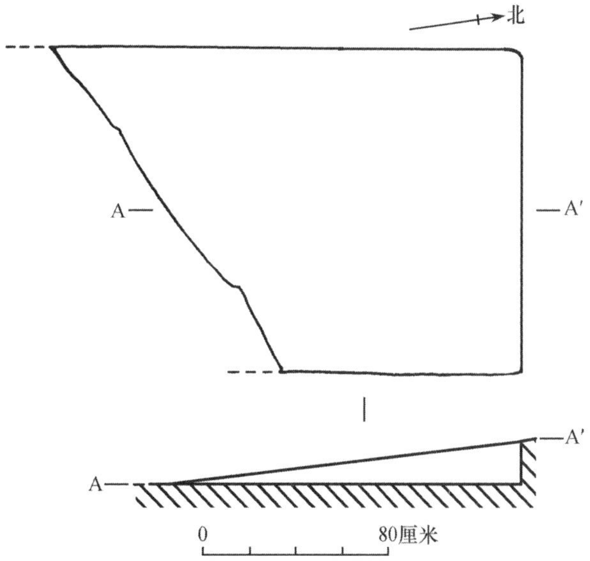

2. 葬具、葬式

墓内葬具及人骨已腐朽不存，葬具数目与葬式不明。

3. 随葬品

随葬品仅在墓底北部出土部分陶片，可辨器形有瓮、釜等。残碎较甚，未能修复成形。

图一四六　M48平、剖面图

四十九、M49

位于发掘Ⅲ区南部偏西，T1123西南部，东南与M50相邻。

1. 墓葬形制与结构

该墓开口于表土层下，表土层厚约0.2米。方向10°。竖穴土坑墓，墓口平面呈梯形，口底同大，墓口北窄南宽。长2.56、宽1.34～1.44、深0.82～1.02米。墓壁较规整，但壁面粗糙，墓底平坦（图一四七；彩版一四，3）。

坑内填黄褐色五花土，夹杂黑色土块，土质较硬，结构致密。

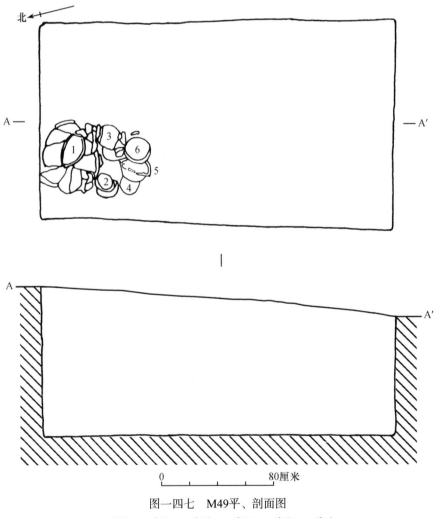

图一四七　M49平、剖面图

1.陶瓮　2.陶鍪　3.陶鼎　4.陶釜　5.陶甑　6.陶盒

2. 葬具、葬式

葬具不详。

人骨腐朽不存，葬式不明。

3. 随葬品

随葬器物共6件，置于墓底西北部，计有陶瓮、陶鋬、陶鼎、陶釜、陶瓿、陶盒各1件（图版九，2）。

陶瓮　1件。M49：1，泥质灰陶。破碎较甚，未能修复。

陶鋬　1件。M49：2，泥质灰陶。敞口，尖唇，翻沿，沿上翘较甚，束颈，折肩，腹部较直，下腹弧形内收较甚，尖圜底。腹上部有两对称环形耳。口径13.6、腹径18.8、高15.2厘米（图一四八，1；图版二五，2）。

陶鼎　1件。M49：3，泥质灰陶。子母口，折肩，近肩部附两个对称方形耳，上腹近直，有一周凸棱，下腹弧形内收，圜底，腹下部有三个马蹄形足。上承浅盘形盖，顶部微弧。口径17.6、腹径21.2、底径5.6、通高16.4厘米（图一四八，2；图版一三，3）。

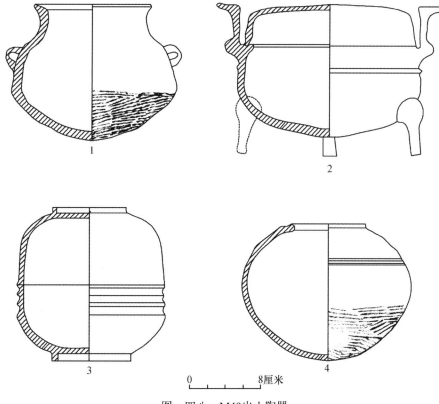

图一四八　M49出土陶器

1.鋬（M49：2）　2.鼎（M49：3）　3.盒（M49：6）　4.釜（M49：4）

陶釜 1件。M49：4，泥质灰陶。圆口无唇，鼓腹，圜底，最大腹径在中部。上腹有两道凹弦纹，下腹及底饰横斜交错绳纹。口径8.8、腹径19.6、高14.8厘米（图一四八，4；图版三五，1）。

陶甑 1件。M49：5，泥质灰陶。未能修复。

陶盒 1件。M49：6，泥质灰陶。敛口，方唇，上腹近直，下腹急收，圈足。腹部有两周凹弦纹。上覆碗形盖，圈足，器表有三周凹弦纹。口径16.4、足径8.8、通高16.8厘米（图一四八，3；图版一五，5）。

五十、M50

位于发掘Ⅲ区南部，T1124东北部，延伸至T1024西北部，西北邻M49，南邻M51。地表地势西高东低。

1. 墓葬形制与结构

开口于表土层下，表土层厚约0.1米。长方形竖穴土坑墓，方向107°。

墓室口大底小，墓口长3、宽1.8米，墓底长2.92、宽1.62米，深1.42～1.92米。墓坑东、西两壁内斜收进0.04米至底，北壁东端近垂直状至底，往西渐内斜收进0.04米至底，南壁内斜收进0.14～0.18米至底。墓壁较规整，但壁面粗糙，墓底较平。

墓坑内填土为黄褐色五花土，土质较硬，结构致密。

2. 葬具、葬式

（1）葬具

墓内葬具已朽，仅见灰痕，为一椁一棺。

椁室平面呈"Ⅱ"形，椁痕长2.16、宽1.2、高0.46米。椁东、西两端挡板灰痕变形呈凹弧状，两端均向外伸出，通长为1.4～1.48米。

棺位于椁内北部偏西，棺痕长约1.84、宽约0.6米。

（2）葬式

墓内死者人骨已腐尽，仅剩下部分肢骨骨渣朽痕，从痕迹看，头向应朝东，葬式不明（图一四九；彩版一四，4）。

3. 随葬品

墓内出土随葬器物共5件，均为陶器，置于椁内棺外南侧东部，有鼎、小壶、大壶、盒、双耳罐各1件（图版九，3）。

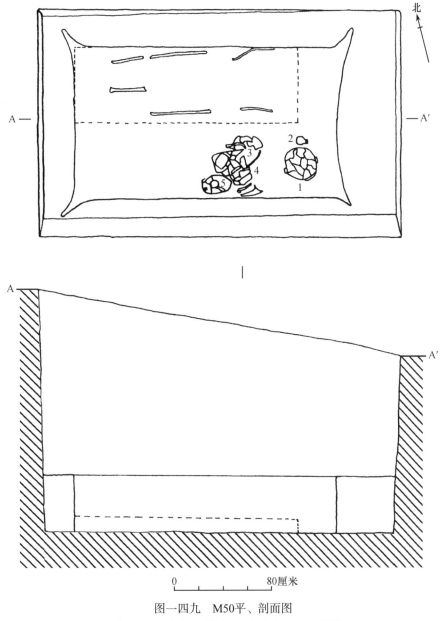

图一四九　M50平、剖面图

1.陶鼎　2.陶小壶　3.陶盒　4.陶大壶　5.陶双耳罐

陶鼎　1件。M50：1，泥质灰陶，黑皮。子母口，折肩，近肩部附两个对称方形耳，弧腹，圜底，腹下部有三个兽足。腹上部有一道弦纹。上承浅盘弧形盖，顶部近平。口径16.8、足径6.8、通高16.4厘米（图一五〇，1；图版一三，4）。

陶小壶　1件。M50：2，泥质灰陶。破碎，未能修复。

陶盒　1件。M50：3，泥质灰陶。破碎较甚，未能修复。

陶大壶　1件。M50：4，泥质灰陶。平沿，尖唇，敞口，束颈，溜肩，鼓腹，矮圈足，肩部附两对称铺首。肩、腹部各有两周弦纹。口径18.4、腹径27.2、足径14.8、高31.2厘米（图一五〇，2；图版一六，5）。

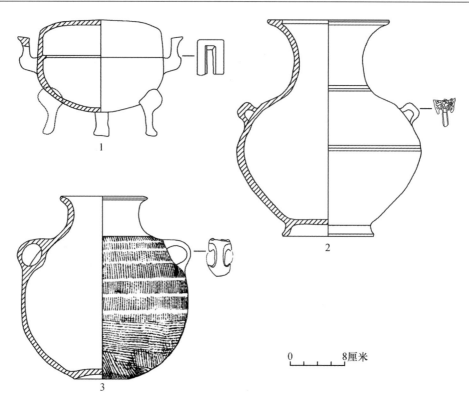

0   8厘米

图一五〇　M50出土陶器

1.鼎（M50：1）　2.大壶（M50：4）　3.双耳罐（M50：5）

陶双耳罐　1件。M50：5，泥质灰陶。火候高，口部变形。侈口，尖唇，翻沿，束颈，圆肩，肩部有两对称扁环形耳，鼓腹，中间较直，下部内收，凹圜底。肩、腹部饰竖绳纹，间五道弦纹，下腹及底饰横行和斜绳纹。口径12.4、底径8.4、高25.8厘米（图一五〇，3；图版二二，1）。

五十一、M51

位于发掘Ⅲ区南部，T1124东南部，北邻M50，南邻M52，东南邻M56。

1. 墓葬形制与结构

开口于表土层下，表土层厚约0.1米。方向103°。竖穴土坑墓，平面近长方形，墓室口底同大，长3.3、宽1.84~2.04、深1.54米。墓壁垂直较规整，墓底较平坦（彩版一五，1）。

墓坑内填土为黄褐色五花土，土质较硬，结构致密。

2. 葬具、葬式

（1）葬具

墓内葬具已朽，仅见灰痕，为一椁一棺。

椁室平面呈"Ⅱ"形，椁痕长3.04、宽1.76～1.82、高0.54米。椁东、西两端挡板灰痕两端均向外伸出，通长为1.84～2.02米。

棺位于椁内北部偏东，棺痕长约2.1、宽约0.6米。

墓底西部有一垫木槽，部分压于棺灰下，长度与墓底宽度相同，槽宽0.2、深0.06米。

（2）葬式

死者人骨已腐尽，从痕迹看，头向应朝东，性别、年龄、葬式等不详（图一五一；彩版一五，1）。

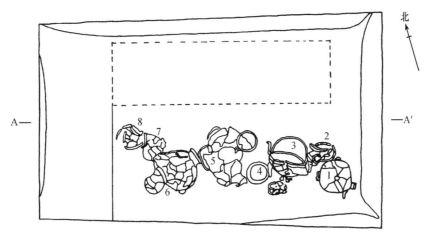

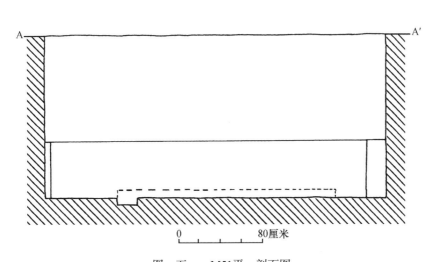

图一五一 M51平、剖面图

1、3.陶鼎 2、4.陶盒 5、6.陶大壶 7.陶釜 8.陶瓿

3. 随葬品

随葬器物共8件，均为陶器，置于椁内棺外南部，自东向西分别有鼎、盒、大壶各2件，釜、甑各1件（图版四，1）。

陶鼎　2件。M51：1，夹细砂灰陶。子母口，折肩，近肩部附两个对称方形耳，上腹近直，腹中部有一周凸棱，弧腹内收，圜底，腹下部有三个蹄形足。上覆浅盘弧形平底盖，顶部拱形纽套环。口径23.2、通高30厘米（图一五二，1；图版一二，1）。M51：3，夹细砂灰陶，形制与M51：1近同。破碎较甚，未能修复。

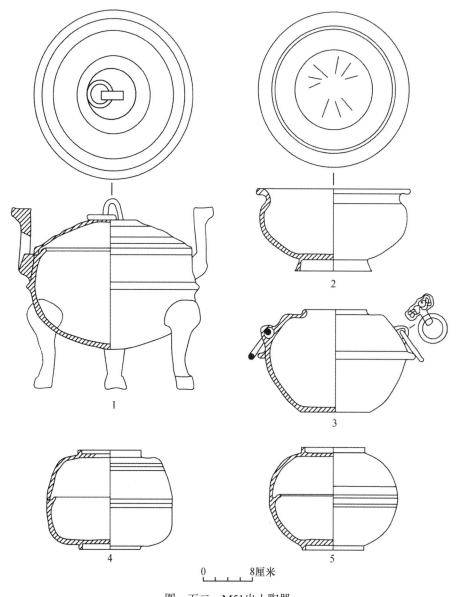

0　　　8厘米

图一五二　M51出土陶器

1.鼎（M51：1）　2.甑（M51：8）　3.釜（M51：7）　4、5.盒（M51：2、M51：4）

陶盒　2件。M51：2，泥质灰陶。子母口，折肩，弧壁内收，底平，矮圈足。上覆碗形盖。通体饰三组弦纹，每组两道。口径14.4、足径9.2、通高16厘米（图一五二，4）。M51：4，泥质灰陶。形制与M51：2近同。子母口，折肩，弧壁内收，底平，矮圈足。上覆碗形盖。器上部饰两道弦纹，盖口部和腹上各饰有两道弦纹。口径14.8、足径10、通高16厘米（图一五二，5；图版一五，3）。

陶大壶　2件。M51：5和M51：6，均为泥质灰陶。破碎较甚，未能修复。

陶釜　1件。M51：7，泥质灰陶。敛口，圆唇，领稍斜直，平折肩，鼓腹，腹中部有一凸棱，腹上附两个对称铺首衔环，平底。口径10.4、腹径25.6、底径11.2、高16厘米（图一五二，3；图版三六，2）。

陶甑　1件。M51：8，泥质灰陶。平折沿，沿下垂，圆唇，敞口，短束颈，鼓腹，圈足稍外撇，平底，底部有放射状长条形算孔。口径24.4、足径12.4、高12.8厘米（图一五二，2；图版三八，3）。

五十二、M52

位于发掘Ⅲ区南部，T1126西北部，东邻M55，东南邻M53，北邻M51。

1. 墓葬形制与结构

开口于表土层下，表土层厚约0.4米。方向280°。竖穴土坑墓，平面近长方形，墓室口大底小，口长3、宽2.2~2.4米，底长2.8、宽1.96~2.1、深1.7米（图一五三；彩版一五，2）。墓壁斜直内收，壁面不规整，墓底较平坦。

墓坑内填土为黄褐色五花土，土质较松软，结构疏松。

2. 葬具、葬式

墓内葬具已朽，因墓底渗水，墓底棺椁情况不明。

墓内死者人骨无存，葬式不明。

3. 随葬品

随葬器物共8件，均为陶器，置于墓底北部偏西，自西向东分别有陶大壶2件、陶双耳罐1件、陶鼎2件，陶釜、陶甑、陶仿璧各1件，其中陶釜、陶甑出土时压在2件陶鼎下（图版九，4）。

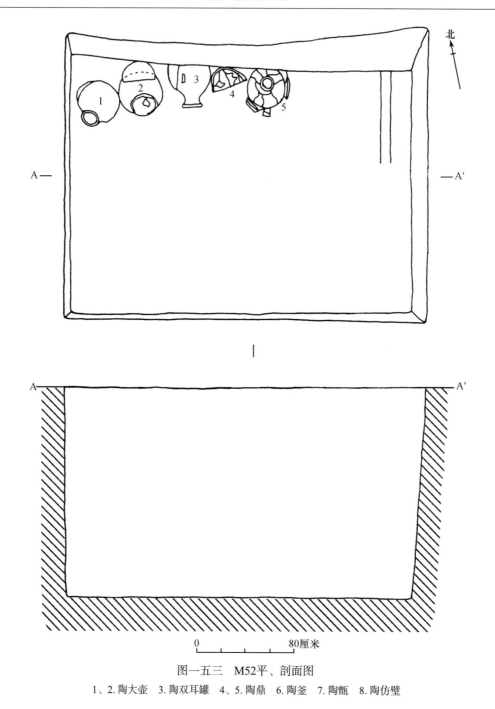

图一五三　M52平、剖面图

1、2.陶大壶　3.陶双耳罐　4、5.陶鼎　6.陶釜　7.陶甑　8.陶仿璧

　　陶大壶　2件。泥质灰陶，黑皮。均有一弧形盖。M52：1，盘口外敞较甚，尖唇，束颈，溜肩，鼓腹，圜底，圈足外撇较甚。腹部附有一对称铺首衔环耳，一耳缺失。口沿下有一道凸棱，肩、腹部各有一周宽带弦纹。壶盖破碎严重，未能修复。口径20.6、腹径32、足径20.6、

高40.8厘米（图一五四，1；图版一七，1）。M52：2，形制与M52：1近似。盘口较直微侈，短束颈，圆肩，鼓腹，圜底，圈足。腹部附有对称铺首衔环耳，一耳及环残缺。肩、腹部各有一周宽带弦纹。上覆一弧形盖，盖顶微弧，顶部有圆环形纽，中套一环。口径18.4、腹径33.4、足径19.2、高42.4厘米（图一五四，2）。

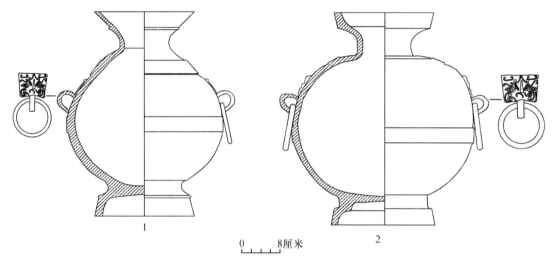

0 ___ 8厘米

图一五四 M52出土陶器（一）

1、2. 大壶（M52：1、M52：2）

陶双耳罐 1件。M52：3，泥质灰陶。翻沿，圆唇，侈口，束颈，溜肩，鼓腹，肩部附两对称牛鼻形耳，圜底内凹。腹部饰竖行绳纹，下腹和底饰交错绳纹。口径14.4、腹径29、底径8.4、高28厘米（图一五五，1；图版二一，4）。

陶鼎 2件。M52：4，泥质灰陶。子母口，折肩，近肩部附双耳略外撇折，上腹近直，腹中部偏上有一周凸棱，下腹弧收，圜底，有三个蹄形足。上覆弧壁平底盖，上有三周弦纹，顶部环形纽套环。口径22.8、通高30.4厘米（图一五五，3；图版一二，2）。M52：5，泥质灰陶。形制与M52：4近同。子母口，折肩，近肩部附双耳略外撇，上腹近直，腹中部偏上有一周凸棱，下腹弧收，圜底，有三个蹄形足。口径23.6、通高29.7厘米（图一五五，4）。

陶釜 1件。M52：6，泥质灰陶。直口，圆唇，圆肩，鼓腹，腹中部有一道较宽凸棱，腹上部附两个对称铺首，下腹弧形内收呈圜底。口径9.6、腹径28、高16厘米（图一五五，6；图版三六，1）。

陶甑 1件。M52：7，泥质灰陶。平折沿，方唇，敞口，短束颈，弧腹，圈足，底部有折线形箅孔。口径23.2、足径11.2、高10.4厘米（图一五五，5；图版三八，4）。

陶仿璧 1件。M52：8，泥质灰褐陶。仿玉璧。圆饼形，中部有圆形穿，器表一面通饰豆点纹。直径19.2、穿径5.2厘米（图一五五，2；图版二六，1）。

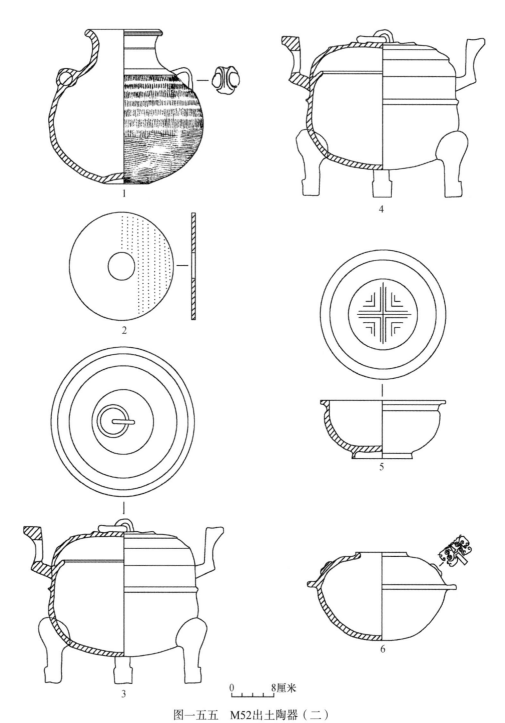

图一五五　M52出土陶器（二）

1. 双耳罐（M52：3）　2. 仿璧（M52：8）　3、4. 鼎（M52：4、M52：5）　5. 甑（M52：7）　6. 釜（M52：6）

五十三、M53

位于发掘Ⅲ区南端，T1027南部偏西，东邻M54，北邻M55。

1. 墓葬形制与结构

该墓开口于表土层下，表土层厚0.1米。长方形竖穴土坑墓，方向330°。墓口被破坏而尺寸不详，仅存留墓底，长2.88、宽1.6、残深0.56米。墓壁不规整，墓底较平。

坑内填土为黄褐色五花土，土质较硬，结构致密。

2. 葬具、葬式

（1）葬具

墓内葬具已朽，仅见灰痕，依据朽痕推测应为一椁一棺。

椁室平面呈"Ⅱ"形，椁痕长2.8、宽1.5、高0.56米。椁东、西两端挡板灰痕四角均向外伸出，通长为1.64米。

棺位于椁内西部紧贴椁室，棺痕长约2.12、宽约0.68米。墓底南部有一垫木槽，长度与墓底宽度相同，槽宽0.22、深0.06米。

（2）葬式

人骨已腐尽不存，性别、年龄、葬式等不详（图一五六；彩版一六，1）。

3. 随葬品

墓内随葬器物共6件，均为陶器，置于椁内棺外东侧北部，有陶鼎、陶盒、陶瓮、陶鋬、陶釜、陶甑各1件（图版四，2）。

陶鼎　1件。M53：1，泥质灰陶。子母口，折肩，口沿下附双耳略向外撇折，上腹近直，腹中部有一周凸棱，下腹弧收，圜底，下腹部有三个蹄形足。上覆弧形平底盖，上有三周弦纹折痕，顶部环形纽套环。口径21.6、通高32厘米（图一五七，1；图版一二，3）。

陶盒　1件。M53：2，泥质灰陶。子母口，折肩，弧壁内收，矮圈足。上覆碗形盖。盒身与盖口部下各饰两道凹弦纹，盖上部亦饰两道弦纹。口径18.4、底径11.2、通高16.6厘米（图一五七，2；图版一五，4）。

陶瓮　1件。M53：3，泥质灰陶。素面。直口，翻沿圆唇，矮领，圆肩，肩部微折，弧鼓腹，平底。最大径在肩腹部。口径18.5、腹径34、底径15、高28厘米（图一五七，6；图版一九，3）。

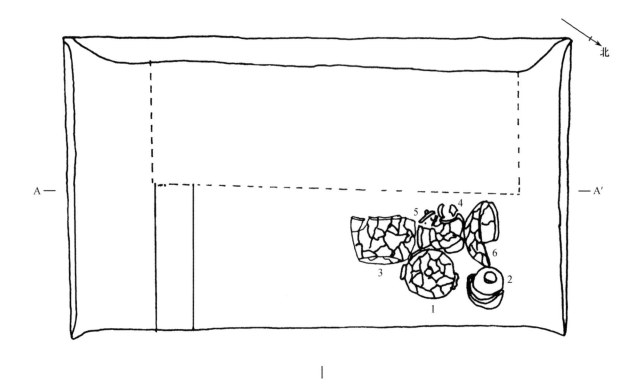

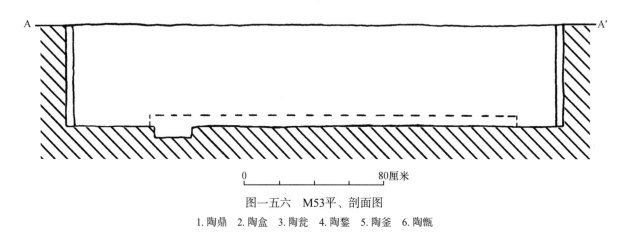

图一五六　M53平、剖面图

1. 陶鼎　2. 陶盒　3. 陶瓮　4. 陶鍪　5. 陶釜　6. 陶甑

　　陶鍪　1件。M53:4,泥质灰陶。侈口,方圆唇,翻折沿,束颈,溜肩,肩部有两一大一小对称圆环耳,鼓腹,上部较鼓,下部内收较甚,圜底。肩部饰两道弦纹,下腹部和底饰交错绳纹。口径12.4、腹径19.6、高17.8厘米(图一五七,3;图版二五,1)。

　　陶釜　1件。M53:5,泥质灰陶。直口,方唇,弧折肩,鼓腹,腹中部有一道凸棱,腹上部附两个对称铺首衔环耳,下腹弧形内收,平底微凹。口径10、底径12、高15.6厘米(图一五七,4;图版三六,3)。

　　陶甑　1件。M53:6,泥质灰陶。平折沿,方唇,敞口,微束颈,弧腹内收,圈足。底部有放射状线形算孔。口径18、足径12.8、高13.6厘米(图一五七,5;图版三八,5)。

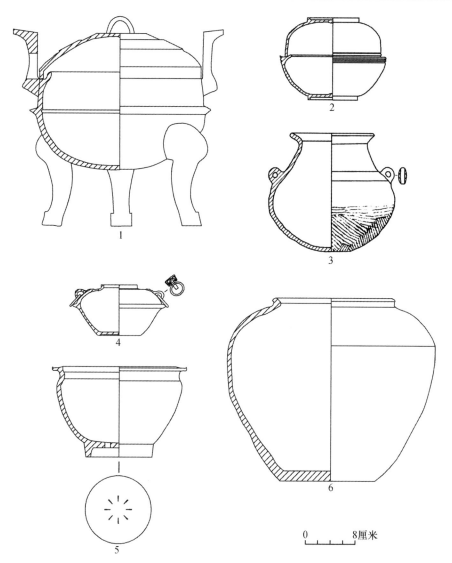

图一五七 M53出土陶器

1.鼎（M53：1） 2.盒（M53：2） 3.鍪（M53：4） 4.釜（M53：5） 5.甑（M53：6） 6.瓮（M53：3）

五十四、M54

位于发掘Ⅲ区南端，T1027东南部，西邻M53。

1. 墓葬形制与结构

该墓开口于表土层下，表土层厚0.1米。长方形竖穴土坑墓，方向10°。墓口被破坏而尺寸不详，仅存留墓底。长2.8～3.04、宽1.52～1.92、残深0.4米。墓底四角向外伸出四个沟槽。墓壁较规整，墓底较平。

坑内填土为黄褐色五花土，土质较硬，结构致密。

2. 葬具、葬式

（1）葬具

墓内葬具已朽，仅见灰痕，从朽痕推测为一椁一棺。

椁室平面呈"Ⅱ"形，南、北两端挡板与东、西侧板紧贴墓室四壁，椁痕长2.8、宽1.52～1.62、残高0.4米。椁东、西两端挡板灰痕四角均向外伸出，挡板两端卡放于墓底四角的沟槽中。

棺位于椁内西侧，棺痕长约2、宽约0.7米。

墓底南、北两端各有一垫木槽，长度与墓底宽度相同，北槽宽0.1、南槽宽0.14厘米，均深0.04米。

（2）葬式

墓内死者人骨已腐尽不存，性别、年龄、葬式不明（图一五八；彩版一六，2）。

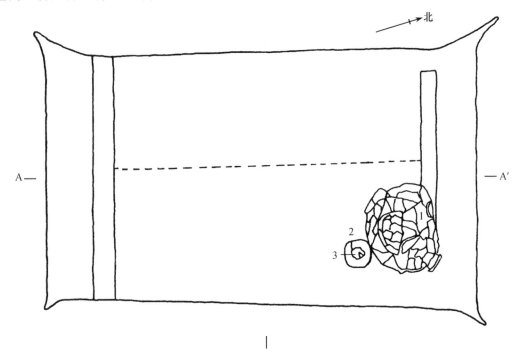

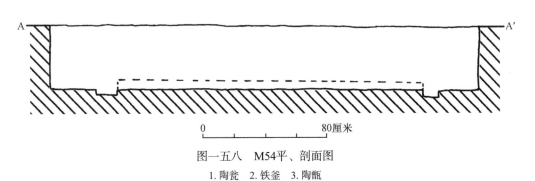

图一五八　M54平、剖面图

1.陶瓮　2.铁釜　3.陶甑

3. 随葬品

随葬器物3件，置于椁内棺外东北部，有陶瓮、甑和铁釜各1件，其中陶甑出土时放于铁釜之上。

（1）陶器

2件。器类有瓮和甑。

瓮 1件。M54：1，泥质灰陶。直口略侈，尖唇，折沿，矮领微束，圆肩，鼓腹，腹下部弧形内收，平底。最大径在上腹部。腹部饰竖绳纹，下部有两道弦纹。口径14.4、腹径32、底径12.8、高24.8厘米（图一五九，1；图版一九，4）。

甑 1件。M54：3，夹细砂浅灰陶。敞口，平折沿，方唇，弧腹内收，平底。腹部有两道折痕。口径31.4、底径7.2、高12厘米（图一五九，2；图版三九，4）。

（2）铁器

1件。仅见铁釜一种。M54：2，矮直口，鼓腹，圜底。锈蚀破碎严重，无法复原。

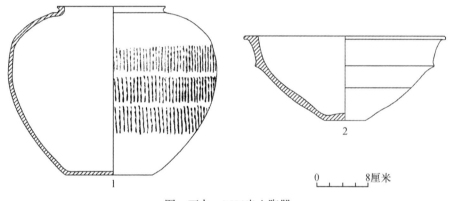

图一五九 M54出土陶器
1. 瓮（M54：1） 2. 甑（M54：3）

五十五、M55

位于发掘Ⅲ区南部，T1026东部偏北，南邻M54，北邻M56。地表地势西高东低。

1. 墓葬形制与结构

该墓开口于表土层下，表土层厚0.1米。方向300°。墓坑平面呈长方形，竖穴土坑积炭墓，墓室口底同大，仅存墓底。长3.6、宽2.4、残深0.42～0.7米。墓壁陡直，壁面较规整，墓底较平坦。墓室西壁南部设一壁龛，龛底面与墓底在同一平面，内呈外弧形，截面长方形，进深0.14、宽1.3、高0.2米。

坑内填黄褐色五花土，土质较松软，填土厚度0.24~0.52米。墓底及四壁处填充大量木炭灰，墓底炭灰厚度0.18米，四壁厚0.1米，积炭残高与墓深度相同。

2. 葬具、葬式

（1）葬具

墓内葬具已朽，墓底积炭使棺椁朽痕不明、数量不详。

在墓底西边有一长1.1、宽0.08、深0.04米的垫木槽，南部被随葬器物所压。

（2）葬式

墓内人骨腐朽无存，性别、年龄、葬式不详（图一六〇；彩版八，1）。

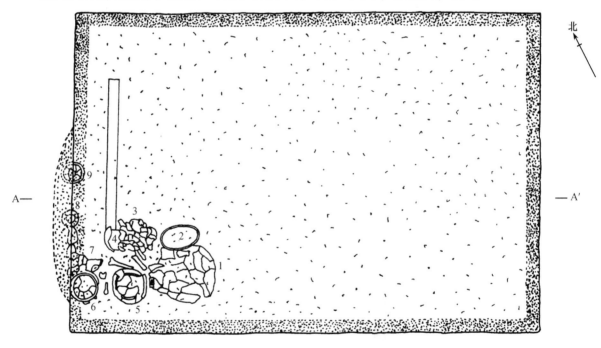

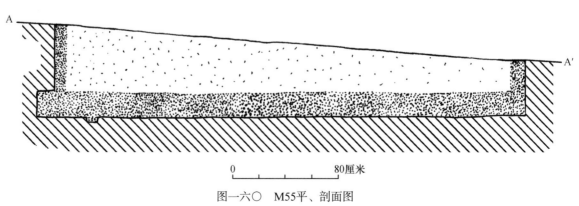

0　　　　　　　　80厘米

图一六〇　M55平、剖面图

1.陶瓮　2.铁罐　3、4.陶蒜头壶　5、6.陶鼎　7.陶壶　8.陶甑　9.陶釜

3. 随葬品

随葬器物共9件，位于墓底西南部，部分置于壁龛内，出土有铁罐1件，陶器8件。

随葬陶器均为泥质灰陶。计有陶鼎、蒜头壶各2件，陶瓮、大壶、釜、甑各1件（图版九，5）。

（1）陶器

8件。器类有鼎、蒜头壶、瓮、甑、大壶、釜。

鼎 2件。M55：5，泥质灰陶。子母口，折肩，外附对称双耳，耳上部向外撇折；折腹，上腹近直，腹中部外突成一周凸棱，下腹壁弧收，圜底，下腹部有三个蹄形足。上覆浅盘弧形顶盖，顶部有环形纽套环。口径16、腹径23.2、足高10.4、通高22.8厘米（图一六一，1；图版一二，4）。M55：6，泥质灰陶。形制与M55：5近似，无盖。子母口，肩外部附对称双耳，

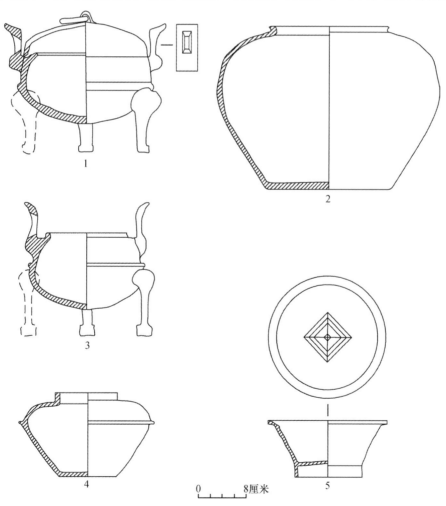

图一六一 M55出土陶器

1、3.鼎（M55：5、M55：6） 2.瓮（M55：1） 4.釜（M55：9） 5.甑（M55：8）

耳上部向外弧；鼓腹，上腹内敛，腹中部有一周凸棱，下腹壁缓收，圜底，腹下有三蹄足。口径13.6、腹径19.2、足高10.8、通高21.6厘米（图一六一，3）。

瓮　1件。M55：1，泥质灰陶，素面。尖唇，沿下垂，直领口微敞，圆肩，弧腹内收，平底。最大径在上腹部。口径20.4、腹径38、底径20.4、高26厘米（图一六一，2；图版一九，5）。

大壶　1件。M55：7，泥质灰陶。破碎较甚，未能修复。

甑　1件。M55：8，泥质灰陶。平折沿，微上翘，敞口，方唇，斜直腹，圈足较直。底部中间有重"回"字形箅孔。口径20、足径12、高9.2厘米（图一六一，5；图版三七，1）。

釜　1件。M55：9，泥质灰陶。直口，方唇，领稍高，圆肩，扁鼓腹，腹上有一周凸棱，下腹部斜直内收，平底。口径10.4、腹径22.8、底径9.2、高13.6厘米（图一六一，4；图版三六，5）。

蒜头壶　2件。均为泥质灰陶。两壶破碎较甚，器身中部碎裂严重，未能修复完整。M55：3，直口微敛，圆唇，口部做成蒜瓣状，口下一周凸棱，长直颈微束，颈下部有两周凸棱，在器内壁形成一周凹槽，溜肩，平底微凹。口径4、底径13.8、高44厘米（图一六二，1）。M55：4，形制与M55：3近同。直口微敛，圆唇，口部做成蒜瓣状，口下一周明显的凸棱，长直颈微束，颈下部有两周凸棱，在器内壁形成一周凹槽，溜肩，平底微凹。口径4.3、底径13、高44厘米（图一六二，2）。

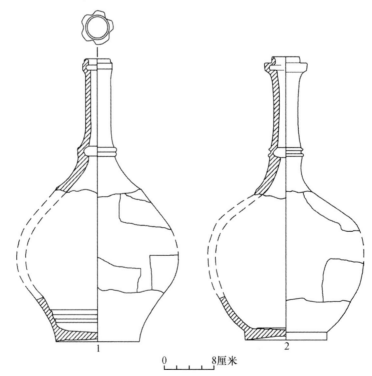

0　　　　8厘米

图一六二　M55出土陶蒜头壶
1、2.（M55：3、M55：4）

（2）铁器

1件。只出铁罐一种。M55：2，朽碎，未能修复。

五十六、M56

位于发掘Ⅲ区南部，T1025东南部，南邻M55，西北邻M51，西邻M52。

1. 墓葬形制与结构

地表地势西高东低，开口于表土层下，表土层厚0.1米。方向120°。墓坑平面呈近长方形，土坑竖穴积炭墓，墓室口小底大，仅存墓底。口长3.3、宽1.54～1.82米，底长3.6、宽1.8～2米，残深0.6～1.1米。墓室四角向外伸出，东壁竖直，西壁斜直外伸0.3米，南壁上端内收0.06米后，下部又向外伸出0.05～0.26米至底，北壁底略外伸。从墓四壁及底部伸缩情况分析，墓底残存部分应为椁室，因墓内下部积炭松软，受外部挤压所致。壁面粗糙，墓底较平坦。

坑内填黄褐色五花土，土质较松软。墓底及四壁积炭，墓底炭灰厚度0.2米，四壁厚0.1、积炭残高与墓深度相同。

2. 葬具、葬式

墓内葬具已朽，墓底积炭使棺椁数量不明，初步推测可能为一椁一棺。

墓内人骨已经腐朽无存，葬式等不详（图一六三；彩版八，2）。

3. 随葬品

该墓随葬器物共计6件，位于墓底东北部，有铁罐、铁鼎各1件，陶瓮、陶釜、陶甑、陶器盖各1件（图版九，6）。

（1）陶器

4件。器类有瓮、釜、甑、器盖。

瓮 1件。M56：3，泥质灰陶。尖唇，直领微侈，弧折肩，鼓腹弧形内收，平底。最大径在肩腹部。腹部饰竖行或斜绳纹，间饰四道弦纹。口径22、腹径37.2、底径16、高28厘米（图一六四，1；图版一九，6）。

釜 1件。M56：4，泥质灰陶。直口，方唇，矮领，弧肩，鼓腹，腹上有一周腰檐，平底。肩、腹部饰有两道弦纹。口径9.2、腹径23、底径8.2、高14.8厘米（图一六四，4；图版三六，4）。

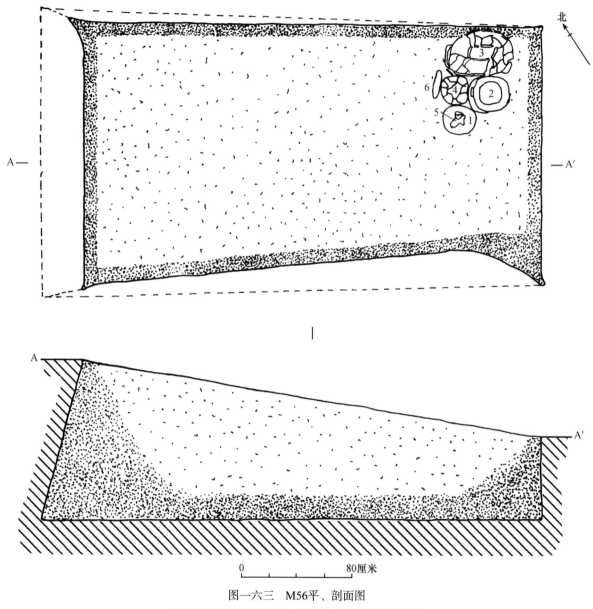

图一六三　M56平、剖面图
1.铁罐　2.铁鼎　3.陶瓮　4.陶釜　5.陶甑　6.陶器盖

　　甑　1件。M56：5，泥质灰陶。敞口，平折沿，圆唇，斜弧腹，小平底。腹部饰两道弦纹。口径26.4、底径8、高11.4厘米（图一六四，3；图版三九，5）。

　　器盖　1件。M56：6，泥质灰陶。鼎盖，浅弧形，盖上分布有三个用于安装纽的小方形孔，纽残缺。口径19.2、高6厘米（图一六四，2）。

　　（2）铁器

　　2件。器类有罐、鼎。

　　罐　1件。M56：1，锈蚀严重，破碎，未能复原。

　　鼎　1件。M56：2，锈蚀严重，破碎，未能复原。

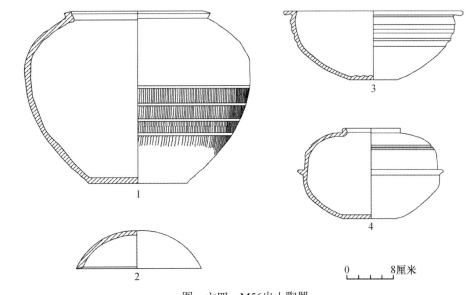

图一六四 M56出土陶器

1.瓮（M56：3） 2.器盖（M56：6） 3.甑（M56：5） 4.釜（M56：4）

第三章　墓葬的类型学分析

淅川县丹江水库周围汉墓分布密集，此次发掘的赵杰娃山头汉墓群是汉代墓葬比较集中的墓地之一。共清理西汉、东汉时期各类墓葬56座，可分为竖穴土坑墓、竖穴积炭墓和砖室墓三大类。这批墓葬保存较好，出土了一批陶器，为研究南阳淅川丹江库区古代丧葬习俗和汉代文化提供了新的宝贵资料，也对探讨汉代南阳地区中原文化与秦、楚文化的交流具有重要意义。

下面对这批墓葬进行类型分析。

（一）土坑竖穴墓

32座。墓葬位于一东北—西南向的小山包上，因常年水流冲刷，上部墓口均遭到不同程度的破坏，有的被库水冲刷仅剩墓底一部分，如M3、M7、M9、M10、M48等，有的被别的墓葬打破，墓穴上部被破坏，如M9、M10、M16、M26等，但多数墓葬保存基本完好。10座带有墓道，22座为长方形，其中口大于底的有4座，口底同大的有28座。根据墓葬形制的不同，除去M3、M9、M10、M48破坏严重的4座墓外，其余28座可分为二型。

A型　18座。平面长方形或接近长方形。根据墓室长宽之比的不同，又可分为五亚型。

Aa型　2座。狭长形。墓坑窄长，长、宽之比一般都在2.5∶1以上。分二式。

Ⅰ式：1座。M4，墓室两长边为斜壁。

Ⅱ式：1座。M7，墓口与底同大，四壁垂直。

Ab型　7座。M38、M40、M41、M49、M50、M51、M53，长方形。墓坑长与宽比例匀称，长、宽之比一般都在1.5∶1以上至2∶1。口与底同大，四壁垂直。

Ac型　4座。长宽形。墓坑长与宽之比一般都在1.5∶1以下。分二式。

Ⅰ式：3座。M1、M5、M39，墓口与底同大，四壁垂直。

Ⅱ式：1座。M52，墓室为斜壁，覆斗形。

Ad型　3座。近梯形。分二式。

Ⅰ式：1座。M26，墓口与底同大，四壁垂直。

Ⅱ式：2座。M14、M47，墓室一短边上部为斜壁，下部为直壁，其他三墓壁垂直。

Ae型　2座。M46、M54，墓室因受外力挤压变形，平面呈近亚字形。

B型　10座。平面带一斜坡状或阶梯状墓道，由长方形或梯形墓道和长方形墓室组成。根据墓道位置和墓道与墓室宽度之比的不同，又可分为三亚型。

Ba型 5座。M2、M8、M12、M13、M16，"甲"字形。长方形或梯形墓道置于墓室一短边中间或略偏。

Bb型 2座。M6、M11，"刀"背形。墓道为近长方形斜坡状，宽度比墓室略窄，与墓室一长边呈直线刀背形。

Bc型 3座。M27、M28、M37，长方形。长方形墓道与墓室等宽。

（二）积　炭　墓

5座。M18、M24、M31、M55、M56，其中M18、M24被打破墓室上部，M55、M56受库水冲刷仅剩墓底部分，仅M31保存完好。平面为长方形、梯形或因墓室受外力挤压变形呈亚字形，口大于底的有1座，口小于底的有1座，带壁龛的有1座，口底同大的有2座。根据墓葬形制的不同，可分为三型。

A型 3座。长方形或接近长方形。又可分为三式。

Ⅰ式：1座。M24，墓口与底同大，四壁垂直。

Ⅱ式：1座。M31，墓室为斜壁，覆斗形。

Ⅲ式：1座。M55，墓口与底同大，四壁垂直。墓底一边设有壁龛。

B型 1座。M18，平面呈梯形。

C型 1座。M56，平面呈近"亚"字形。

（三）砖　室　墓

19座。多为中小型墓葬，除M20、M23、M33、M45外，其余各墓均带有斜坡墓道。M20、M29、M30、M33、M36、M43、M45破坏严重，形制不全，基本仅剩土坑墓圹，其余墓葬亦都遭受到不同程度的盗掘破坏，墓内随葬器物保存较少。根据墓葬形制和结构可分三型。

A型 14座。长方形。分为二亚型。

Aa型 10座。单室砖墓。依有无墓道又可分二式。

Ⅰ式：3座。M20、M33、M45，不带墓道。

Ⅱ式：7座。M15、M21、M34、M35、M36、M43、M44，带斜坡墓道。

Ab型 4座。M17、M22、M29、M42，由前、后室组成。

B型 5座。M19、M23、M25、M30、M32，凸字形。由甬道和墓室组成。

第四章　墓葬主要出土器物的型式分析

　　淅川县赵杰娃山头汉墓群各墓葬共出土各类器物279件，另出钱币98枚。质地有陶、釉陶、铜、铁、铅、石等。

　　在56座两汉时期的墓葬中，有19座为砖室墓，由于遭受到不同程度的破坏，随葬器物保存很少，还有8座未出器物。在32座土坑墓中，有5座被毁坏或者随葬品破碎较甚，器物均未能修复出来。因此对出土器物的分析，主要依赖11座砖室墓、27座土坑墓和5座积炭墓。陶器是该墓群的主要随葬器物，一般烧制火候不高，质地较差，部分陶器未能修出。以泥质灰陶为主，少量红陶、红褐陶、黄褐陶。素面陶占多数，少量在陶器外表饰以绳纹、弦纹、篦纹等。制法一般为轮制、模制、手制，个别器物下部有刀削的痕迹。主要器形有鼎、盒、壶、小壶、蒜头壶、瓿、罐、鍪、釜、甑、钵、盆、仓、灶、井、磨、猪圈、碓、鸡、鸭、猪、狗等。下面就陶鼎、盒、壶、双耳罐、鍪、瓿、釜、甑、仓、灶、井、磨、猪圈等几种主要陶器以及有代表性的铜器、铁器进行初步的分析。

一、陶　　器

　　赵杰娃山头汉墓群共出土陶器235件（套）。质地分泥质、夹砂灰陶和泥质红陶、红褐陶、黄褐陶，少量釉陶器，按用途可分为仿铜礼器、日用器和模型明器三类，器形包括鼎、盒、壶、钫、小壶、蒜头壶、瓿、双耳罐、小罐、鍪、钵、盆、灶、釜、甑、仓、井、磨、猪圈、碓、鸡、鸭、猪、狗等，其中小罐仅1件，未能修复。下面我们就鼎、盒、壶、钫、小壶、蒜头壶、瓿、双耳罐、小罐、鍪、灶、釜、甑、仓、井、磨、猪圈等几种主要器形按其用途分别作型式上的分析探讨。

（一）仿铜礼器

　　共67件，有鼎、盒、壶、钫、蒜头壶等。

1. 鼎

28件。分别出自21座墓葬，复原24件，另外4件未能修复。根据整体的不同，可分为三型。

A型　16件。整体较大，子母口，折肩，上腹较直，下腹弧收，圜底，长方形附耳，耳孔较大，少数无孔，蹄足，足的横断面呈外圆内平的半圆形。按照口沿、腹部、足部、盖的变化可分为五式。

Ⅰ式：6件。出自M51、M52、M53、M55，其中M51、M52、M55各出土2件，形制、大小相同，M51仅修复1件。整器矮胖，上腹壁直，下腹缓收，腹较深，圜底，附耳直，上端外撇或撇折，足直立，少数足跟略外撇。腹部饰一道凸弦纹。器身上覆浅盘形盖。M51：1，夹细砂灰陶。上覆浅盘弧形平底盖，顶部拱形纽，套环。口径23.2、通高30厘米（图一六五，1）。M52：4，泥质灰陶。肩部附双耳略外撇折。上覆浅盘平底盖，上有三周弦纹，顶部环形纽套环。口径22.8、通高30.4厘米（图一六五，2）。M53：1，泥质灰陶。双耳略向外撇折，上腹近直，腹中部有一周凸棱，下腹弧收，圜底，下腹部有三个蹄形足。上覆弧形平底盖，上有三周弦纹折痕，顶部环形纽套环。口径21.6、通高32厘米（图一六五，3）。M55：5，泥质灰陶。子母口，折肩，双耳上部向外撇折，折腹，圜底，下腹部有三个蹄形足。上覆浅盘弧形顶盖，顶部有环形纽套环。口径16、腹径23.2、足高10.4、通高22.8厘米（图一六五，4）。

Ⅱ式：2件。出自M18，形制相同。整器更矮胖。在口沿、耳、足部施有白色陶衣。M18：7，子母口，折沿，口下附两对称长方形耳，有穿，耳上端稍外撇，弧腹，上腹近直，下腹弧形内收，圜底。三蹄形足。上承深腹、弧形矮圈足顶盖。口径12.4、足高6.4、通高15.2厘米（图一六五，5）。

Ⅲ式：5件。出自M5、M46、M49、M50，其中M46出土2件，形制、大小相同。整器较矮胖。上腹近直，下腹缓收，腹稍浅，圜底，附耳顶端近直撇折，足跟多外撇。折沿盘状盖较浅。腹部饰一道凸弦纹或无。M5：1，泥质灰陶。上承浅腹弧形顶盖。口径17.2、腹径24.8、足高9.8、通高20厘米（图一六五，6）。M46：5，泥质灰陶。肩部附双耳略外撇，微鼓腹，圜底近平。腹中间有一道凸弦纹，腹下三兽足。无盖。口径19.6、腹径27.2、足径12、通高24厘米（图一六五，7）。M49：3，泥质灰陶。上腹有一周凸棱，下腹弧形内收，圜底。上承浅盘形盖，顶部微弧。口径17.6、腹径21.2、底径5.6、通高16.4厘米（图一六五，8）。M50：1，泥质灰陶，黑皮。腹上部有一道弦纹。上承浅盘弧形盖，顶部近平。口径16.8、足径6.8、通高16.4厘米（图一六五，9）。

Ⅳ式：2件。出自M4、M24，M4仅修复1件，且耳残。整器较矮胖。子母口，折沿，附耳外撇折，上腹近直，下腹弧收，圜底近平。三蹄形足直或外撇。M4：3，夹细砂黄褐陶。蹄足外撇。上承盘形盖，弧形顶近平。口径30.4、底径12、通高21.2厘米（图一六五，10）。M24：5，泥质黄褐陶。蹄足近直。无盖。口径17.6、底径7.2、足高10、通高19.2厘米（图一六五，11）。

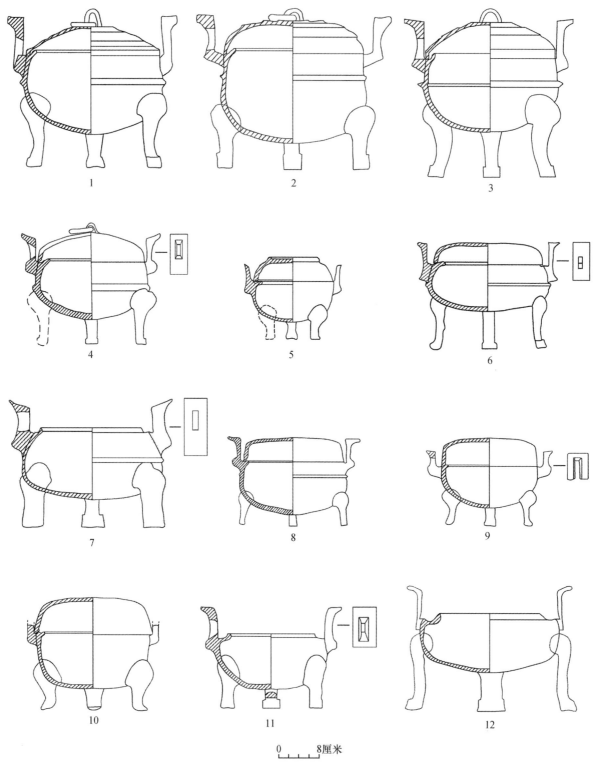

0　　　8厘米

图一六五　汉代墓葬出土A型陶鼎

1~4. I式（M51：1、M52：4、M53：1、M55：5）　5. II式（M18：7）　6~9. III式（M5：1、M46：5、M49：3、
M50：1）　10、11. IV式（M4：3、M24：5）　12. V式（M40：1）

Ⅴ式：1件。出自M40。M40：1，泥质灰陶。子母口，口部微敛，尖唇，折肩，弧腹，上腹较直，下腹弧形内收至底。鼎耳、足残缺。口径19.6、腹径27.2、器身残高11.6厘米（图一六五，12）。

B型　3件。分别出自M26、M31、M39。整体矮胖，子母口，折肩，微鼓腹，圜底近平，长方形附耳，耳孔对穿较大，蹄足略外撇或外撇较甚，足的横断面呈外圆内平的半圆形。上覆浅腹弧形盖，有三鸟啄形纽。按照口沿、耳、腹部、足部的变化可分为二式。

Ⅰ式：1件。整器略高，蹄足较直。M31：2，泥质灰陶。近肩处附两对称长方形耳，腹上有一周凸棱。腹下三蹄足。上覆浅腹弧形盖，顶有三鸟啄形纽。口径20、腹径27.2、足高12、通高26.8厘米（图一六六，1）。

Ⅱ式：2件。整器矮胖，蹄足外撇较甚。M26：2，夹细砂灰陶。子母口，腹略鼓，上腹微弧，下腹内收较甚，平底。腹上三蹄足外撇较甚。通高22.8、口径30.4、底径11.2、足高10.4厘米（图一六六，2）。M39：5，夹砂灰陶，器表通体施白色陶衣，脱落严重，仅见残痕。敛口，方唇，鼓腹，上腹近直，腹壁内收较甚，圜底。腹下三蹄足外撇较甚。腹上附对称长方形双耳，耳向外撇折。上承浅盘弧形盖，顶部三纽，二纽残失。通高19.2、腹径21.6、足高10.8厘米（图一六六，3）。

C型　5件。分别出自M6、M12、M14、M42、M47。整体矮胖，敛口，扁鼓腹，圜底近平，长方形小附耳，耳孔小而未穿，蹄足或锥状足略外撇。多无盖。按照口沿、耳、腹部、足部的变化可分为三式。

Ⅰ式：2件。泥质灰陶。素面。M12：5，无盖。子母口内敛，溜肩，腹部附两对称方耳，外撇较甚，耳上饰回纹、斜线纹饰，鼓腹向下斜内收，平底，三蹄足，较矮。口径14.4、腹径18.8、底径10.4、通高12.8厘米（图一六六，5）。M14：4，上承弧形器盖，顶部有一鸟啄形纽。器身敛口，尖唇，沿下凹，口下附两对称长方形耳，有假穿，扁鼓腹，最大径在上腹部，下腹弧形内收，平底。有三蹄足，足面有模印模糊的花纹。口径19.2、底径9.2、足高8.8、通高20.8厘米（图一六六，6）。

Ⅱ式：1件。M6：7，泥质灰陶。子母口，折肩，近肩部附对称长方形耳，耳外撇，耳孔未穿，中腹微鼓，下腹弧形内收，圜底近平，三兽足，足横断面呈椭圆形。口径14、腹径20.8、通高15.6厘米（图一六六，4）。

Ⅲ式：2件。M42：8，素面，无盖。敛口，折沿，尖唇，斜折肩，浅扁鼓腹，平底，圆形锥状足。近肩部附有两个对称长方形扁平耳，有假穿，顶端稍外撇。口径12、腹深7.2、通高11.2厘米（图一六六，7）。M47：2，泥质灰陶。无盖。子母口，折肩，近肩部附对称双耳外撇，鼓腹，平底，有三锥状足。口径12.8、腹径。17.6、通高9.2厘米（图一六六，8）。

2. 盒

11件。出于8座墓，复原8件。子母口，折肩，下腹弧收，上承盖。根据器体和盖有无圈

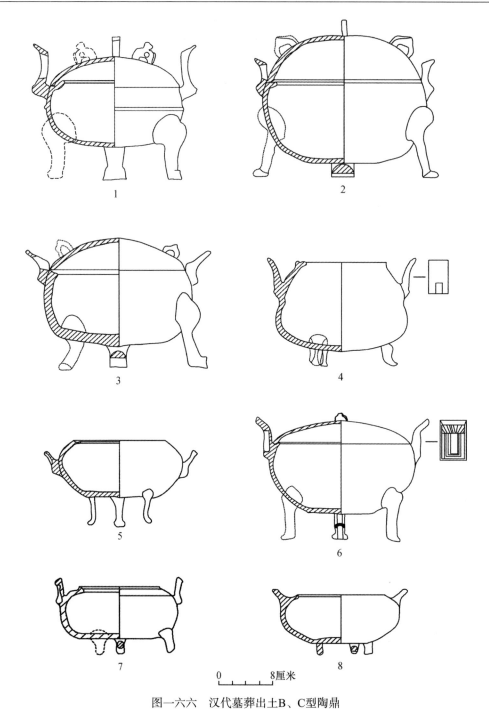

0   8厘米

图一六六　汉代墓葬出土B、C型陶鼎

1. B型Ⅰ式（M31∶2）　　2、3. B型Ⅱ式（M26∶2、M39∶5）　　4. C型Ⅱ式（M6∶7）　　5、6. C型Ⅰ式（M12∶5、M14∶4）

7、8. C型Ⅲ式（M42∶8、M47∶2）

足，可分为三型。

A型　4件。出自M49、M51、M53，其中M51出土2件，形制、大小基本相同。器体和盖均有圈足。按照口沿的不同分二式。

Ⅰ式：3件。泥质灰陶。子母口，子口较高，折肩，弧鼓腹，腹较深，圈足较浅，覆碗状盖较深。整器上下均饰有数道凹弦纹。M51：4，子母口，折肩，弧壁内收，底平，矮圈足。上覆碗形盖。器上部饰两道弦纹，盖口部和腹上各饰有两道弦纹。口径14.8、足径10、通高16厘米（图一六七，1）。M53：2，子母口，折肩，弧壁内收，矮圈足。上覆碗形盖。盒身与盖口部下各饰两道凹弦纹，盖上部亦饰两道弦纹。口径18.4、底径11.2、通高16.6厘米（图一六七，2）。

Ⅱ式：1件。M49：6，泥质灰陶。敛口，方唇，上腹近直，下腹急收，圈足。腹部有两周凹弦纹。上覆碗形盖，圈足，器表有三周凹弦纹。口径16.4、足径8.8、通高16.8厘米（图一六七，3）。

B型　2件，均出自M18。器口部施有白色陶衣。M18：10，子母口，子口较高，折肩，弧腹内收，平底内凹。上承深腹、矮圈足盖。口径、上底径7.2、下底径7.2、通高14厘米（图一六七，4）。

C型　2件。出自M4、M5。器身和盖均无圈足。凹沿，上腹壁缓收，下腹壁急收，平底，上覆弧形顶盖。M4：5，泥质黄褐陶。素面，烧制火候较低。口径20.8、底径9、通高14厘米（图一六七，5）。M5：5，泥质灰陶。平底微凹。口径18.8、底径7.6、通高14厘米（图一六七，6）。

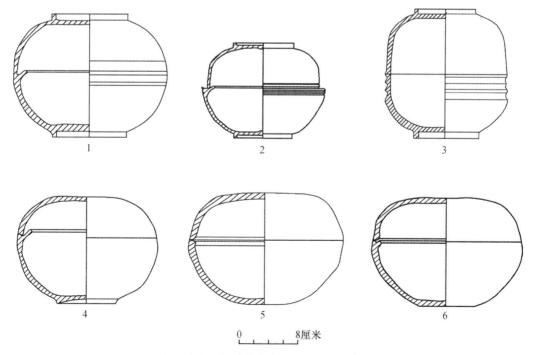

图一六七　汉代墓葬出土A、B、C型陶盒

1、2.A型Ⅰ式（M51：4、M53：2）　3.A型Ⅱ式（M49：6）　4.B型（M18：10）　5、6.C型（M4：5、M5：5）

3. 大壶

24件。出自16座墓，分别为M2、M4、M10、M11、M12、M13、M14、M25、M31、M39、M40、M46、M50、M51、M52、M55。其中M4、M14、M31、M39、M40、M46、M51、M52出土2件，除M14出的2件壶形制不同外，其他墓葬形制、大小相同或相似。除去M51的2件壶，M4、M11、M12、M31、M39、M55壶各1件破碎较甚，未能修复外，复原16件。有三件壶无铺首。根据有无铺首分为二型。

A型　13件。有铺首类。根据腹部的差异分两亚型。

Aa型　11件。扁鼓腹。根据口沿、颈和腹的变化分三式。

Ⅰ式：5件。出土于M4、M10、M13、M50、M52，敞口，弧颈，腹较扁，圈足外撇。M4：1，泥质灰陶。通高49、最大腹径36.8、足径20厘米（图一六八，1）。M10：2，泥质黄褐陶，颈上部有一周凸棱，肩部有两对称的铺首耳，肩、腹部各有两道凹弦纹，下腹饰有模糊绳纹。口径16.8、腹径28、底径14.4、通高32厘米（图一六八，2）。M13：4，泥质灰陶。颈上部有一周凸棱，肩部有两对称的铺首耳，肩、腹部各有两道凹弦纹。口径16.8、腹径28、底径15.2、通高28.9厘米（图一六八，5）。M50：4，泥质灰陶。肩部附两对称铺首，肩、腹部各有两周弦纹。口径18.4、腹径27.2、足径14.8、高31.2厘米（图一六八，3）。M52：1，泥质灰陶，黑皮。腹部附有一对称铺首衔环耳，一耳缺失。口沿下有一道凸棱，肩、腹部各有一周宽带弦纹，壶盖破损严重，未能修复。口径20.6、腹径32、足径20.6、高40.8厘米（图一六八，4）。

Ⅱ式：5件。出土于M31、M40、M46，盘口，弧颈，溜肩，腹更扁，圈足外撇折。M31：3，泥质灰陶。肩部有两对称的兽面铺首衔环耳，腹部有四道凹弦纹，肩部一道较宽的凸弦纹，覆碗形圈足，下端内压。口径20.8、腹径30.4、圈足径18.4、高42厘米（图一六八，6）。M40：2，夹细砂灰陶，黑皮。口下一周凸棱，肩上有两个对称的兽面铺首，下有圆环形耳，无环，喇叭形圈足，上有一周凸棱，肩部有一周较宽的凸弦纹。口径18.4、腹径39.2、足径22.4、高50厘米（图一六八，7）。M46：3，泥质灰陶。肩腹部有两对称的兽面铺首衔环耳，肩、腹部各有一道较宽的凸弦纹，下腹部有两道凹弦纹。上承浅腹弧形盖，顶部纽残缺。口径20、腹径36、足径20.4、通高49.2厘米（图一六八，8）。

Ⅲ式：1件。深腹，浅盘口。M14：5，长颈较直，微束，颈部两周凹弦纹，溜肩，肩部有两周凹弦纹和兽面铺首，鼓腹，圈足外撇，足部一周凸弦纹。口径17.6、最大腹径28、底径18.4、高35.2厘米（图一六八，9）。

Ab型　2件。圆鼓腹。根据口沿、颈和腹部的变化分二式。

Ⅰ式：1件。M52：2，盘口较直微侈，短束颈，圆肩，鼓腹，圜底，圈足。腹部附有对称铺首衔环耳，一耳及环残缺。肩、腹部各有一周宽带弦纹。上覆一弧形盖，盖顶微弧，顶部有圆环形纽，中套一环。口径18.4、腹径33.4、足径19.2、高42.4厘米（图一六九，1）。

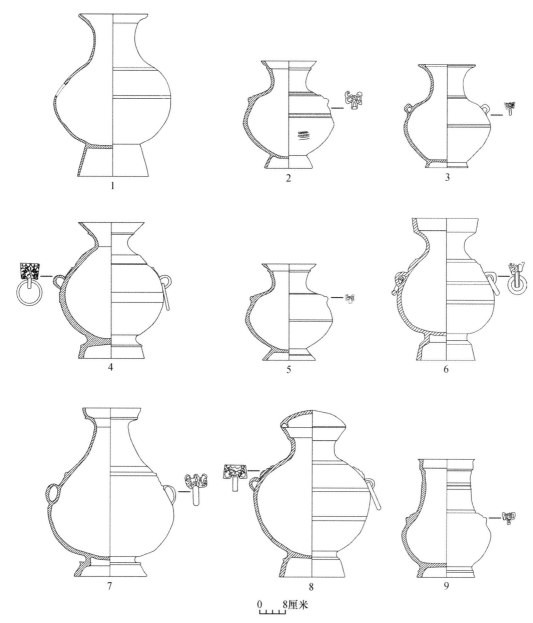

图一六八　汉代墓葬出土A型陶大壶

1~5. I式（M4：1、M10：2、M50：4、M52：1、M13：4）　6~8. II式（M31：3、M40：2、M46：3）

9. III式（M14：5）

0　　8厘米

II式：1件。浅盘口，粗束颈，圆鼓腹稍扁，圈足较直。M39：2，泥质灰陶。器身通体施白色陶衣，颈上部有一周凸棱，溜肩，肩部模印两对称铺首衔环，上承子母口弧形顶盖，盖顶有三个"S"形卧鸟纽。口径17.6、腹径32.8、底径19.2、通高48.4厘米（图一六九，2）。

B型　3件。无铺首。根据颈、腹和底部的差异分三亚型。

Ba型　1件。M14：1，泥质灰陶。盘口，束颈，溜肩，圆鼓腹，圈足外撇，足上一周凸弦纹。口径18.4、最大腹径32、底径16.8、高35.2厘米（图一六九，3）。

　　Bb型　1件。M2：5，泥质黄褐陶。体型瘦高。盘口，束颈，溜肩，扁腹，圈足外撇。口径15.2、腹径25.6、底径12.8、高31.2厘米（图一六九，4）。

　　Bc型　1件。M25：1，泥质红陶。器表施青绿釉，外着白色陶衣，多处已剥落，残留痕迹。浅盘口，弧颈，溜肩，扁腹，下腹斜直内收，假圈足。口径16、腹径22、底径14.8、高30厘米（图一六九，5）。

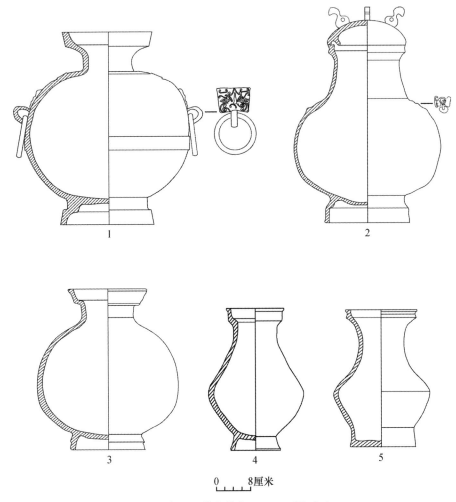

0 　　　8厘米

图一六九　汉代墓葬出土A、B型陶大壶
1.Ab型Ⅰ式（M52：2）　2.Ab型Ⅱ式（M39：2）　3.Ba型（M14：1）　4.Bb型（M2：5）　5.Bc型（M25：1）

4. 钫

　　2件。出自M18，大小、形制相同，不分型式。泥质灰陶。口沿下施有白色彩衣。直口，长束颈，鼓腹。M18：5，直口稍侈，长束颈，溜肩，鼓腹，高圈足外撇。上承子口覆斗状盖。口边长10.8、腹边长21.6、底边长12、通高44.4厘米（图一七〇，1）。

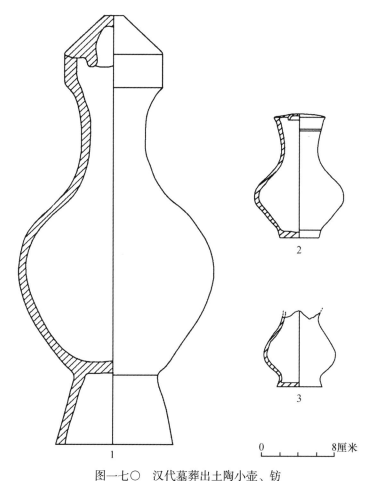

图一七〇　汉代墓葬出土陶小壶、钫

1.钫（M18：5）　2.A型小壶（M18：3）　3.B型小壶（M47：14）

5. 蒜头壶

2件。出自M55。均为泥质灰陶。两壶破碎较甚，器身中部碎裂严重，未能修复完整。圆直口，作蒜头状，口出头较短，口下一周凸棱，束长直颈，颈下部有两周凸棱，溜肩，扁鼓腹，平底内凹。根据口部、箍、底部的差异分二型。

A型　1件。M55：3，蒜头口短，口下一周凸棱呈方圆形，长直颈微束，颈下部两周凸棱下有垫箍，腹下弧形内收及底，平底微凹。口径4、底径13.8、高44厘米（图一七一，1）。

B型　1件。M55：4，蒜头口稍长，口下一周凸棱较宽，呈方形，长直颈微束，颈下部凸棱下无垫箍，腹下弧鼓，底部折成假圈足，平底内凹。口径4.3、底径13、高44厘米（图一七一，2）。

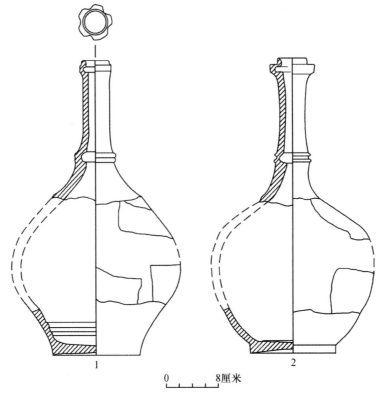

图一七一　汉代墓葬出土陶蒜头壶
1. A型（M55：3）　2. B型（M55：4）

（二）日 用 器

共55件，有瓮、双耳罐、鍪、钵、盆等。

1. 瓮

21件。出自21座墓，每座墓各出1件，复原16件。根据整体的差异，可分为二型。

A型　10件。小口，圆折肩或折肩，鼓腹，平底或圜底微凸。依据口沿、腹和底部的不同，又可分为二亚型。

Aa型　3件。出自M18、M27、M46。直口，折沿，矮领近无，腹近直或微弧鼓，凸圜底。按照口沿、腹部的不同可分为二式。

Ⅰ式：2件。分别出自M18、M46。泥质灰陶。直口微敛，平折沿，短直领，圆折肩，微鼓腹，最大腹径在下腹。M18：1，方唇，圆肩，深腹，上腹饰竖绳纹，间一周弦纹，下腹及底饰横竖绳纹。口径23.6、高32.4厘米（图一七二，1）。M46：1，腹略弧鼓，圜底近平。上腹部饰竖绳纹，间三周弦纹，下腹及底饰斜绳纹。口径20、腹径38、高30.8厘米（图一七二，2）。

Ⅱ式：1件。出自M27。口微侈，翻卷沿，矮领，折肩，微鼓腹，最大腹径在中腹，下腹弧折，上、中腹饰竖绳纹间数道弦纹抹痕，下腹及底饰横行绳纹间交错绳纹。M27：1，泥质灰陶。斜折肩，深腹。上、中腹饰竖绳纹间六道弦纹，下腹饰横行绳纹间纵横交错绳纹，底饰竖绳纹。口径20.8、腹径40、高35.4厘米（图一七二，3）。

Ab型　7件。出自M53、M54、M55、M56、M8、M26、M28。按照口沿、腹部的不同可分为三式。

Ⅰ式：4件。分别出自M53、M54、M55、M56。泥质灰陶。近直口，微侈，折沿，矮领或近无，溜肩，弧鼓腹，最大腹径在上腹部，平底。M53：3，素面，翻折沿，圆唇，矮领，圆肩，肩部微折，弧鼓腹，平底。口径18.5、腹径34、底径15、高28厘米（图一七二，4）。M54：1，尖唇，矮领微束，圆肩微折，鼓腹，平底。腹部饰竖绳纹，下部有两道弦纹。口径14.4、腹径32、底径12.8、高24.8厘米（图一七二，5）。M55：1，尖唇，沿下垂，直领口微

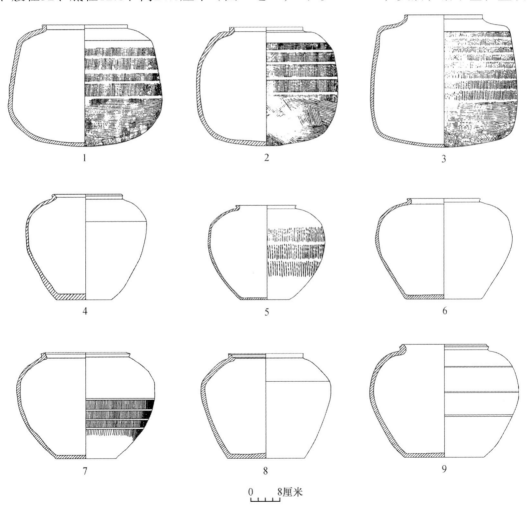

0　　8厘米

图一七二　汉代墓葬出土A型陶瓮

1、2.Aa型Ⅰ式（M18：1、M46：1）　3.Aa型Ⅱ式（M27：1）　4~7.Ab型Ⅰ式（M53：3、M54：1、M55：1、M56：3）
8.Ab型Ⅱ式（M8：3）　9.Ab型Ⅲ式（M26：1）

侈，圆肩，弧腹内收，平底。素面。口径20.4、腹径38、底径20.4、高26厘米（图一七二，6）。M56：3，尖唇，直领微侈，弧折肩，鼓腹弧形内收，平底。腹部饰竖行或斜绳纹，间饰四道弦纹。口径22、腹径37.2、底径16、高28厘米（图一七二，7）。

Ⅱ式：1件。矮直领，折沿，溜肩，弧腹，肩腹部微折，大平底。M8：3，泥质灰陶。口微侈，尖唇，口下内侧有一周凸棱，最大腹径在肩、腹部，平底略内凹。口径20、腹径34.8、底径20.8、高27.6厘米（图一七二，8）。

Ⅲ式：2件。出自M26、M28。近直口，矮领，折沿，圆肩，鼓腹，最大腹径在中腹部，平底。M26：1，泥质灰陶。侈口，沿下垂，沿面有一周凹槽，腹部有三周凹弦纹。口径22.4、腹径40.8、底径22.4、高29.6厘米（图一七二，9）。M28：1，泥质黄褐陶。方唇，敞口，下腹饰两道凹弦纹。口径20、腹径37.2、底径21.2、高28.6厘米（图一七三，1）。

B型　6件。近直口，折沿，矮直领，扁鼓腹，大平底。根据口沿、肩、腹部的差异分三式。

Ⅰ式：2件。出自M5、M24。泥质灰陶。平折沿，圆唇，溜肩，鼓腹，肩、腹部微折，下腹斜直内收，最大腹径在上腹部偏下，平底。M5：2，直口，圆唇，上腹近直，中部略鼓，下腹弧形内收，平底。腹中部饰竖绳纹，间数道抹痕。口径23.2、腹径42、底径21.2、高29.6厘米（图一七三，2）。M24：1，直口微侈，尖唇，腹部饰两道凹弦纹。口径25.6、腹径44、底径14.6、高32厘米（图一七三，3）。

Ⅱ式：3件。出自M17、M19、M42。泥质灰陶。素面。直口微敛，翻折沿，圆肩，圆鼓腹，下腹斜直内收，最大腹径在上腹，平底。M17：1，翻沿圆唇，圆肩鼓腹。口径26、腹径44、底径24、高31.2厘米（图一七三，4）。M19：1，直口矮领。口径21、底径19.5、最大腹径42、高30.4厘米（图一七三，5）。M42：17，直口，翻折沿。口径20.8、底径20.8、最大腹径40、高29.2厘米（图一七三，6）。

Ⅲ式：1件。出自M25。直口，方唇，圆肩，弧腹微折，最大腹径在近肩部，下腹斜直略弧，平底。M25：7，泥质灰陶。口径22.4、腹径40.8、底径18、高32厘米（图一七三，7）。

2. 双耳罐

24件。出自20座墓，其中M1、M12、M34、M41各出土2件。除去5件为素面外，其余均饰有绳纹。复原19件，根据器身整体的不同，可分为二型。

A型　15件。牛鼻形双耳罐，侈口，束颈，溜肩，鼓腹，圜底，颈部以下饰绳纹，间几道抹痕。依据颈部的差异又可分为二亚型。

Aa型　7件。口外侈较甚，沿外翻，弧束颈，颈壁凹弧，最细处在中部，器最大径在中腹，下腹弧收较缓，凹圜底。按照口沿、颈部、腹部的变化可分为四式。

Ⅰ式：2件。出自M52、M18。泥质灰陶。翻沿。M52：3，圆唇，尖圜底内凹，腹部饰竖行绳纹，下腹和底饰交错绳纹。口径14.4、腹径29、底径8.4、高28厘米（图一七四，1）。

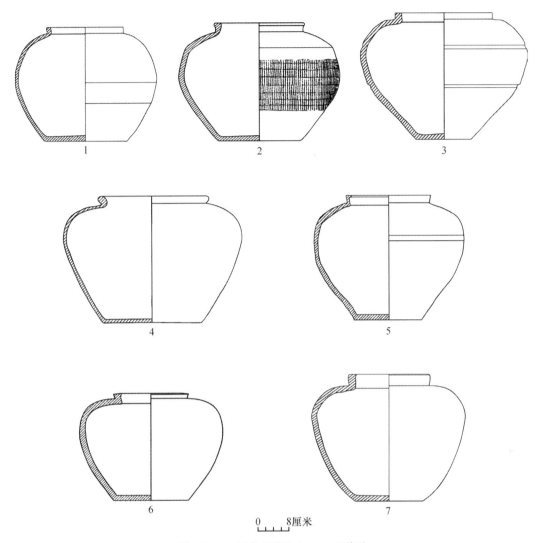

图一七三 汉代墓葬出土A、B型陶瓮

1.Ab型Ⅲ式（M28：1） 2、3.B型Ⅰ式（M5：2、M24：1） 4～6.B型Ⅱ式（M17：1、M19：1、M42：17）
7.B型Ⅲ式（M25：7）

M18：2，尖唇，上腹部及底饰横竖交错绳纹，间三道弦纹。口径14.4、腹径28.8、底径5.6、高26.4厘米（图一七四，2）。

Ⅱ式：2件。出自M41、M50。侈口，尖唇，翻折沿，束颈，鼓腹，圜底微凹。M41：2，泥质黄褐陶。肩、腹饰斜绳纹，间四道弦纹，下腹及底饰纵横交错绳纹。口径13.4、腹径26.8、底径10.4、高25.6厘米（图一七四，3）。M50：5，泥质灰陶。火候高，口部变形，肩、腹部饰竖绳纹，间五道弦纹，下腹及底饰横行和斜绳纹。口径12.4、底径8.4、高25.8厘米（图一七四，4）。

Ⅲ式：1件。出自M24。M24：2，泥质浅灰陶。敞口，近方唇，翻折沿，束颈，颈上窄下宽，广肩，鼓腹，最大径在中腹部，圜底微凹，肩部以下满饰横竖绳纹，间五道弦纹。口径

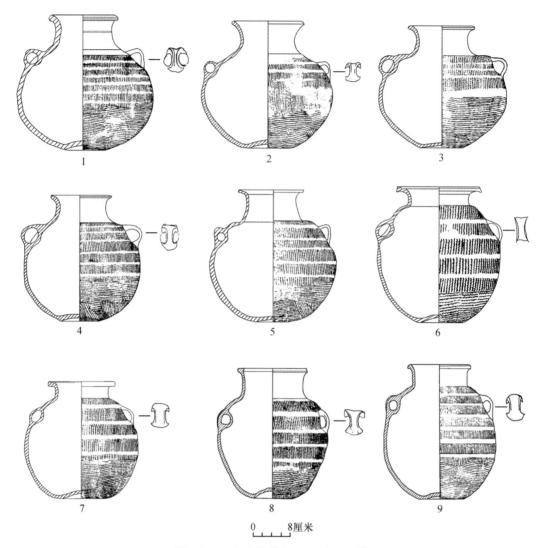

0　　8厘米

图一七四　汉代墓葬出土A型陶双耳罐

1、2.Aa型Ⅰ式（M52：3、M18：2）　3、4.Aa型Ⅱ式（M41：2、M50：5）　5.Aa型Ⅲ式（M24：2）　6、7.Aa型Ⅳ式
（M34：2、M21：1）　8、9.Ab型Ⅰ式（M1：1、M38：1）

10.4、腹径27.2、底径6、高27.2厘米（图一七四，5）。

Ⅳ式：2件。出自M34、M21。泥质灰陶。M34：2，尖唇，翻卷沿，敞口，矮束颈，近肩部有两个对称的牛鼻形耳，鼓腹，腹中部近直，下腹弧形内收，凹圜底，肩、腹饰斜绳纹，间四道弦纹抹痕，下腹及底饰横行绳纹。口径17.6、腹径19.8、底径8、高28厘米（图一七四，6）。M21：1，侈口，方唇，沿下凹，矮束颈，溜肩，鼓腹，最大腹径在器中部，下腹斜直内收，凹圜底，肩、腹、底满饰绳纹，腹部间四道弦纹。口径16.8、腹径28.8、底径8.8、高28.9厘米（图一七四，7）。

Ab型　8件。口略外侈，翻沿或翻折沿，束颈略平弧或近斜直，颈较短粗，大鼓腹，器最大径在中腹，圜底。按照口沿、颈部、腹部的变化可分为四式。

Ⅰ式：3件。出自M1、M38，其中M1出土2件。泥质灰陶。M1：1，圆唇，微束颈，深腹，上腹微弧，下腹斜直内收，凹圜底，肩、腹上饰竖绳纹，间四道弦纹，下腹及底通饰横行细绳纹。口径15.2、腹径24.4、底径8.4、通高27.6厘米（图一七四，8）。M38：1，方唇，口微侈，矮直领，鼓腹，下腹弧形内收较甚，凸圜底，肩、腹饰斜绳纹，间六道弦纹抹痕，下腹及底饰纵横交错绳纹。口径18.4、腹径26.8、高26.8厘米（图一七四，9）。

Ⅱ式：1件。出自M41。M41：1，泥质灰陶。方唇，翻折沿，侈口，束颈，颈最细处在颈上部，溜肩，弧鼓腹，腹中部近直，下部急收，凹圜底，肩、腹部饰斜绳纹，间五道弦纹抹痕，下腹及底饰纵横交错绳纹，口径13.6、腹径28.8、底径10.4、高30厘米（图一七五，1）。

Ⅲ式：1件。出自M12。M12：7，泥质灰陶。尖唇，翻沿，沿下垂，直领，斜折肩，近肩部有对称的扁环形耳，鼓腹，下腹内收，凹圜底，肩、腹满饰竖绳纹，下腹和底饰纵横交错绳纹，肩、腹部间四道弦纹抹痕，口径12.4、腹径28、底径10、高29.2厘米（图一七五，2）。

Ⅳ式：3件。出自M6、M14、M16。泥质灰陶。M6：1，尖唇，侈口，沿面略凹，束颈，圆肩，近肩部有对称的扁宽形环状耳，上腹斜直微弧，下腹弧形内收，器最大径在腹中部，小底略凹，上腹饰两道抹痕，其下及底通饰斜绳纹。口径18.4、腹径28.8、底径5.6、高28.4厘米（图一七五，3）。M14：6，方唇，翻卷沿，敞口，束颈，广肩，近肩部有对称扁环形耳，鼓腹，下腹弧壁内收，凹圜底，肩、上腹部饰竖绳纹，间三道抹痕，下腹及底饰横行绳纹，口径13.6、腹径24、底径9.6、高22厘米（图一七五，4）。M16：2，圆唇，翻折沿，沿面微下凹，侈口，束颈，溜肩，近肩部有扁环形对称双耳，鼓腹，向下内收，凹圜底，肩、上腹部饰竖绳纹，间三道抹痕，下腹部及底饰横绳纹。口径16.8、腹径28、底径8.4、高26.8厘米（图一七五，5）。

该型罐的变化规律均是口由外侈较甚到微侈再到近直，颈由短到长，腹由圆鼓到扁鼓，腹最大径由中腹下移。

B型　4件。分别出自M8、M12、M22、M34，均泥质灰陶。素面。口微侈，束颈或近直，肩部附对称双耳，耳孔较小，溜肩，鼓腹，平底。根据口沿、颈部、腹部的变化可分为三式。

Ⅰ式：1件。M8：2，尖唇，平折沿，近直领，口微侈，长束颈，溜肩，肩部有两个对称横行耳，有穿，鼓腹，最大腹径在中部，平底。口径11.8、腹径22.8、底径11.2、高20厘米（图一七五，6）。

Ⅱ式：2件。M22：2，口部残。溜肩，小弓形双耳，鼓腹，最大腹径在上部，下腹弧形内收，平底，肩、腹部有两道凹弦纹。残高18.2、腹径22.3、底径12.6厘米（图一七五，7）。M12：6，泥质灰陶。方唇，沿上翘较甚，敞口，束颈，溜肩，肩部有两对称的环耳，有穿，鼓腹，下腹斜直内收，平底，下腹饰两道弦纹。口径12、腹径21.6、底径10.4、高19.6厘米（图一七五，8）。

Ⅲ式：1件。出自M34。M34：1，盘口较直，口沿内侧微敛，短领微束，溜肩，肩部有两对称双弓形耳，耳孔小，鼓腹，最大径在中腹偏上，平底。肩部饰三道凹弦纹。口径10.4、腹

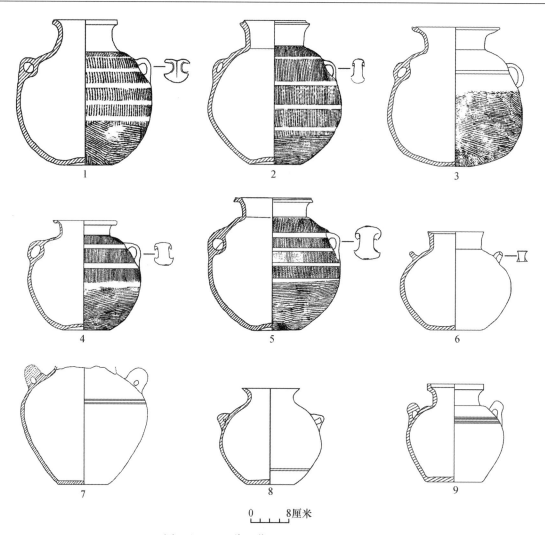

图一七五　汉代墓葬出土A、B型陶双耳罐

1. Ab型Ⅱ式（M41：1）　2. Ab型Ⅲ式（M12：7）　3～5. Ab型Ⅳ式（M6：1、M14：6、M16：2）　6. B型Ⅰ式（M8：2）

7、8. B型Ⅱ式（M22：2、M12：6）　9. B型Ⅲ式（M34：1）

径20.8、底径12、高19.6厘米（图一七五，9）。

　　该型罐的变化规律是口由直口微侈到盘口再到侈口，颈由长到短，腹最大径由中腹移到上腹再到中腹。

3. 鍪

　　5件。出自5座墓，均复原。侈口，翻折沿，束颈，溜肩，肩部有两对称小耳，双耳有穿，扁鼓腹，圜底。根据器身整体的差异，可分为二型。

A型　4件。分别出自M10、M41、M49、M53。侈口，翻折沿，束颈，溜肩，弧鼓腹，凸圜底。依据口部、颈部、腹部的不同，又可分为三式。

Ⅰ式：1件。口外侈较甚，颈稍长，斜溜肩，扁鼓腹，最大腹径在上腹部。M53：4，泥质灰陶。方圆唇，翻折沿，肩部有一大一小对称圆环耳，肩部饰两道弦纹，下腹部和底饰交错绳纹。口径12.4、腹径19.6、高17.8厘米（图一七六，1）。

Ⅱ式：2件。出自M41、M49。侈口，翻折沿，束颈，颈壁凹弧，折肩，弧鼓腹，最大腹径在中腹部。M41：3，泥质灰陶。尖唇，圜底近平。下腹及底饰纵横交错绳纹。口径12.8、腹径20、高18.4厘米（图一七六，2）。M49：2，泥质灰陶。尖唇，鼓腹微折，尖圜底，下腹及底饰交错绳纹。口径13.6、腹径18.8、高15.2厘米（图一七六，3）。

Ⅲ式：1件。敞口，翻沿，沿上翘较甚，微束颈，颈壁平弧，溜肩，鼓腹，最大腹径在中腹偏上。凸圜底。M10：1，泥质灰陶，圆唇，凸圜底。上腹有抹痕，下腹饰纵横交错绳纹。口径14.8、腹径21.6、高19.6厘米（图一七六，4）。

B型　1件。敞口，方唇，短束颈，溜肩，鼓腹，最大腹径在中腹，凹圜底。M16：3，泥质灰陶，翻沿上翘较甚，腹部有两道凹弦纹，下腹及底饰绳纹。口径13.6、腹径17.6、底径6、高19.6厘米（图一七六，5）。

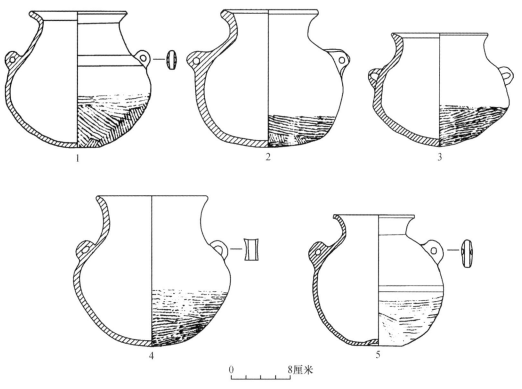

0 ⊢⊢⊢⊢⊢⊢⊢⊢ 8厘米

图一七六　汉代墓葬出土陶鍪

1. A型Ⅰ式（M53：4）　2、3. A型Ⅱ式（M41：3、M49：2）　4. A型Ⅲ式（M10：1）　5. B型（M16：3）

陶鍪的变化规律是口由外侈较甚到微侈再到外侈较甚，颈由稍长到稍短，颈壁由凹弧到平弧，腹由扁鼓到圆弧，最大径由上腹到中腹偏上再到中腹。

4. 钵

3件。均出自M41中。敛口，圆唇，弧壁，平底或略内凹。根据腹壁和器底的差异，可分为二型。

A型　1件。M41：4，泥质灰陶。敛口，圆唇，弧腹，圜底内凹。口径20、底径8、高8.8厘米（图一七七，1）。

B型　2件。M41：5，泥质黄褐陶。敛口，圆唇，弧腹，上腹略弧，下腹斜直内收，平底，中腹有三道凸弦纹，下腹近底部有刀削痕。口径16.4、底径8.4、高10.4厘米（图一七七，2）。M41：6，泥质灰陶。敛口，圆唇，弧腹，下腹略弧缓收，平底。腹上部有三道凸弦纹。口径20.8、底径8、高9.6厘米（图一七七，3）。

5. 盆

1件。出自M42。M42：10，泥质灰陶。器身素面。平折沿，圆唇，边缘为一周指窝纹花边，口微敞，直腹微内收，平底。口径24、底径19.2、高8厘米（图一七七，4）。

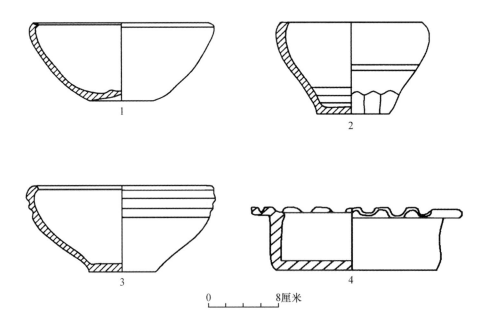

图一七七　汉代墓葬出土陶钵、盆
1.A型钵（M41：4）　2、3.B型钵（M41：5、M41：6）　4.盆（M42：10）

（三）模型明器

共111件，有小壶、灶、甑、釜、仓、井、磨、猪圈，以及鸡、鸭、猪、狗等。

1. 小壶

4件。出自M18、M47、M50，其中M18出土2件，形制、大小相同，M47为残器，上部缺失，M50破碎严重，未能修复。复原3件，根据底部的差异，分二型。

A型　2件。泥质灰陶。在器盖顶部、壶颈腹部残留有白色陶衣残痕。M18：3，尖唇，平沿，敞口，长束颈，溜肩，鼓腹，假圈足，平底。颈部有一周凹弦纹。上承浅盘弧顶形盖，盖有短子口。口径5.6、腹径9.8、底径4.4、通高13厘米（图一七〇，2）。

B型　1件。泥质灰陶。上部残。M47：14，束颈，溜肩，鼓腹，假圈足外撇，平底。腹径8、底径5、残高7.8厘米（图一七〇，3）。

2. 灶

7件。分别出自M2、M6、M12、M14、M25、M42、M47。除去M6的1件灶无法修复，其他6件，根据灶体平面形状和有无挡火墙，可分为三型。

A型　2件。分釜灶。平面长方形。根据火口的多少和烟眼位置的不同，又可分为二式。

Ⅰ式：1件。M14：8，泥质灰陶。素面。灶体长方形，直壁，灶面上有三个大小不同的火眼，前后各置一釜，形制相同，均为方唇，敛口，斜折肩，腹微弧内收，下腹有刀削痕，平底。灶前壁门为拱形，后烟囱已无，形状不详，仅留下一烟眼。灶体长34、宽15.2、高10厘米（图一七八，1）。

Ⅱ式：1件。M12：4，泥质灰陶。素面。灶体前窄后宽，近长方形，直壁，上有两个同大的火眼。拱形灶门，后端有一穿孔，已残，为安装烟囱之用。灶上置一甑，圆唇，翻折沿，沿面内凹，微上翘，敞口，上腹近直微折，下腹斜直内收，平底。灶体长28.8、前宽14、后宽14.8、高8.8厘米，灶门高6.8厘米（图一七八，2）。

B型　3件。分釜灶，形制近同。泥质灰陶。灶体呈前宽后窄状，后端呈弧形，灶面上两个火口。根据前端有无火门，又可分为二亚型。

Ba型　2件。M2：3，平面呈圆角近长方形，前面有拱形火门，上面有两火眼，火眼上两釜两甑。釜形制大小相同，红陶，尖唇，鼓腹，下腹有刀削痕，小平底。甑形制大小相同，泥质灰陶。平沿，方唇，斜腹内收及底，平底，上有箅孔数个。灶通长29.2、宽8～13.6、高9.6厘米（图一七八，3）。M42：11，灶体前端宽而方，后端窄呈圆弧形，灶壁斜直外撇，灶门为拱形，灶面上有两个基本等大的火眼，火眼上置形制相同、大小不一的陶釜各1件；釜圆唇，敛口，斜直领，广肩，鼓腹，下内收较甚，平底，有刀削痕。灶体长25.6、前端宽25.6、后端宽20、高8.8厘米（图一七八，4）。

Bb型　1件。M47：6，体呈圆角三角形，灶上有两个火眼，前端有呈近三角形灶门，后端有一穿，作烟囱用。灶上置有一甑，泥质灰陶。破碎，未能修复。体长22.4、面宽5.2～12、底宽7.2～12、高8厘米（图一七八，5）。

C型　1件。连釜灶。M25：4，泥质黄褐陶。灶面上两个火口，釜灶烧结在一起，前墙下

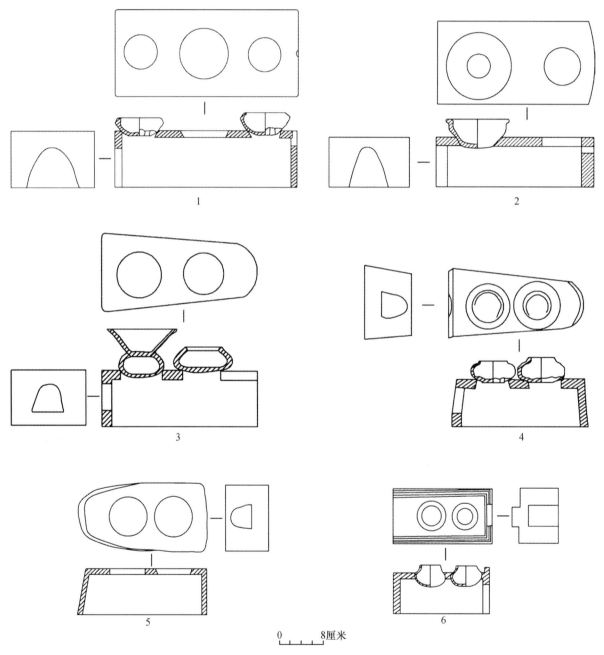

图一七八　汉代墓葬出土陶灶

1. A型Ⅰ式（M14：8）　2. A型Ⅱ式（M12：4）　3、4. Ba型（M2：3、M42：11）　5. Bb型（M47：6）　6. C型（M25：4）

有长方形落地火门，上有长方形挡火墙（图一七八，6）。

灶的变化规律是整器由大到小，由分釜灶到连釜灶，灶体由长方形到前方后圆再到长方形，灶面上火眼由三个到两个，火眼由大小不一到大小一致，前端挡火墙由无到有，后端由仅有烟孔到无烟孔，灶门由拱形到长方形，火眼上由一釜一甑到两釜两甑再到一釜一甑。

3. 甑

28件。分别出自24座墓，其中M7、M14各出2件，M42出3件，而M1、M6、M9、M49甑未能修复。修复24件，根据甑底部有无圈足可分为三型。

A型　7件。出自M24、M26、M46、M51、M52、M53、M55。平折沿，弧鼓腹，平底，圈足。根据颈、腹和圈足的变化又可分为三式。

Ⅰ式：1件。敞口，方唇，平折沿，微上翘，斜直腹，圈足较直。M55：8，泥质灰陶。底部中间有重"回"字形箅孔，口径20、足径12、高9.2厘米（图一七九，1）。

Ⅱ式：4件。泥质灰陶。直口微侈，平折沿翻卷，短颈弧束，弧鼓腹，圈足近直或略外撇。M46：6，方唇，腹部有对称铺首半环形纽，无环，铺首为变形兽面纹，周饰云纹。口径26、足径16、高15.2厘米（图一七九，5）。M51：8，圆唇，鼓腹，圈足稍外撇，底部有放射状长条形箅孔。口径24.4、足径12.4、高12.8厘米（图一七九，2）。M52：7，方唇，弧腹，底部有折线形箅孔。口径23.2、足径11.2、高10.4厘米（图一七九，3）。M53：6，底部有放射状线形箅孔。口径18、足径12.8、高13.6厘米（图一七九，4）。

Ⅲ式：2件。平折沿，口微敛，微束颈，斜直腹略弧，圈足近直或外撇。M24：4，泥质灰陶。尖唇，上腹有一周凸棱，矮圈足，平底。口径32.8、底径10.4、高11.2厘米（图一七九，6）。M26：4，夹细砂黄褐陶。方唇，圈足外撇。上腹部有一周凹弦纹。口径25.4、足径12.8、高9.2厘米（图一七九，7）。

B型　16件。出自M5、M7、M13、M14、M21、M22、M25、M27、M28、M42、M54、M56。折沿，弧腹，平底。根据底部有无箅孔的差异又可分为两亚型。

Ba型　5件。器底有圆形箅孔，一般三至五个不等。可根据口部、腹部的不同分为三式。

Ⅰ式：1件。直口，方唇，平折沿，折腹，平底。M5：3，泥质灰陶。底部有4个圆形箅孔及数条刻划线。口径23.2、底径10.4、高9.2厘米（图一七九，8）。

Ⅱ式：2件。泥质灰陶。敞口，斜直腹，略弧。M28：2，方唇，腹上有一道凹弦纹，底部有三个箅孔。口径28.4、底径11.8、高10.4厘米（图一七九，9）。M14：9，圆唇，底部有5个箅孔。口径13.2、底径6、高6.4厘米（图一七九，10）。

Ⅲ式：2件。近直口，弧鼓腹。M42：12，泥质灰陶。方唇，沿面较宽，略下凹，下部有刀削痕，底部有五个箅孔。口径7.2、底径3.2、高4厘米（图一七九，11）。M25：6，泥质红褐陶。圆唇，底面有五个箅孔。口径10.4、底径4、高5厘米（图一七九，12）。

Bb型　11件。平底，底部无明显的箅孔。可根据口部、腹部的不同分为五式。

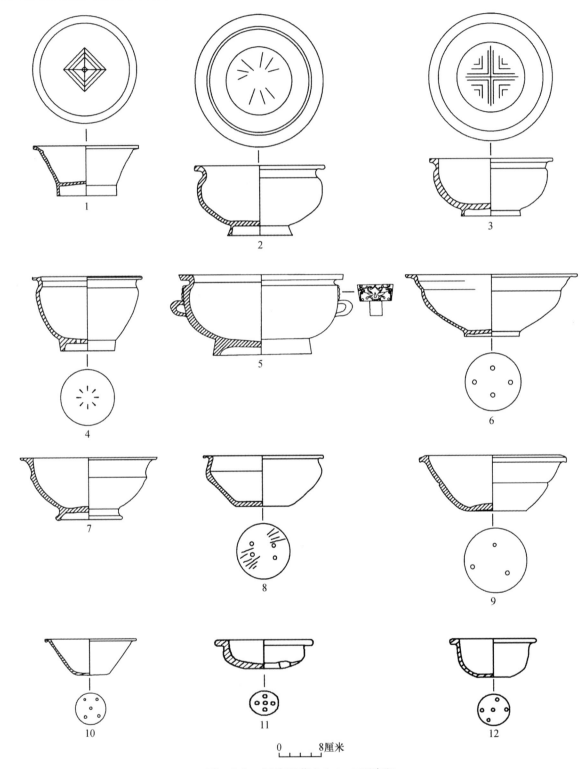

图一七九　汉代墓葬出土A、B型陶甑

1. A型Ⅰ式（M55：8）　2～5. A型Ⅱ式（M51：8、M52：7、M53：6、M46：6）　6、7. A型Ⅲ式（M24：4、M26：4）
8. Ba型Ⅰ式（M5：3）　9、10. Ba型Ⅱ式（M28：2、M14：9）　11、12. Ba型Ⅲ式（M42：12、M25：6）

Ⅰ式：1件。平折沿，直口微敛，折腹，平底。M54：3，夹细砂浅灰陶。方唇，腹部有两道折痕。口径31.4、底径7.2、高12厘米（图一八〇，1）。

Ⅱ式：4件。平折沿，直口微敛，弧腹，平底。M56：5，泥质灰陶。圆唇，斜弧腹，小平底，腹部饰两道弦纹。口径26.4、底径8、高11.4厘米（图一八〇，2）。M27：2，泥质黄褐陶。方唇。口径28.4、底径14.6、高12.8厘米（图一八〇，3）。M7：1，泥质灰陶。圆唇，平折沿，沿面下凹。口径12.8、底径4、高5.2厘米（图一八〇，4）。M13：3，泥质灰陶。圆唇，腹部有四周凹弦纹。口径31.2、底径12.8、高13.6厘米（图一八〇，5）。

Ⅲ式：2件。敞口，翻折沿，斜直腹微弧，小平底。M7：2，泥质灰陶。圆唇，翻折沿，沿面微凹，斜弧腹内收，小平底。口径12、底径4、高5.2厘米（图一八〇，6）。M22：4，泥质黄褐陶。圆唇，翻折沿，沿面微凹，斜弧腹内收，小平底。口径13.4、底径3.4、高6.8厘米（图一八〇，7）。

Ⅳ式：1件。敞口，翻折沿，斜直腹，底部有刀削痕，小平底。M14：10，圆唇，翻折沿，沿面下凹，侈口，弧腹内收，平底。口径16.4、底径5.6、高5.6厘米（图一八〇，8）。

Ⅴ式：3件。泥质灰陶。M21：4，泥质灰陶。口径8、底径2.5、高4.2厘米（图一八〇，9）。M42：13，圆唇，翻沿，下有刀削痕，平底。口径11.4、底径8.8、高4.5厘米（图一八〇，10）。M42：14，方唇，平折沿，沿面较宽，下凹，平底。口部有一周凸棱。口径12.8、底径2.8、高4.4厘米（图一八〇，11）。

C型　1件。出自M40，泥质灰陶，黑皮。敛口，圆唇，弧腹，下部内收较甚，平底。M40：4，底部有箅孔。口径20.4、底径10.6、高7.6厘米（图一八〇，12）。

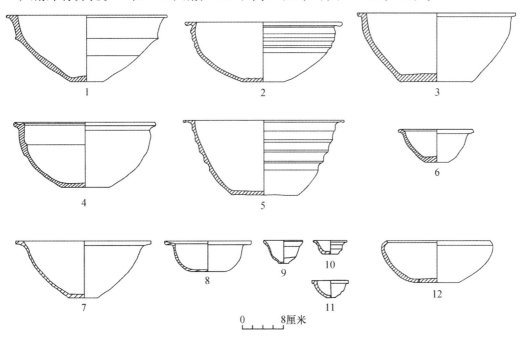

图一八〇　汉代墓葬出土B、C型陶瓻

1. Bb型Ⅰ式（M54：3）　　2～5. Bb型Ⅱ式（M56：5、M27：2、M7：1、M13：3）　　6、7. Bb型Ⅲ式（M7：2、M22：4）

8. Bb型Ⅳ式（M14：10）　　9～11. Bb型Ⅴ式（M21：4、M42：13、M42：14）　　12. C型（M40：4）

4. 釜

18件。分别出自18座墓，各出1件，其中M6、M9、M37、M46、M48未能修复。复原13件，根据腹部的差异可分为二型。

A型　4件。分别出自M21、M22、M47、M49。敛口，圆唇，弧鼓腹，腹中部无凸棱，凸圜底。根据口部、腹部的变化又可分为三式。

Ⅰ式：1件。直口，圆唇，矮领，圆鼓腹，圜底。M49：4，泥质灰陶。最大腹径在中部，上腹有两道凹弦纹，下腹及底饰横斜交错绳纹。口径8.8、腹径19.6、高14.8厘米（图一八一，1）。

Ⅱ式：2件。泥质灰陶。敛口，圆唇，弧鼓腹，腹部微折，圜底。M21：3，敛口，无领。口径5.5、腹径8.4、高4.5厘米（图一八一，2）。M22：3，敛口，矮领。口径6.2、腹径8.6、高5.4厘米（图一八一，3）。

Ⅲ式：1件。M47：5，泥质灰黑陶。直口微侈，矮领，圆折肩，鼓腹，圜底近平。口径5.6、腹径10、底径4、高4.2厘米（图一八一，4）。

B型　9件。分别出自M1、M5、M24、M26、M51、M52、M53、M55、M56。直口微敛，矮领，弧鼓腹，腹中部有一周凸棱，平底或凸圜底。根据腹部有无铺首衔环的差异又可分为二亚型。

Ba型　3件。上腹部附有对称的铺首衔环。根据肩部、底部的不同又可分为二式。

Ⅰ式：1件。直口，圆唇，圆肩，鼓腹，圜底。M52：6，泥质灰陶。腹中部有一道较宽凸棱，腹上部附两个对称铺首。口径9.6、腹径28、高16厘米（图一八一，5）。

Ⅱ式：2件。泥质灰陶。直口微敛，鼓腹，腹中部有一凸棱，腹上附两个对称铺首衔环，平底或微凹。M51：7，圆唇，平折肩。口径10.4、腹径25.6、底径11.2、高16厘米（图一八一，6）。M53：5，方唇，弧折肩，下腹斜直内收，平底微凹。口径10、底径12、高15.6厘米（图一八一，7）。

Bb型　6件。直口，矮领，弧肩或折肩，鼓腹，平底。根据肩部、腹部的不同又可分为四式。

Ⅰ式：2件。泥质灰陶。弧鼓腹。M56：4，方唇，弧肩，鼓腹，腹上有一周腰檐，平底，肩、腹部饰有两道弦纹。口径9.2、腹径23、底径8.2、高14.8厘米（图一八一，8）。M1：4，圆唇，折肩，弧腹，平底，上腹部微束，中腹有一周凸棱。口径8.6、腹径13.5、底径4.5、高11厘米（图一八一，9）。

Ⅱ式：1件。泥质灰陶。扁鼓腹。M55：9，直口，方唇，领稍高，圆肩，腹上有一周凸棱，下腹部斜直内收，平底。口径10.4、腹径22.8、底径9.2、高13.6厘米（图一八一，10）。

Ⅲ式：2件。泥质灰陶。直口微敛，圆肩，圆鼓腹，平底。M5：4，方唇，腹中部近直，有一周短凸棱，平底。口径9.6、腹径21、底径8.4、高14厘米（图一八一，11）。M24：3，尖唇，腹中部有一周凸棱，下腹内收，器身表面布满轮制留下的旋纹。口径9.2、腹径24、底径14.4、高14.8厘米（图一八一，12）。

Ⅳ式：1件。夹砂灰陶。M26：3，直口，圆唇，斜折肩，上腹近直，下腹内收较甚，腹中部有一周凸棱，平底。口径5.2、底径5.6、高14.8厘米（图一八一，13）。

5. 仓

27件。分别出自M2、M6、M11、M12、M35、M42、M44、M47。除去M6的2件、M11的3件仓破碎较甚，无法修复，其他22件，根据仓体及口部的不同，可分为二型。

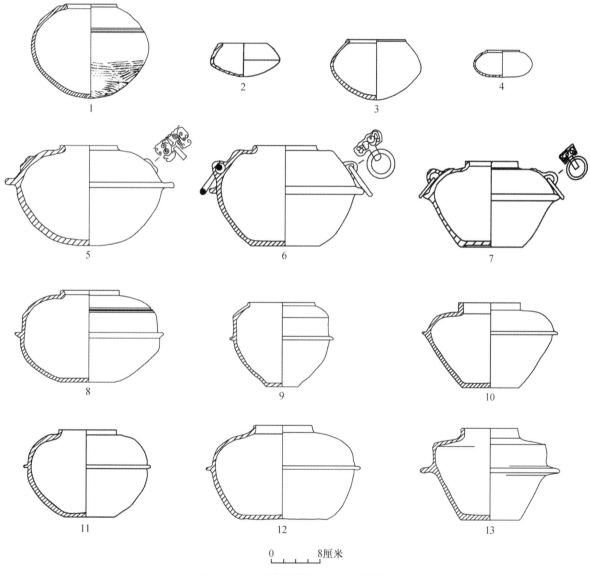

图一八一　汉代墓葬出土A、B型陶釜

1. A型Ⅰ式（M49：4）　2、3. A型Ⅱ式（M21：3、M22：3）　4. A型Ⅲ式（M47：5）　5. Ba型Ⅰ式（M52：6）　6、7. Ba型Ⅱ式（M51：7、M53：5）　8、9. Bb型Ⅰ式（M56：4、M1：4）　10. Bb型Ⅱ式（M55：9）　11、12. Bb型Ⅲ式（M5：4、M24：3）　13. Bb型Ⅳ式（M26：3）

A型　13件。出自M2、M12、M42、M47。圆形，素面，无盖。敛口，圆唇或尖圆唇，有明显矮领，折肩，筒腹，平底。根据仓体口、腹部的差异，又可分为三亚型。

Aa型　6件。圆形。尖圆唇，矮直领，斜折肩，直腹，平底。无盖。M2：11，泥质黄褐陶。尖唇，筒腹，平底。口径11.2、底径13.6、高17.2厘米（图一八二，5）。M2：12，泥质灰陶。圆唇，深腹，平底。口径10、底径12、高19.2厘米（图一八二，6）。M42：2，腹中部稍鼓，下腹及底部有刀削痕。口径8.8、底径11.2、高22.8厘米（图一八二，1）。M42：3，筒腹，最大腹径在近肩部。口径8、底径11.2、高22.8厘米（图一八二，2）。M42：4，下腹及底部有刀削痕。口径9.2、底径12、高22.8厘米（图一八二，3）。M42：5，口径8.8、底径11.2、高22.8厘米（图一八二，4）。

Ab型　6件。泥质灰陶。圆形，筒腹，肩部略宽，平底。M2：8，泥质黄褐陶。口径13.6、底径12、高16.8厘米（图一八二，7）。M2：9，泥质灰陶。尖唇，直腹下内收较甚，平底。口径8.4、底径11.6、高17.6厘米（图一八二，8）。M12：2，口径8、底径12.8、高18.4厘米（图一八二，9）。M12：3，口径8、底径12、高20.4厘米（图一八二，10）。M47：10，口径6.8、底径9.2、高15.6厘米（图一八二，11）。M47：11，口径6.4、底径8.2、高14.8厘米（图一八二，12）。

Ac型　1件。M2：10，泥质灰陶。圆唇，直腹内收，肩部略宽，器身饰六道弦纹，平底。口径7.2、底径9.6、高19.2厘米（图一八三，4）。

B型　9件。出自M6、M35、M44。泥质灰陶或红陶。敛口，尖圆唇，折肩，筒腹略弧鼓，底部有刀削痕迹，平底。无盖。根据仓体口、腹部的不同，又可分为二亚型。

Ba型　4件。泥质灰陶。敛口，斜折肩，直腹，平底。M6：2，口径8、底径12.8、高18.4厘米（图一八三，1）。M6：3，口径8、底径12、高20.4厘米（图一八三，2）。M6：4，口径8、底径13.6、高20厘米（图一八三，3）。M44：1，口径7.2、底径8.6、高19.2厘米（图一八三，5）。

Bb型　5件。泥质灰陶或红陶。敛口，圆折肩，筒腹略弧鼓，底部有刀削痕迹，平底。无盖。M35：1，口径7.6、底径9.2、高15.2厘米（图一八三，6）。M35：2，口径7.2、底径8.6、高16.4厘米（图一八三，7）。M35：3，口径8、底径8.6、高11.2厘米（图一八三，8）。M35：4，口径7.6、底径8.8、高17.6厘米（图一八三，9）。M35：5，口径7.2、底径8.8、高16.8厘米（图一八三，10）。

6. 井

9件。分别出自M2、M12、M14、M21、M22、M25、M42、M44、M47。根据井壁腹部的差异，可分为四型。

A型　1件。M12：1，泥质灰陶。方唇，直口微侈，平折沿，沿面有一周凹槽，直腹较深，下腹稍外撇，平底内凹。口径17.6、底径14.8、高12.6厘米（图一八四，1）。

图一八二 汉代墓葬出土A型陶仓

1~6.Aa型（M42：2、M42：3、M42：4、M42：5、M2：11、M2：12） 7~12.Ab型（M2：8、M2：9、M12：2、M12：3、
M47：10、M47：11）

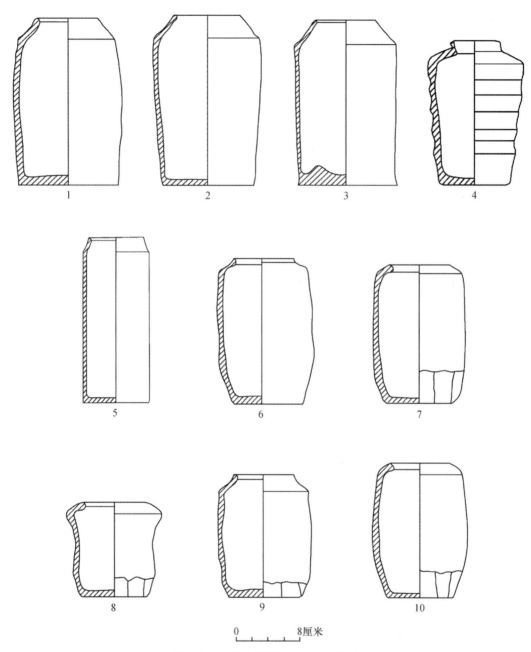

0　　　　　　　8厘米

图一八三　汉代墓葬出土A、B型陶仓

1~3、5.Ba型（M6：2、M6：3、M6：4、M44：1）　4.Ac型（M2：10）　6~10.Bb型（M35：1、M35：2、M35：3、
M35：4、M35：5）

B型　5件。束颈，弧壁微折，平底。根据腹部的差异，又可分为二式。

Ⅰ式：3件。泥质灰陶。束颈，弧壁微折，平底。M2：2，平折沿，沿面较宽，近圆唇，敞口，短束颈，溜肩，鼓腹，器最大径在腹部稍偏下。下腹及底有刀削痕，平底。口径24.8、底径13.6、高18.4厘米（图一八四，2）。M42：7，素面。方唇，平折沿，沿面较宽，上面有一周浅凹槽，口微敛，束颈，鼓腹，腹下有刀削痕，平底。口径11.4、底径8.8、高7厘米（图一八四，3）。M47：8，敞口，宽沿微上翘，方唇，短束颈，折腹，上腹向外斜直，下腹近直略内收，平底。下腹有刀削痕。口径12、底径10、高8.8厘米（图一八四，4）。

Ⅱ式：2件。粗颈，微束，弧腹，平底。M21：2，泥质红陶。直口微侈，宽折沿，方唇，沿面微凹，微束颈，深腹，上腹微收，下腹稍鼓，平底。最大径在下腹，底部有刀削痕。口径11.6、底径10.2、高9.5厘米（图一八四，5）。M44：2，泥质灰陶。方唇，直口微侈，平折沿，深腹，上腹微收，下腹稍鼓，平底。底部有刀削痕。口径12.8、底径9.8、高9.2厘米（图一八四，6）。

C型　2件。束颈，直壁，平底。根据腹壁深浅，可分为二式。

Ⅰ式：1件。浅腹。M22：1，泥质灰陶。方唇，平折沿微上翘，侈口，矮束颈，溜肩，直腹，平底。口径10.8、腹径12.6、底径10、高10.4厘米（图一八四，7）。

Ⅱ式：1件。深腹。M25：2，夹细砂红褐陶，器表有施白色陶衣残痕。方唇，平折沿微上翘，敞口，矮束颈，溜肩，筒腹，上腹略弧，下腹缓收，平底。口径11.2、腹径11.6、底径10.8、高11.4厘米（图一八四，8）。

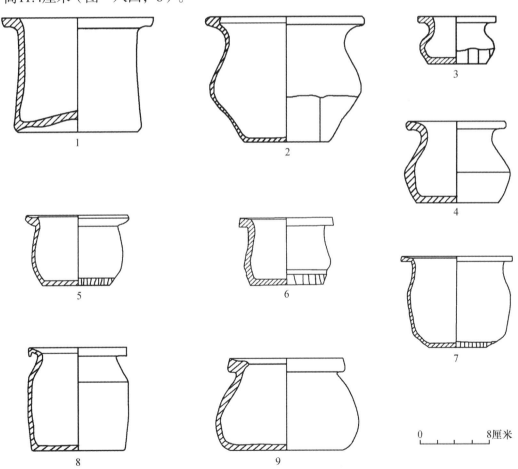

图一八四　汉代墓葬出土A、B、C型陶井

1. A型（M12：1）　　2～4. B型Ⅰ式（M2：2、M42：7、M47：8）　　5、6. B型Ⅱ式（M21：2、M44：2）　　7. C型Ⅰ式（M22：1）　　8. C型Ⅱ式（M25：2）　　9. D型（M14：7）

D型　1件。口小底大，粗颈，腹壁下垂，平底。M14：7，泥质灰陶。方唇，略向外斜，平折沿，微上翘，敛口，溜肩，腹略弧外撇，近底部内收较甚，平底。口径13.2、腹径16.8、底径14、高10厘米（图一八四，9）。

7. 磨

2件。分别出自M23、M42。泥质灰陶。均为上下两扇。下扇圆盘形，平底，中部圆柱形磨扇，上扇有两个对称半月形凹槽。根据磨盘的不同，可分为二型。

A型　1件。圆形磨盘，一侧有一短流。M42：15，由上、下两扇及磨盘三部分组成。上扇表面中部凿两个对接半月形槽，肩部有一周指甲纹，下扇腹壁与磨盘底相连，腹中空，扇面较平，低于磨盘口，深盘呈凹槽形，口微敛，圆唇，弧腹内收。通高4、扇面径4、盘口径11.2、底径8厘米（图一八五，3）。

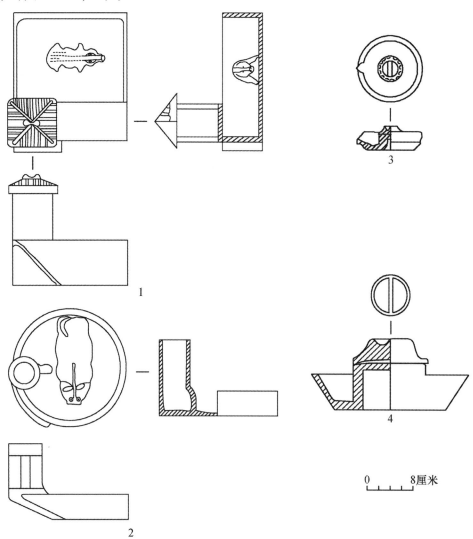

图一八五　汉代墓葬出土陶磨、猪圈

1. A型猪圈（M25：3）　2. B型猪圈（M23：1）　3. A型磨（M42：15）　4. B型磨（M23：3）

B型　1件。圆形磨盘，无流。M23：3，分上下两扇，下扇连接圆形磨盘，中空，磨盘为敞口，平底。上扇中部有两个相对的半月形槽。磨径9.4厘米，磨盘径18.4厘米，通高8.6厘米（图一八五，4）。

8. 猪圈

2件。分别出自M23、M25。泥质灰陶。根据形制的不同，可分为二型。

A型　1件。平面呈长方形。M25：3，泥质红褐陶。下部有一周围栏，栏上一侧悬空搭设厕屋一座，一面敞口，四阿式屋顶，顶部有瓦垄，紧靠栏外设一斜坡通道。长20.2、宽21.6～23.6、通高19.2厘米（图一八五，1）。

B型　1件。平面呈圆形。M23：1，泥质灰陶。圆形圈栏，在院栏上悬空一座圆形陶屋，上无顶，一面开一个长方形小门。紧靠栏外设一斜坡通道。院栏内置一陶猪，呈直立状，鬃毛竖起，内空，足相连为一体，尾巴放于脊上。猪圈直径21.2、通高12.8厘米（图一八五，2）。

二、铜器

赵杰娃山头汉代墓葬共出土铜器20件及铜钱97枚。主要器形有铜洗、铜镜、铜带钩、铜弩机、铜泡钉、铜铃、铜钱等，其中铜洗出土10件，胎壁较薄，锈蚀严重，在出土时均已破碎，无法复原，我们仅在提取前对形制清楚的器物进行测量绘图。铜镜3面，残破，M6出土1件，M16出土2面。铜带钩出土2件，出于M2、M42中，形制相同。铜弩机1件，出于M12。铜泡钉2件，出于M13。铜铃出土2件，出于M41上部填土中。下面我们就铜洗、铜镜、铜钱等主要器物作型式上的分析探讨。

1. 铜洗

10件。分别出自M2、M6、M8、M11、M12、M13、M14、M16、M39、M42，各出1件，其中M11、M14、M42铜洗破碎较甚，已无法知其形制。其余7件，均为敞口，折沿，弧鼓腹，平底或圜底。根据底部的差异可分为二型。

A型　2件。平底，M39、M12出土。又可依据腹部的不同分为二式。

Ⅰ式：1件。腹部圆弧形，无铺首。M39：1，折沿，鼓腹内收，平底微凹，底残。口径14.2、腹径13、底径8.8、高6厘米（图一八六，2）。

Ⅱ式：1件。腹部有两对称的铺首衔环耳。M12：9，翻折沿，弧鼓腹内收，平底微凹，腹部有两对称的铺首衔环耳和三周弦纹。口径25.2、腹径23.4、底径14、高12厘米（图一八六，1）。

B型　5件。敞口，折沿，弧腹，圜底。M6：10，口径约24、残高5.4厘米（图一八六，3）。M13：1，口径17、腹径16.4、高7.2厘米（图一八六，4）。M16：1，口径19.6、腹径18.4、高9.8厘米（图一八六，5）。M2：1，口径约20、残高4.8厘米（图一八六，7）。M8：1，口径约13、腹径12.2、高6.4厘米（图一八六，6）。

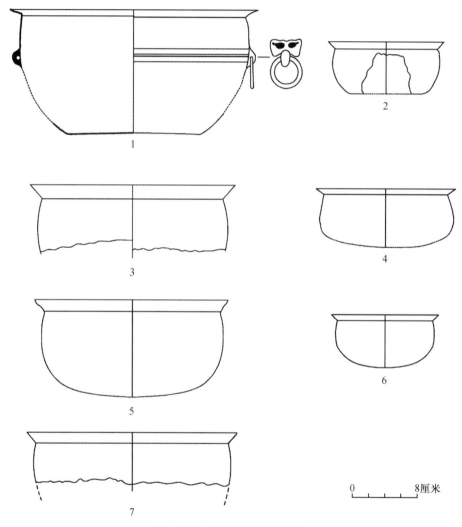

图一八六　汉代墓葬出土铜洗

1. A型Ⅱ式（M12：9）　2. A型Ⅰ式（M39：1）　3~7. B型（M6：10、M13：1、M16：1、M8：1、M2：1）

2. 铜镜

3面。出自M6、M16，其中M16出土2件。根据纹饰的不同，可分为二型。

A型　1件。昭明镜，破碎，无法复原，仅修出三分之一。M6：8，半圆纽，圆形纽座，纽座外连弧纹一周。之外两周短斜线纹间有铭文带，可辨铭文为"……而清而以而昭而……"。窄素缘。直径6.6、缘厚0.13厘米（图一八七，1）。

B型　2件。日光连弧纹镜，残破，锈蚀。M16：5，圆形，半圆纽，圆纽座，纽座外周围锈蚀严重，纹饰不明。之外有一周内向八连弧纹圈带。其外两周短斜线纹间有铭文带，铭文为

"见日之光，天下大明"，每字之间以"田"形或月牙纹相隔。素平缘凸起。直径6、缘宽4、缘厚0.15厘米（图一八七，2）。M16：6，残半。圆形，半圆纽，圆纽座。素平缘凸起。纽座向外伸出两条短弧线纹，之外为一周内向八连弧纹圈带。再外有一周篆隶式变体"……光，天…大明"铭文带。每字之间以弧线云纹相隔。其外一周短斜线纹。直径6.1、缘宽4、缘厚0.15厘米（图一八七，3）。

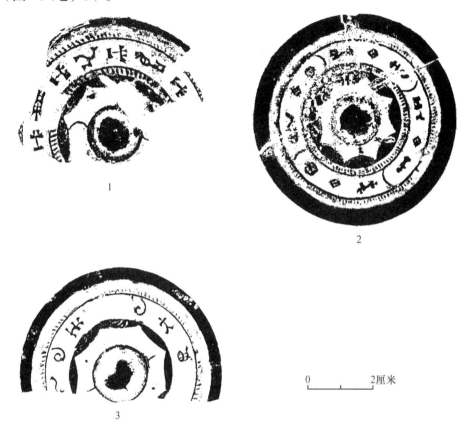

图一八七　汉代墓葬出土铜镜拓片

1.A型（M6：8）　　2、3.B型（M16：5、M16：6）

3. 铜钱

共97枚，分别出自M2、M6、M7、M11、M16、M19、M30、M36、M45、M47。根据钱文的不同，可以分为五铢、大泉五十、货泉三大类。

第一类：五铢钱。共91枚。分别出自M2、M6、M7、M11、M16、M19、M30、M45、M47。根据钱文的不同变化，可以分为四型。

A型　共59枚。昭帝。出自M2、M16。"五"字交股弯曲较缓，上下两横多出头接于外郭或内郭，"铢"字"金"头较小，呈三角形或箭镞形，有的明显低于"朱"字，四点有长有圆。"朱"头方折，下部圆折。M2：6-1～M2：6-5，直径2.5厘米（图一八八，1～5）。

B型　共13枚。宣帝。出自M19。"五"字交股弯曲甚大，上下两横多接于外郭或内郭，

"铢"字"金"字头呈三角形，四点竖长方形。"朱"字头方折，有的"金"旁较"朱"旁略低。M19：7-14～M19：7-17、M19：7-20，直径2.3～2.5厘米（图一八八，6～10）。

C型 共8枚。更始。出自M19。"五"字交笔弯曲，上下横笔基本与两竖齐，"朱"旁上横笔圆折，"金"尖呈一小三角形，四点长方形排列整齐。M19：7-1～M19：7-5，直径2.5厘米（图一八八，11～15）。

D型 共3枚。建武。出自M30、M47，外郭被剪去或被磨去。"五"字交股弯曲，上下两横不出头，"朱"字头上横笔圆折，上下对应，"金"字头呈三角形，较西汉的五铢金

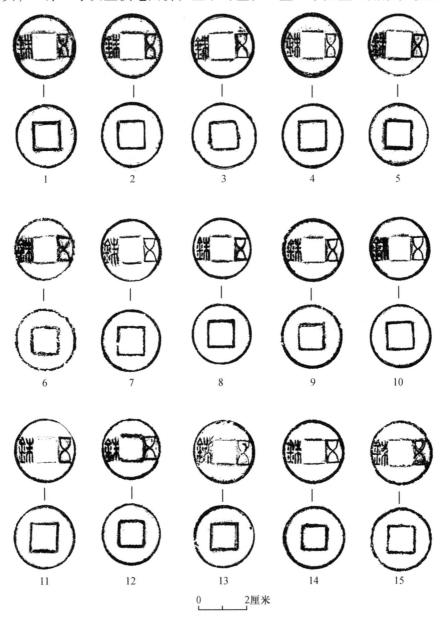

图一八八 汉代墓葬出土铜钱拓片（一）

1～5.A型五铢钱（M2：6-1、M2：6-2、M2：6-3、M2：6-4、M2：6-5） 6～10.B型五铢钱（M19：7-14、M19：7-15、M19：7-16、M19：7-17、M19：7-20） 11～15.C型五铢钱（M19：7-1、M19：7-2、M19：7-3、M19：7-4、M19：7-5）

旁为大，四点较长。M30：3-1、M47：12-1～M47：12-2，直径2.25～2.3厘米（图一八九，
1～3）。

　　第二类：大泉五十。共2枚。出自M36。制作粗劣，厚重有砂孔。方孔圆钱，内外郭坚挺
明显，外郭凸出，高于内郭，悬针篆文。M36：1-1～M36：1-2，直径2.8厘米（图一八九，
4～5）。

　　第三类：货泉。共4枚。出自M19。制作规整，有内外郭。篆文，笔画工整，"泉"字中
竖笔断开。M19：8-1～M19：8-3、M19：9，直径2.2厘米（图一八九，6～9）。

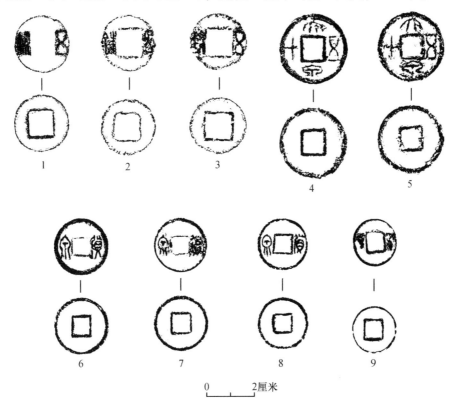

图一八九　汉代墓葬出土铜钱拓片（二）

1～3. D型五铢钱（M30：3-1、M47：12-1、M47：12-2）　4、5. 大泉五十（M36：1-1、M36：1-2）　6～9. 货泉（M19：8-1、
M19：8-2、M19：8-3、M19：9）

三、铁　　　器

　　赵杰娃山头汉代墓葬共出土铁器22件，有鼎、罐、釜、带钩、剑、刀、削、矛、双齿叉
形器、环首条形器、锸等，锈蚀严重，破碎较甚，多不能提取修复。铁鼎1件，出自M56；罐1
件，出自M46；釜6件，出自M13、M27、M28、M54、M55、M56中，各出1件；带钩1件，出
自M47中；剑2件，出自M5、M42；刀1件，出自M11；削4件，M7、M11各1件，M25出2件；
矛2件，出自M14、M42；双齿叉形器1件、环首条形器2件，均出自M25；锸1件，出自M1上部
填土中。

第五章　随葬陶器组合分析

在56座两汉时期的墓葬中，有19座为砖室墓，由于遭受到不同程度的破坏，随葬器物保存很少，还有9座未出器物。在32座土坑墓中，有5座被毁坏或者随葬品破碎较甚，器物均未能修复出来。因此对出土器物的分析，主要依赖10座砖室墓、27座土坑墓和5座积炭墓共42座墓，其中有10座墓葬出土铜钱。

42座墓葬随葬器物主要为陶器，陶器组合既有单纯的仿铜礼器、日用器、模型明器组合，还有仿铜礼器与日用器、仿铜礼器与模型明器、日用器与模型明器以及仿铜礼器、日用器和模型明器三者之间的混合组合，这些组合有的还伴出铜器、铜钱、铁器等小件器物。

下面我们对上述42座出土器物的墓葬，在随葬主要陶器型式分析的基础上，按照随葬品组合关系进行分组，大致可分为以下几组：

A组：以仿铜陶礼器（鼎、盒、壶或鼎、盒、钫）为主的组合。参与该组的墓葬有M4、M5、M18、M24、M26、M31、M39、M40、M46、M49、M50、M51、M52、M53、M55。

B组：以日用陶器（双耳罐、瓮、鍪）为主的组合。参与该组的墓葬有M1、M7、M8、M10、M13、M16、M17、M27、M28、M34、M38、M41、M54、M56。

C组：以模型明器（仓、灶、井）为主的组合。参与该组的墓葬有M2、M6、M12、M14、M19、M21、M22、M23、M25、M35、M42、M44、M47。

出土陶器组合不全的墓葬，暂时按照现存器物情况进行分组，而未出随葬器物和器物未能修复的墓葬，我们将在下一章节，根据它们的器物组合情况和与其他墓葬的相互关联进行分析。下面按组别分析各类墓葬主要随葬器物的具体型、式组合。

（1）A组

M4：鼎AⅣ、盒C、大壶AaⅠ；

M5：鼎AⅢ、盒C、瓮BⅠ、釜BbⅢ、甑BaⅠ；

M18：鼎AⅡ、盒B、钫、瓮AaⅠ、双耳罐AaⅠ、小壶A、鼎AⅡ、盒B、钫；

M24：鼎AⅣ、双耳罐AaⅢ、瓮BⅠ、釜BbⅢ、甑AⅢ；

M26：鼎BⅡ、瓮AbⅢ、釜BbⅣ、甑AⅢ；

M31：鼎BⅠ、大壶AaⅡ、瓮（？）、鼎BⅠ、壶AaⅡ；

M39：鼎BⅡ、大壶AbⅡ、大壶AbⅡ、双耳罐（？）；

M40：鼎AⅤ、大壶AaⅡ、大壶AaⅡ、甑C；

M46：鼎AⅢ、大壶AaⅡ、盒（？）、鼎AⅢ、大壶AaⅡ、瓮AaⅠ、釜（？）、瓿AⅡ；

M49：鼎AⅢ、盒AⅡ、瓮（？）、鍪AⅡ、釜AⅠ、瓿（？）；

M50：鼎AⅢ、盒（？）、大壶AaⅠ、小壶（？）、双耳罐AaⅡ；

M51：鼎AⅠ、盒AⅠ、大壶（？）、釜BaⅡ、瓿AⅡ、鼎AⅠ、盒AⅠ、大壶（？）；

M52：鼎AⅠ、大壶AaⅠ、双耳罐AaⅠ、釜BaⅠ、瓿AⅡ、璧、鼎AⅠ、大壶AbⅠ；

M53：鼎AⅠ、盒AⅠ、瓮AbⅠ、鍪AⅠ、釜BaⅡ、瓿AⅡ；

M55：鼎AⅠ、大壶（？）、蒜头壶A、瓮AbⅠ、釜BbⅡ、瓿AⅠ、鼎AⅠ、蒜头壶B。

A组墓葬是以仿铜礼器鼎、盒、壶或鼎、盒、钫为主的组合。该组墓葬有单纯礼器组合、礼器与日用器混合组合、礼器与模型明器混合组合、礼器和日用器与模型明器的混合组合四种类型。①单纯礼器组合。器类仅见鼎、盒、壶一种，墓葬只有1座，即M4，出土鼎AⅣ、盒C、大壶AaⅠ两套器物。②礼器与日用器混合组合。墓葬2座，即M31、M39，主要组合为鼎BⅠ、大壶AaⅡ、瓮（？）或鼎BⅡ、大壶AbⅡ、双耳罐（？），器物组合均未修复完整。③礼器与模型明器混合组合。墓葬有2座，即M40、M51，主要组合为鼎AⅤ、大壶AaⅡ、瓿C或鼎AⅠ、盒AⅠ、大壶（？）、釜BaⅡ、瓿AⅡ。这类墓葬开始出现模型明器釜、瓿组合，个体较大，基本成组出现，但不见灶。④礼器、日用器与模型明器混合组合。墓葬有10座，分别为M5、M18、M24、M26、M46、M49、M50、M52、M53、M55。主要组合为鼎、盒、壶、双耳罐、瓮、鍪、釜、瓿或鼎、盒、钫、双耳罐、瓮、模型小壶，其中出鼎AⅡ、盒B、钫的墓葬仅1座，即M18，同出瓮AaⅠ、双耳罐AaⅠ和模型小壶A，出鼎、盒、壶的墓葬9座。鼎、盒、壶出土齐全的仅2座，即M46、M50，出鼎AⅢ、大壶AaⅡ或鼎AⅢ、大壶AaⅠ，盒均未修复，分别同出日用器瓮AaⅠ、模型明器釜、瓿AⅡ或双耳罐AaⅡ、模型小壶。M5、M24、M26、M49、M52、M53、M55中鼎、盒、壶出土不全，且双耳罐、瓮多不同出，都出模型明器釜、瓿，其中M49、M53出现瓮、鍪组合，而M55则出现鼎、壶、蒜头壶组合形式；这些墓葬器物型式组合主要有鼎AⅠ、鼎AⅢ、鼎AⅣ、鼎BⅡ，盒AⅠ、盒AⅡ、盒C，大壶AaⅠ、大壶AbⅠ，蒜头壶A、蒜头壶B，双耳罐AaⅠ、双耳罐AaⅢ，瓮AbⅠ、瓮AbⅢ、瓮BⅠ，鍪AⅠ、鍪AⅡ，釜AⅠ、釜BaⅠ、釜BaⅡ、釜BbⅡ、釜BbⅢ、釜BbⅣ，瓿AⅠ、瓿AⅡ、瓿AⅢ、瓿BaⅠ。

通过以上对A组墓葬出土器物组合及型式上的分析，又可以将该组墓葬分为三个发展阶段。

第一段：M51、M52、M53、M55。器物有鼎AⅠ、盒AⅠ、大壶AaⅠ、大壶AbⅠ、蒜头壶A、蒜头壶B、双耳罐AaⅠ、瓮AbⅠ、鍪AⅠ、釜BaⅠ、釜BaⅡ、釜BbⅡ、瓿AⅠ、瓿AⅡ。

第二段：M5、M18、M31、M46、M49、M50。器物有鼎AⅡ、鼎AⅢ、鼎BⅠ、盒AⅡ、盒B、盒C、大壶AaⅠ、大壶AaⅡ、钫、双耳罐AaⅠ、双耳罐AaⅡ、瓮AaⅠ、瓮BⅠ、鍪AⅡ、釜AⅠ、釜BbⅢ、瓿AⅡ、瓿BaⅠ、小壶A。

第三段：M4、M24、M26、M39、M40。器物有鼎AⅣ、鼎AⅤ、鼎BⅡ、盒C、大壶AaⅠ、大壶AaⅡ、大壶AbⅡ、双耳罐AaⅢ、瓮AbⅢ、瓮BⅠ、釜BbⅢ、釜BbⅣ、瓿AⅢ、瓿C。

（2）B组

M1：双耳罐AbⅠ、釜BbⅠ、甑（？）、双耳罐AbⅠ；

M7：甑BbⅡ、甑BbⅢ；

M8：双耳罐BⅠ、瓮AbⅡ；

M10：大壶AaⅠ、双耳罐（？）、鍪AⅢ；

M13：大壶AaⅠ、双耳罐（？）、甑BbⅡ；

M16：双耳罐AbⅣ、鍪B；

M17：瓮BⅡ；

M27：瓮AaⅡ、甑BbⅡ；

M28：瓮AbⅢ、甑BaⅡ；

M34：双耳罐BⅢ、双耳罐AaⅣ；

M38：双耳罐AbⅠ；

M41：双耳罐AaⅡ、双耳罐AbⅡ、鍪AⅡ、钵A、钵B、钵B；

M54：瓮AbⅠ、甑BbⅠ；

M56：瓮AbⅠ、釜BbⅠ、甑BbⅡ。

B组墓葬以日用器为基本组合，混合有礼器壶的组合和模型明器釜、甑的组合，故可将该组墓葬分为四大类。①单纯日用器组合。此种类型的墓葬有5座，分别为M8、M16、M34、M38、M41，主要组合为双耳罐AbⅠ和双耳罐BⅢ、双耳罐AaⅣ或双耳罐BⅠ、瓮AbⅡ，出现有双耳罐、鍪组合，鍪具有典型秦器特征，M41还有钵参与组合。其中鍪参与组合的墓葬有M16、M41，M16器物组合为双耳罐AbⅣ、鍪B，M41器物组合为双耳罐AaⅡ、双耳罐AbⅡ、鍪AⅡ、钵A、钵B、钵B。②混合有礼器壶的日用器组合。此种类型的墓葬仅有M10，器物组合为大壶AaⅠ、双耳罐、鍪AⅢ，双耳罐未能修出。③混合有礼器壶和模型明器甑的日用器组合。墓葬仅有M13一座，器物组合为大壶AaⅠ、双耳罐、甑BbⅡ，双耳罐未能修出，但该墓有铜洗B、铁釜参与组合。④日用器与模型明器的混合组合。此类墓葬有5座，分别为M1、M27、M28、M54、M56，主要组合为双耳罐、釜、甑（M1）或瓮、釜、甑，其中M1组合为双耳罐AbⅠ、双耳罐AbⅠ、釜BbⅠ、甑，其他墓葬器类有瓮AaⅡ、瓮AbⅠ、瓮AbⅢ、甑BaⅡ、甑BbⅠ、甑BbⅡ、釜BbⅠ。M27、M28、M54不出陶釜，出土釜为铁釜。另外，B组墓葬中M7、M17经历盗扰，出土器物组合不全，其中M7出土甑2件，归入第四类，M17仅出瓮1件，归入第一类。

通过对B组墓葬出土器物组合型式上的分析，可以将该组墓葬分为六个发展阶段。

第一段：M1、M38、M54、M56。器物有双耳罐AbⅠ、瓮AbⅠ、釜BbⅠ、甑BbⅠ、甑BbⅡ。

第二段：M8、M13、M41。器物有大壶AaⅠ、双耳罐BⅠ、双耳罐AaⅡ、双耳罐AbⅡ、瓮AbⅡ、鍪AⅡ、甑BbⅡ、钵A、钵B。

第三段：M10、M27、M28。器物有大壶AaⅠ、鍪AⅢ、瓮AaⅡ、瓮AbⅢ、甄BaⅡ、甄BbⅡ。

第四段：M7。器物有甄BbⅡ、甄BbⅢ。

第五段：M17、M34。器物有双耳罐BⅢ、双耳罐AaⅣ、瓮BⅡ。

第六段：M16。器物有双耳罐AbⅣ、鍪B。

（3）C组

M2：大壶Bb、仓Aa、仓Ab、仓Ac、灶Ba、井BⅠ；

M6：鼎CⅡ、双耳罐AbⅣ、仓Ba、灶（？）、釜（？）、甄（？）；

M12：鼎CⅠ、大壶（？）、双耳罐AbⅢ、双耳罐BⅡ、仓Ab、灶AⅡ、井A；

M14：鼎CⅠ、大壶AaⅢ、大壶Ba、双耳罐AbⅣ、灶AⅠ、井D、甄BaⅡ、甄BbⅣ；

M19：瓮BⅡ、鸡（？）、鸭（？）、猪（？）、仓盖（？）；

M21：双耳罐AaⅣ、井BⅡ、釜AⅡ、甄BbⅤ；

M22：双耳罐BⅡ、井CⅠ、釜AⅡ、甄BbⅢ；

M23：磨B、猪圈B、狗（？）、鸡（？）；

M25：大壶Bc、瓮BⅢ、灶C、井CⅡ、猪圈A、甄BaⅢ、奁（？）、鸡（？）；

M35：仓Bb、仓Bb、仓Bb、仓Bb、仓Bb；

M42：鼎CⅢ、瓮BⅡ、双耳罐（？）盆、仓Aa、仓Aa、仓Aa、仓Aa、灶Ba、井BⅠ、磨A、甄BaⅢ、甄BbⅤ、甄BbⅤ；

M44：仓Ba、井BⅡ；

M47：鼎CⅢ、瓮（？）、小壶B、仓Ab、灶Bb、井BⅠ、仓Ab、釜AⅢ。

C组墓葬是以模型明器仓、灶、井为主的组合，是在前两组的基础上横向或纵向进一步发展的组合形式，既保留有鼎或壶的礼器，又有B组常见的日用器双耳罐、瓮参与组合，仓、灶、井模型明器成为主要器物组合，还出现了西汉晚期才有的磨、猪圈以及鸡、鸭、猪、狗等家禽家畜模型明器，使组合演变较为复杂、多样。有些墓内出釜、甄个体较小，应是灶上附件。以仓、灶、井为主的组合模式在前两组墓葬中所不见。C组墓葬器物组合分为如下几类：①单纯模型明器组合。墓葬有M23、M35，其中M35仅存Bb型陶仓5件，M23出土磨B、猪圈B、狗、鸡等模型明器。②礼器参与组合。墓葬仅有M2一座，器物组合为大壶Bb、仓Aa、仓Ab、灶Ba、井BⅠ。③日用器参与组合。墓葬有M19、M21、M22、M44。器物组合为双耳罐BⅡ、双耳罐AaⅣ、仓Ba、井BⅡ、井CⅠ、釜AⅡ、甄BbⅢ、甄BbⅤ或瓮BⅡ、鸡、鸭、猪等器类。④礼器、日用器均参与组合。这类墓葬6座，有M6、M12、M14、M25、M42、M47，主要组合为M6：鼎CⅠ、鼎CⅡ、鼎CⅢ、大壶AaⅢ、大壶Ba、大壶Bc、双耳罐AbⅢ、双耳罐AbⅣ、双耳罐BⅡ、瓮BⅡ、瓮BⅢ、盆、仓Aa、仓Ab、仓Ba、仓C、灶AⅠ、灶AⅡ、灶Ba、灶Bb、灶C、井A、井BⅠ、井BⅡ、井CⅡ、井D、磨A、猪圈A、釜AⅢ、甄BaⅡ、甄BaⅢ、甄BbⅣ、鸡、小壶B。

根据以上对C组墓葬出土器物组合型式上的分析，该组墓葬大致又可分为四段。

　　第一段：M2、M6、M12、M14、M22。鼎C Ⅰ、鼎C Ⅱ、大壶Aa Ⅲ、大壶Ba、大壶Bb、双耳罐Ab Ⅲ、双耳罐Ab Ⅳ、双耳罐B Ⅱ、仓Aa、仓Ab、仓Ac、仓Ba、灶A Ⅰ、灶A Ⅱ、灶Ba、井A、井B Ⅰ、井C Ⅰ、井D、釜A Ⅱ、甑Bb Ⅲ、甑Bb Ⅳ。

　　第二段：M19、M23、M42、M44、M47。器物有鼎C Ⅲ、瓮B Ⅱ、双耳罐、盆、仓Aa、仓Ab、仓Ba、灶Ba、灶Bb、井B Ⅰ、井B Ⅱ、磨A、磨B、猪圈B、鸡、鸭、猪、狗、釜A Ⅲ、甑Ba Ⅲ、甑Bb Ⅴ、小壶B。

　　第三段：M35。器物仅有5件仓Bb。

　　第四段：M21、M25。器物有大壶Bc、双耳罐Aa Ⅳ、瓮B Ⅲ、奁、灶C、井B Ⅱ、井C Ⅱ、猪圈A、釜A Ⅱ、甑Ba Ⅲ、甑Bb Ⅴ、鸡。

　　综上所述，A组墓葬以仿铜陶礼器为主要组合形式，分为三个发展阶段，B组墓葬以日用陶器为主要组合，大致分为六个发展阶段，C组墓葬以模型明器为主要组合，可分为四个发展阶段。各组墓葬在发展过程中又相互交叉混合，使器物组合形式变得较为复杂，但各组主体器物又相对集中，仿铜礼器为鼎、盒、壶或鼎、盒、钫，日用器为双耳罐或瓮，少数墓葬用鋬参与组合，模型明器以仓、灶、井为主，个别墓葬出现西汉晚期才有的家禽、家畜模型明器。前两组墓葬不出灶，但随葬有形制较大的无灶体的釜、甑。

第六章　墓葬分期与年代

一、墓 葬 分 期

淅川县赵杰娃山头汉墓群发掘的56座墓葬，分布在挡子口村新四队组西南的赵杰娃山头之上，墓葬自南向北依次分布，排列有序，埋葬相对集中。墓地南部和中北部为竖穴土坑墓集中分布区域，中南部和北部则为砖室墓的相对集中分布区。有的墓葬距离接近，形制大小相似，如墓地南部的M53与M54、M55与M56，东南部的M27与M28，北部的M40与M41，分别两两并列分布，距离不过1~2.5米，可能为异穴合葬墓。还有的墓葬在平面上存在打破关系，如墓地中北部M7→M9→M10、M15→M16、中南部M17→M18、M20→M26、M23→M24。

以下我们在上一章按组对墓葬器物组合分析的基础上，根据墓葬形制、位置分布关系、随葬品组合及发展演变规律，可将这批汉墓分为四期，即西汉早、中、晚期和东汉早期，各期又可分为前、后两段共8段，将王莽建立新朝这一时期归为西汉晚期后段。

第一期1段　包括A组第一段和B组第一段。

共有墓葬8座，M1、M38、M51、M52、M53、M54、M55、M56。出土器物有鼎AⅠ、盒AⅠ、大壶AaⅠ、大壶AbⅠ、蒜头壶A、蒜头壶B、双耳罐AaⅠ、双耳罐AbⅠ、瓮AbⅠ、鍪AⅠ、釜BaⅠ、釜BaⅡ、釜BbⅠ、釜BbⅡ、瓿AⅠ、瓿AⅡ、瓿BbⅠ、瓿BbⅡ。

第一期2段　包括A组第二段和B组第二段。

共有墓葬9座，M5、M8、M13、M18、M31、M41、M46、M49、M50。出土器物有鼎AⅡ、鼎AⅢ、鼎BⅠ、盒AⅡ、盒B、盒C、大壶AaⅠ、大壶AaⅡ、钫、双耳罐AaⅠ、双耳罐AaⅡ、双耳罐AbⅡ、双耳罐BⅠ、瓮AaⅠ、瓮AbⅡ、瓮BⅠ、鍪AⅡ、钵A、钵B、釜AⅠ、釜BbⅢ、瓿AⅡ、瓿BaⅠ、瓿BbⅡ、小壶A。

第二期3段　包括A组第三段和B组第三段。

共有墓葬8座，M4、M24、M26、M39、M40、M10、M27、M28。出土器物有鼎AⅣ、鼎AⅤ、鼎BⅡ、盒C、大壶AaⅠ、大壶AaⅡ、大壶AbⅡ、双耳罐AaⅢ、鍪AⅢ、瓮AaⅡ、瓮AbⅢ、瓮BⅠ、釜BbⅢ、釜BbⅣ、瓿AⅢ、瓿BaⅡ、瓿BbⅡ、瓿C。

第二期4段　包括B组第四段。

仅有墓葬1座，M7。出土器物有瓿BbⅡ、瓿BbⅢ。

第三期5段　C组第一段。

共有墓葬5座，M2、M6、M12、M14、M22。出土器物有鼎CⅠ、鼎CⅡ、大壶AaⅢ、大壶Ba、大壶Bb、双耳罐AbⅢ、双耳罐AbⅣ、双耳罐BⅡ、仓Aa、仓Ab、仓Ac、仓Ba、灶AⅠ、灶AⅡ、灶Ba、井A、井BⅠ、井CⅠ、井D、釜AⅡ、甑BbⅢ、甑BbⅣ。

第三期6段　包括B组第五段和C组第二段。

共有墓葬7座，M17、M19、M23、M34、M42、M44、M47。出土器物有鼎CⅢ、瓮BⅡ、双耳罐BⅢ、双耳罐AaⅣ、盆、仓Aa、仓Ab、仓Ba、灶Ba、灶Bb、井BⅠ、井BⅡ、井CⅠ、磨A、磨B、猪圈B、鸡、鸭、猪、狗、釜AⅡ、釜AⅢ、甑BaⅢ、甑BbⅢ、甑BbⅣ、甑BbⅤ、小壶B。

第四期7段　包括B组第六段和C组第三段。

共有墓葬2座，M16、M35。出土器物有双耳罐AbⅣ、鍪B、仓Bb。

第四期8段　C组第四段。

墓葬2座，M21、M25。出土器物有大壶Bc、瓮BⅢ、奁、灶C、井CⅡ、猪圈A、甑BaⅢ、甑BbⅤ、鸡。

以上各期墓葬出土主要陶器组合关系及分期表经归纳如下表（表二）。

根据墓葬出土各类陶器不同型式存在的共出关系，汉代墓葬的典型陶器分期图如下图（图一九〇~图二〇三）。

表二　出土陶器型式分期表

		墓号	鼎	盒	大壶	钫	蒜头壶	双耳罐	瓮	鍪	钵	小壶	釜	甑	璧
一	1	M1						AbⅠ2						BbⅠ	√
		M38						AbⅠ							
		M51	AⅠ2	AⅠ2	√2								BaⅡ	AⅡ	
		M52	AⅠ2		AaⅠ AbⅠ			AaⅠ					BaⅠ	AⅡ	√
		M53	AⅠ	AⅠ					AbⅠ	AⅠ			BaⅡ	AⅡ	
		M54							AbⅠ						BbⅠ	
		M55	AⅠ2		√		AB		AbⅠ				BbⅡ	AⅠ	
		M56							AbⅠ				BbⅠ	BbⅡ	
	2	M5	AⅢ	C					BⅠ				BbⅢ	BaⅠ	
		M8						AbⅡ	BⅠ						
		M13			AaⅠ			√						BbⅡ	
		M18	AⅡ2	B2		√2		AaⅠ	AaⅠ			A2			
		M31	BⅠ2		AaⅡ2				√						
		M41						AaⅡ AbⅡ		AⅡ	A B2				
		M46	AⅢ2	√	AaⅡ2				AaⅠ				√	AⅡ	

		墓号	鼎	盒	大壶	钫	蒜头壶	双耳罐	瓮	鍪	钵	小壶	釜	瓿	璧
一	2	M49	AⅢ	AⅡ					√	AⅡ			AⅠ	√	
		M50	AⅢ	√	AaⅠ			AaⅡ				√			
二	3	M4	AⅣ2	C2	AaⅠ2										
		M10			AaⅠ			√		AⅢ					
		M24	AⅣ					AaⅢ	BⅠ				BbⅢ	AⅢ	
		M26	BⅡ					AbⅢ					BbⅣ	AⅢ	
		M27						AaⅡ						BbⅡ	
		M28						AbⅢ						BaⅡ	
		M39	BⅡ		AbⅡ2			√							
		M40	AⅤ		AaⅡ2									C	
	4	M7												BbⅡ BbⅢ	
三	5	M2			Bb										
		M6	CⅡ					AbⅣ					√	√	
		M12	CⅠ		√			AbⅢ BⅡ							
		M14	CⅠ		AaⅢBa			AbⅣ						BaⅡ BbⅣ	
		M22						BⅡ					AⅡ	BbⅢ	
	6	M17						BⅡ							
		M19						BⅡ							
		M23													
		M34						AaⅣ BⅢ							
		M42	CⅢ					√	BⅡ					BaⅢ BbⅤ2	
		M44													
		M47	CⅢ						√			√	AⅢ		
四	7	M16						AbⅣ		B					
		M35													
	8	M21						AaⅣ					AⅡ	BbⅤ	
		M25			Bc				BⅢ					BaⅢ	

		墓号	盆	小罐	碓	仓	灶	井	猪圈	磨	鸡	鸭	猪	狗	器盖
一	1	M1													
		M38													
		M51													
		M52													
		M53													
		M54													
		M55													
		M56													√
	2	M5													
		M8													
		M13													
		M18													
		M31													
		M41													
		M46													
		M49													
		M50													
二	3	M4													
		M10													
		M24													
		M26													
		M27													
		M28													
		M39													
		M40													
	4	M7													
三	5	M2				Aa2 Ab2 Ac	Ba	BⅠ							
		M6				Ba3 √2	√								
		M12				Ab2	AⅡ	A							
		M14					AⅠ	D							
		M22						CⅠ							
	6	M17													
		M19									√2	√	√		√

		墓号	盆	小罐	碓	仓	灶	井	猪圈	磨	鸡	鸭	猪	狗	器盖
三	6	M23							B	B	√3			√	
		M34													
		M42	√			Aa4	Ba	BⅠ		A					
		M44					Ba	BⅡ							
		M47				Ab2	Bb	BⅠ							√3
四	7	M16													
		M35				Bb5									
	8	M21						BⅡ							
		M25					C	CⅡ	A		√				

备注：1. "√"表示未分型式的器物

2. 未注明件数者皆为1件

二、墓葬年代

淅川县赵杰娃山头汉墓群发掘的这批墓葬，没有发现具有明确纪年性质的器物，其年代只能根据墓葬形制及出土器物（主要是陶器、铜镜、铜钱）的综合分析来进行大致的推断。

依据出土铜钱、铜镜和随葬器物的型、式组合关系，通过对本墓地以及其他墓地出土器物相同或相近组合、形制特征的对比分析来推测这批墓葬的期别与年代。赵杰娃山头汉代墓葬四期8段的时代大致分别为西汉早期前段、西汉早期后段、西汉中期前段、西汉中期后段、西汉晚期前段、西汉晚期后段即新莽时期、东汉早期前段、东汉早期后段共8个连续发展的阶段。

第一期1段　8座墓葬，M1、M38、M51、M52、M53、M54、M55、M56，分别位于墓地中部偏北和南部的缓坡上。形制均为长方形竖穴土坑墓，无墓道，直壁，平底，其中M55、M56墓内积炭。这几座墓葬未被盗扰，出土了一定数量的陶器和少量铁器，不出铜钱，并且陶器组合完整，为墓葬年代的推断提供了依据。无论从墓葬形制、随葬器物的组合及特征来看，这批墓葬时代接近，具有西汉早期墓葬的一般特征。所出陶器M1、M38、M54、M56为日用陶器双耳罐或瓮的组合，有的墓葬如M1、M54、M56还出土有无灶体的釜、甑模型明器。其余墓葬均为仿铜陶礼器鼎、盒、壶和日用陶器双耳罐或瓮以及模型明器釜、甑的混合组合，其中M53还伴出一件具有典型秦文化特征的陶鍪。

这组墓葬器物特征与湖北襄阳王坡、河南淅川泉眼沟等同时期墓葬中出土的器物特征基本相同[①]，具有西汉早期墓葬出土器物的基本特点。其中A型Ⅰ式鼎、A型Ⅰ式盒、Aa型Ⅰ式和

---

① 参见：湖北省文物考古研究所、襄樊市考古队、襄阳区文物管理处：《襄阳王坡东周秦汉墓》，科学出版社，2005年；四川大学历史文化学院考古系、上海大学艺术研究院美术考古研究中心、河南省文物局、南阳市文物局、淅川县文物局：《河南淅川泉眼沟汉代墓葬发掘报告》，《考古学报》2014年第3期。以下所引襄阳王坡汉墓和淅川泉眼沟汉墓均来自这两篇报告，不再复引。

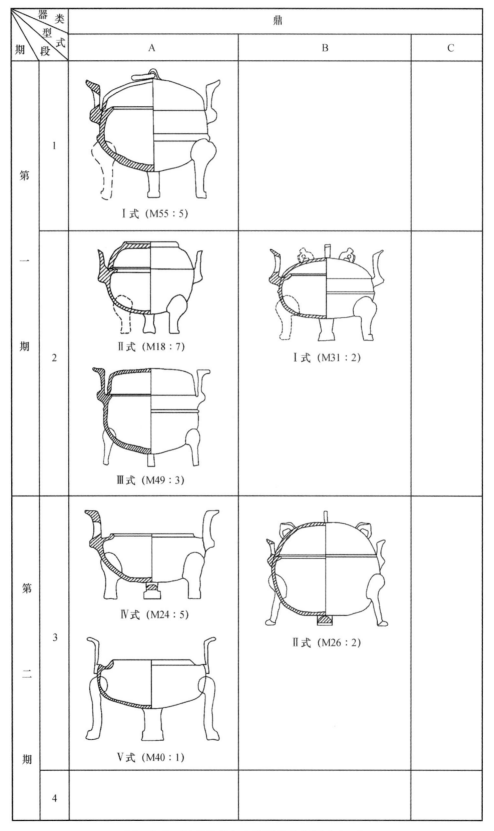

图一九〇　汉代墓葬出土陶器型式分期图（一）

器类 期　段　型式		鼎		
		A	B	C
第 三 期	5			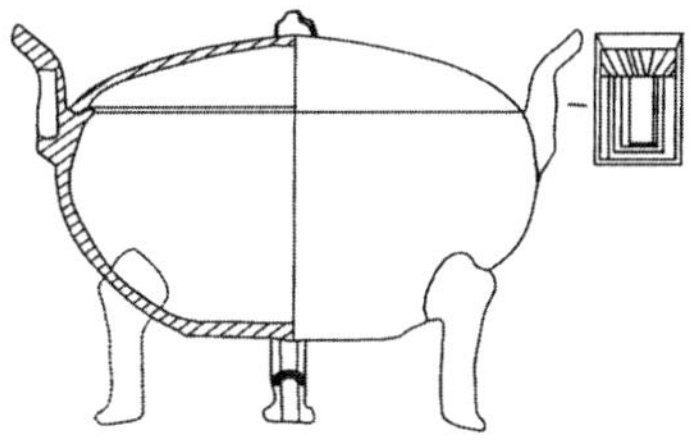 I 式（M14：4） 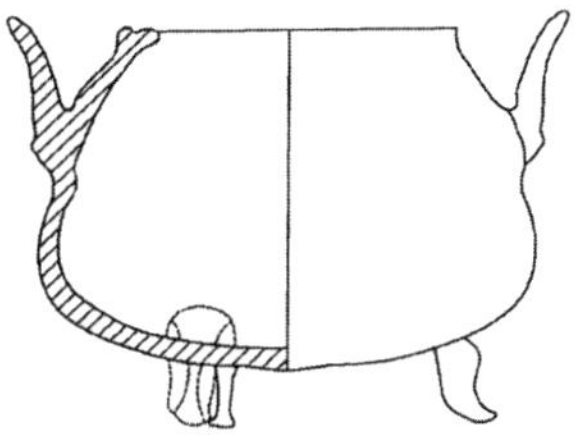 II 式（M6：7）
	6			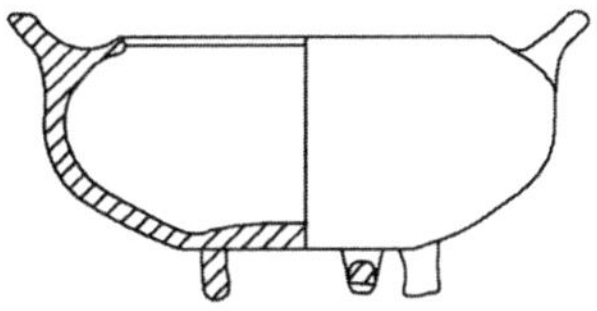 III 式（M47：2）
第 四 期	7			
	8			

图一九一　汉代墓葬出土陶器型式分期图（二）

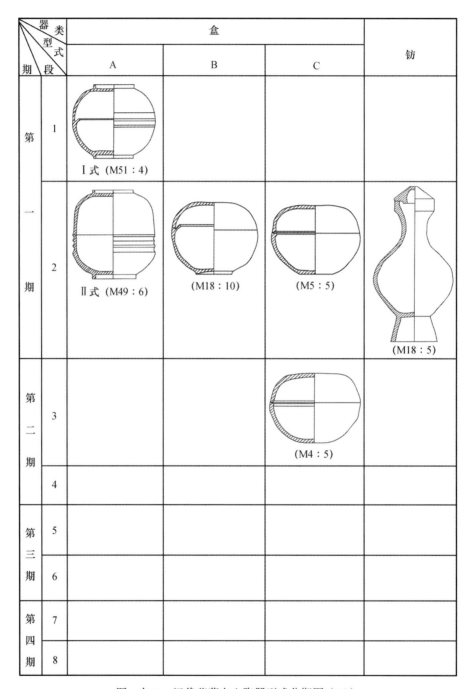

器类型式段期		盒			钫
		A	B	C	
第一期	1	Ⅰ式（M51：4）			
	2	Ⅱ式（M49：6）	（M18：10）	（M5：5）	（M18：5）
第二期	3			（M4：5）	
	4				
第三期	5				
	6				
第四期	7				
	8				

图一九二　汉代墓葬出土陶器型式分期图（三）

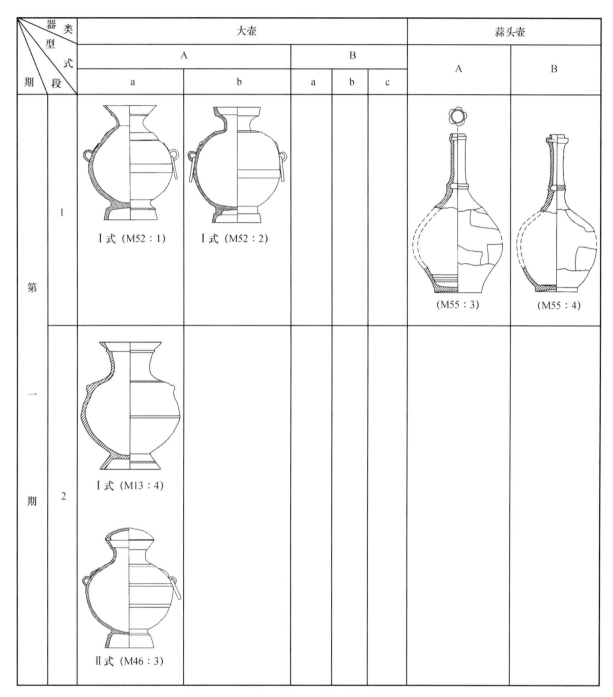

器 类型式期段	大壶		B			蒜头壶	
	A					A	B
	a	b	a	b	c		
第一期	1	I 式（M52：1）	I 式（M52：2）				（M55：3）	（M55：4）
	2	I 式（M13：4）　II 式（M46：3）						

图一九三　汉代墓葬出土陶器型式分期图（四）

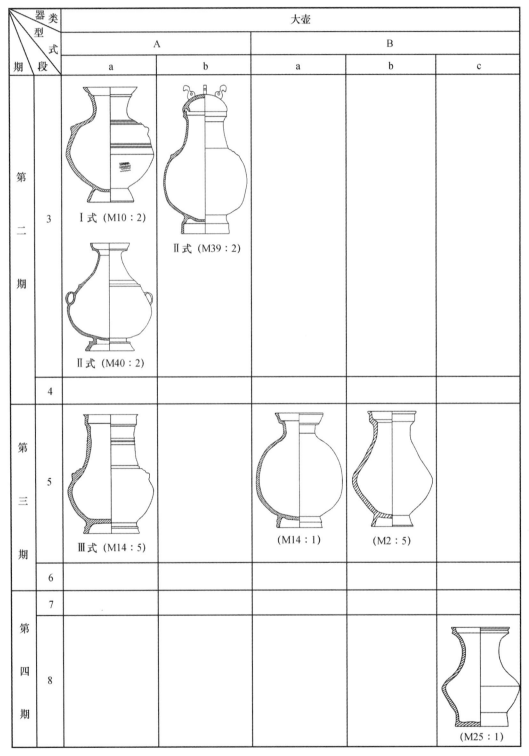

器类型式段期	大壶				
	A		B		
	a	b	a	b	c
第二期 3	I式（M10：2） II式（M40：2）	II式（M39：2）			
4					
第三期 5	III式（M14：5）		（M14：1）	（M2：5）	
6					
第四期 7					
8					（M25：1）

图一九四 汉代墓葬出土陶器型式分期图（五）

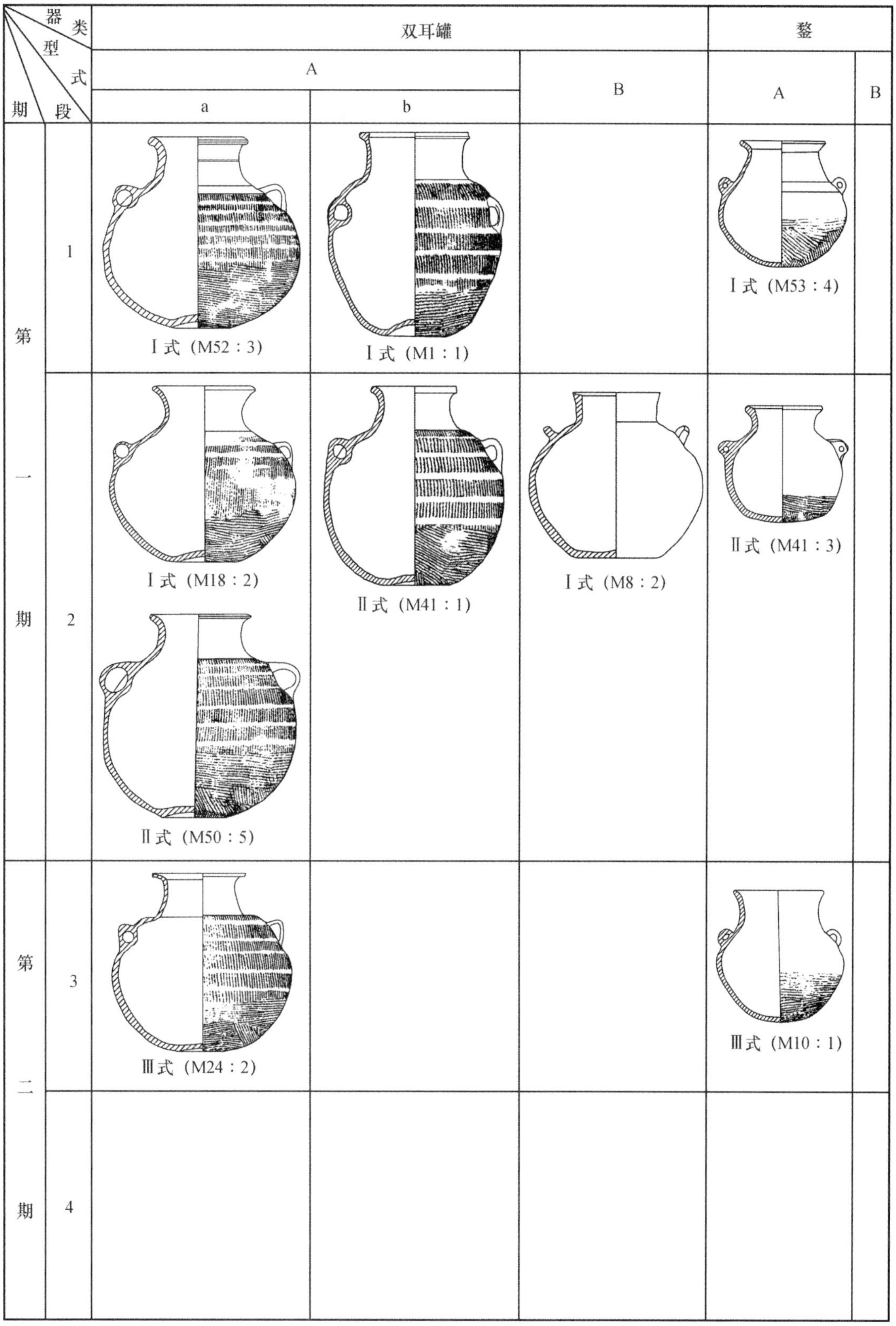

器类型式段期	双耳罐				鏊	
	A			B	A	B
	a	b				

第一期 / 1 区：
- 双耳罐 A a　Ⅰ式（M52∶3）
- 双耳罐 A b　Ⅰ式（M1∶1）
- 鏊 A　Ⅰ式（M53∶4）

第一期 / 2 区：
- 双耳罐 A a　Ⅰ式（M18∶2）
- 双耳罐 A a　Ⅱ式（M50∶5）
- 双耳罐 A b　Ⅱ式（M41∶1）
- 双耳罐 B　Ⅰ式（M8∶2）
- 鏊 A　Ⅱ式（M41∶3）

第二期 / 3 区：
- 双耳罐 A a　Ⅲ式（M24∶2）
- 鏊 A　Ⅲ式（M10∶1）

第二期 / 4 区

图一九五　汉代墓葬出土陶器型式分期图（六）

器类 型 式 期 段		双耳罐			鍪	
		A		B	A	B
		a	b			
第三期	5		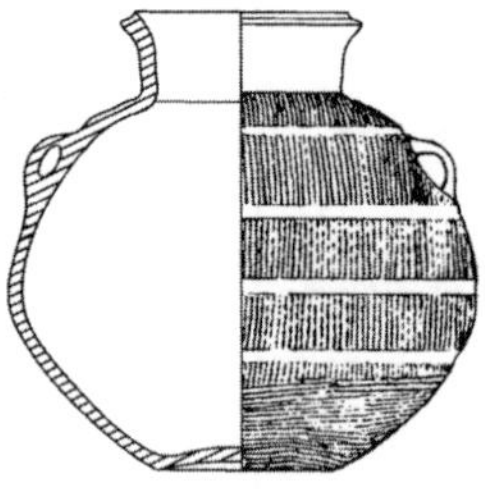 Ⅲ式（M12：7） 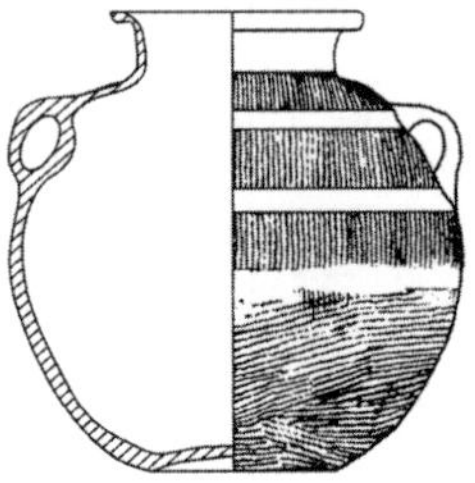 Ⅳ式（M14：6）	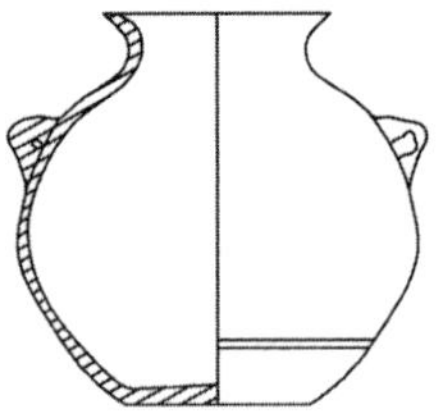 Ⅱ式（M12：6）		
	6	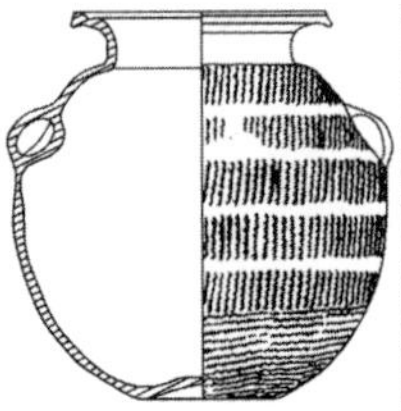 Ⅳ式（M34：2）		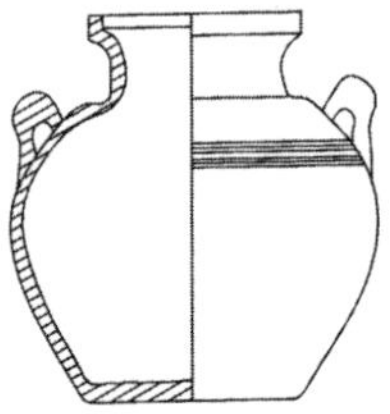 Ⅲ式（M34：1）		
第四期	7		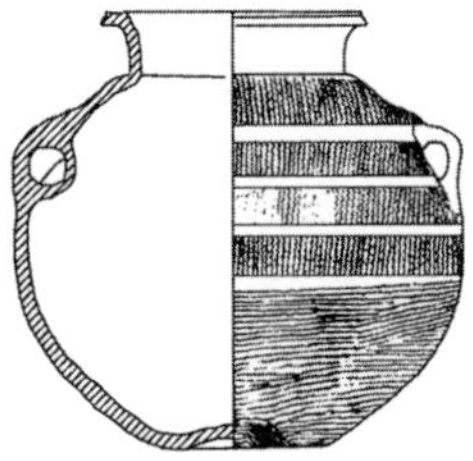 Ⅳ式（M16：2）			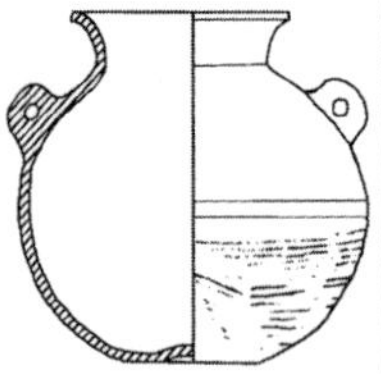 （M16：3）
	8					

图一九六　汉代墓葬出土陶器型式分期图（七）

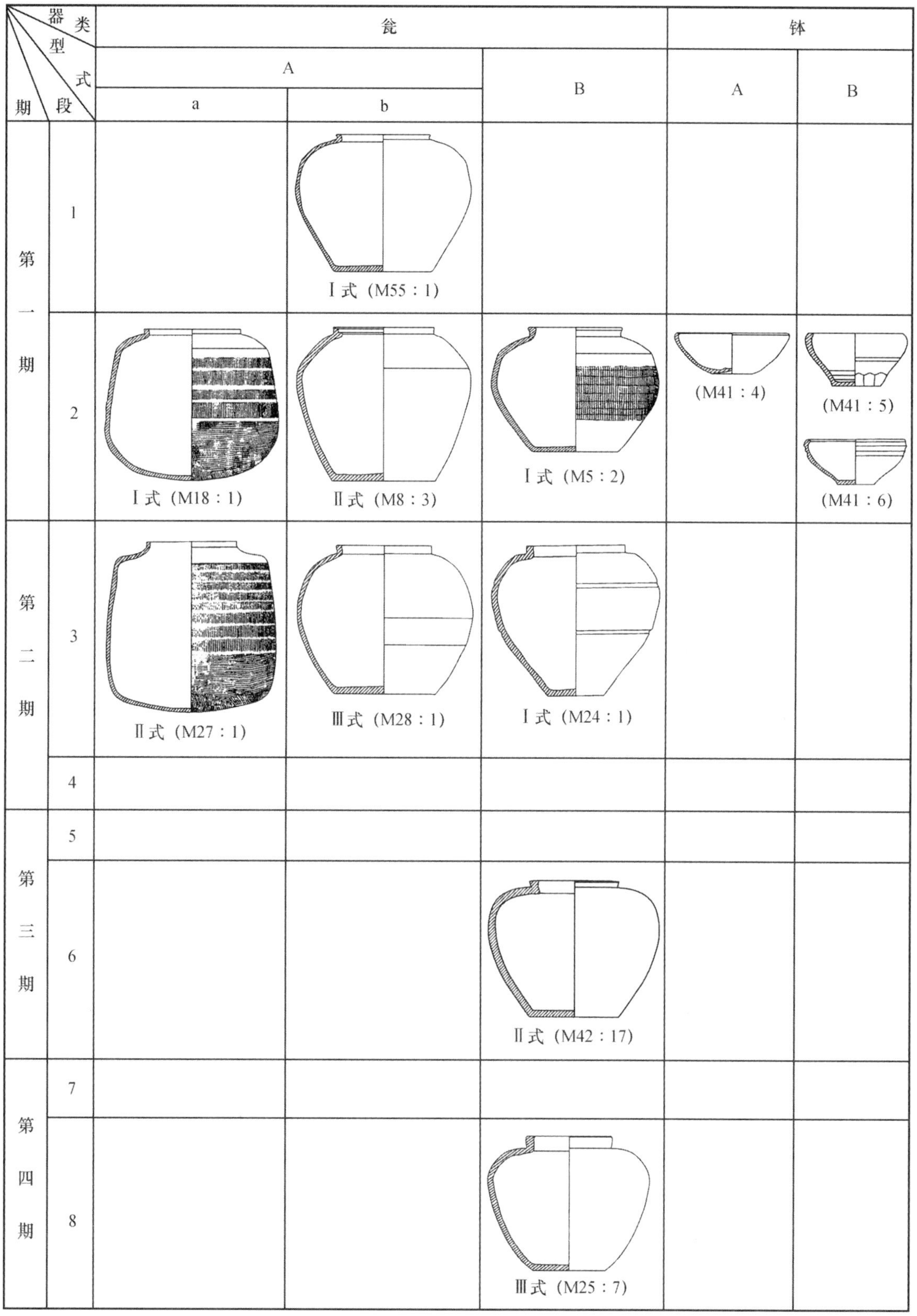

期	段	瓮				钵	
		A			B	A	B
		a	b				
第一期	1		I 式（M55：1）				
	2	I 式（M18：1）	II 式（M8：3）		I 式（M5：2）	（M41：4）	（M41：5） （M41：6）
第二期	3	II 式（M27：1）	III 式（M28：1）		I 式（M24：1）		
	4						
第三期	5						
	6				II 式（M42：17）		
第四期	7						
	8				III 式（M25：7）		

图一九七　汉代墓葬出土陶器型式分期图（八）

器类型式 期段		猪圈		磨	
		A	B	A	B
第一期	1				
	2				
第二期	3				
	4				
第三期	5				
	6		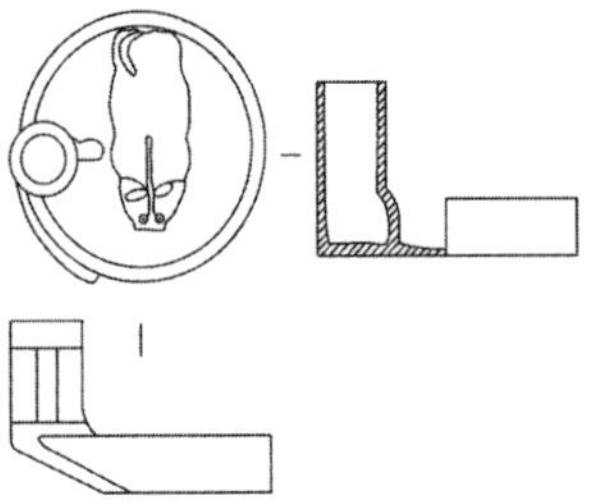 (M23：1)	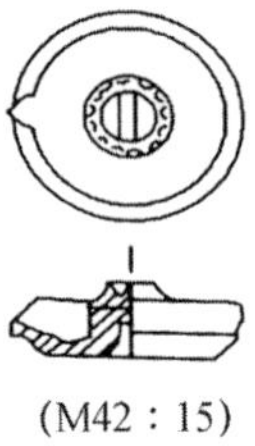 (M42：15)	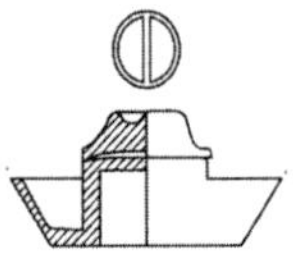 (M23：3)
第四期	7				
	8	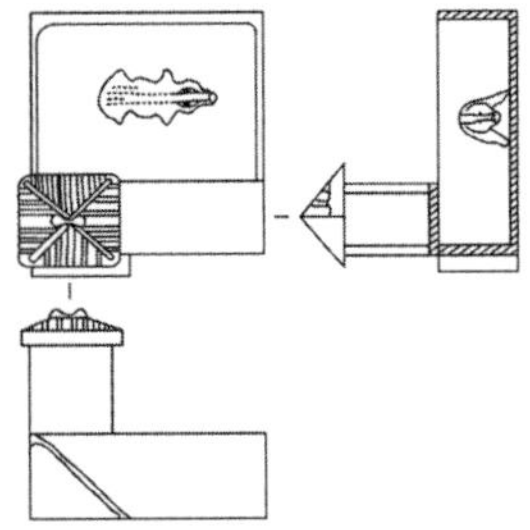 (M25：3)			

图一九八　汉代墓葬出土陶器型式分期图（九）

器类 型 式 期 段	釜			小壶	
	A	B		A	B
		a	b		
第一期 1		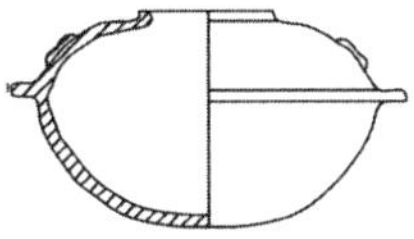 I式（M52：6） 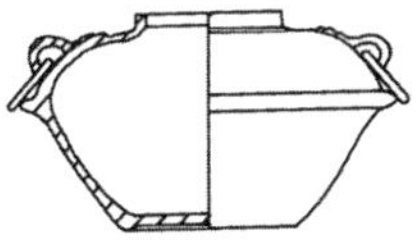 II式（M53：5）	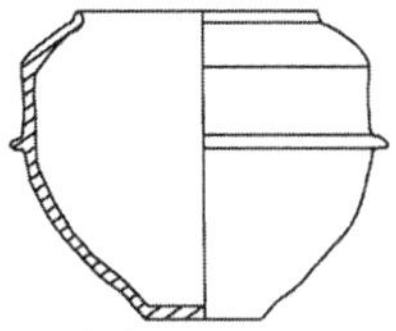 I式（M1：4） 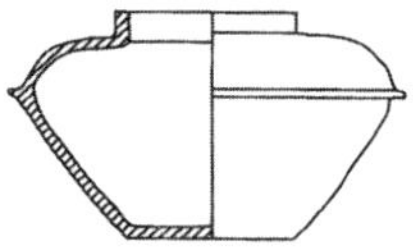 II式（M55：9）		
第一期 2	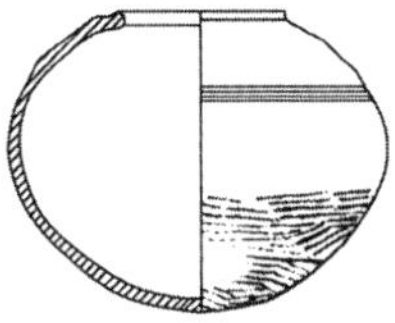 I式（M49：4）		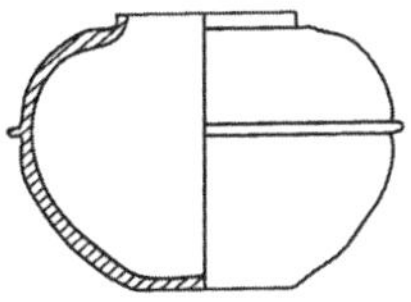 III式（M5：4）	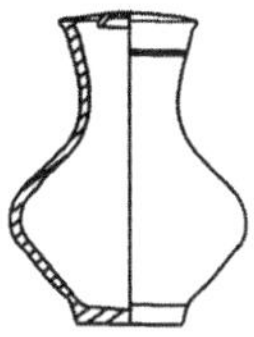 （M18：3）	
第二期 3			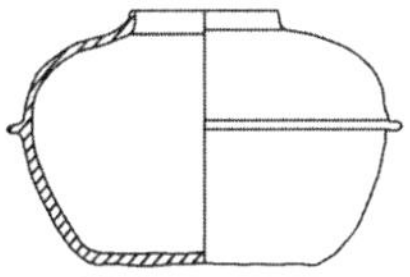 III式（M24：3） 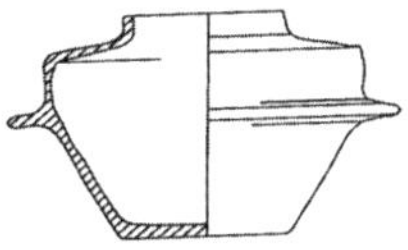 IV式（M26：3）		
第二期 4					
第三期 5	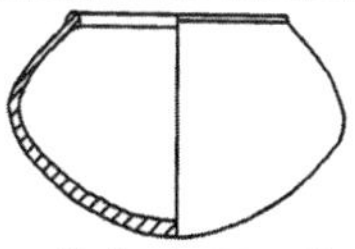 II式（M22：3）				
第三期 6	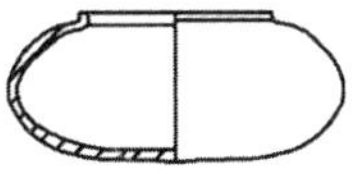 III式（M47：5）				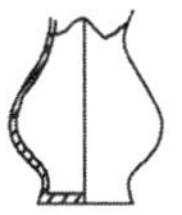 （M47：14）
第四期 7					
第四期 8					

图一九九　汉代墓葬出土陶器型式分期图（一〇）

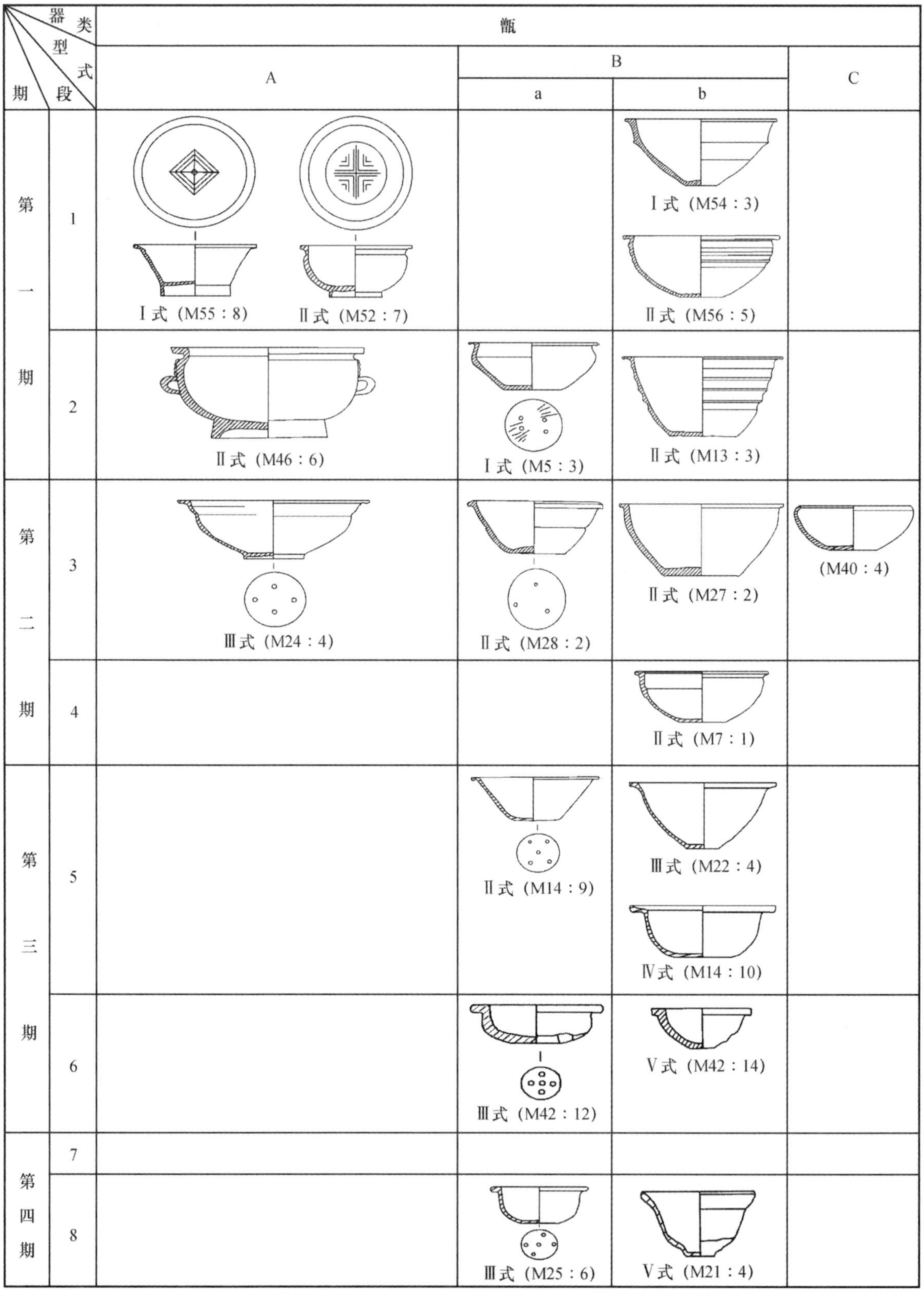

图二〇〇　汉代墓葬出土陶器型式分期图（一一）

期	段	仓				
		A			B	
		a	b	c	a	b
第一期	1					
	2					
第二期	3					
	4					
第三期	5	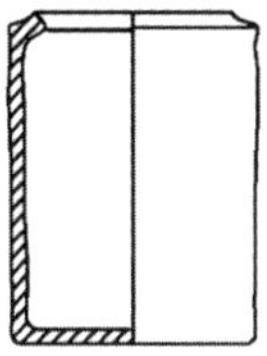 (M2∶11)	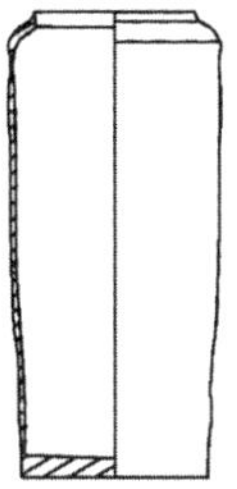 (M12∶3)	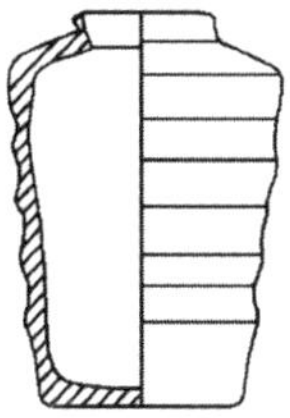 (M2∶10)	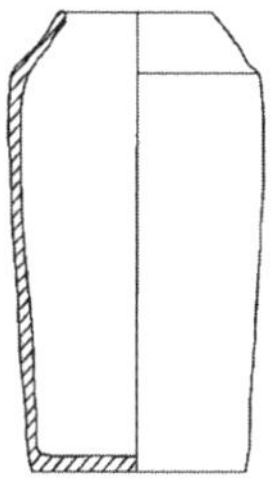 (M6∶3)	
	6	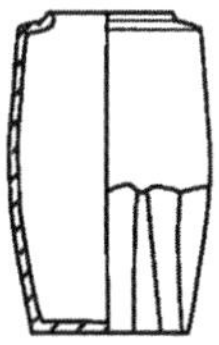 (M42∶4)	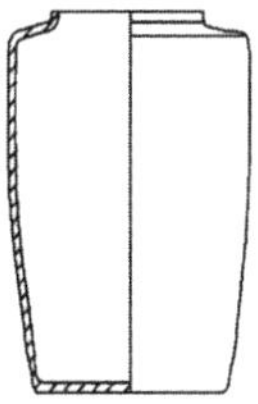 (M47∶10)		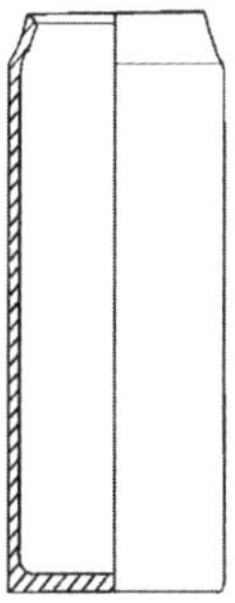 (M44∶1)	
第四期	7					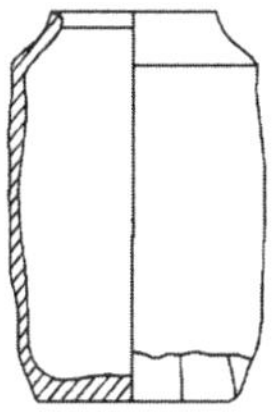 (M35∶4)
	8					

图二〇一　汉代墓葬出土陶器型式分期图（一二）

器类 型式 期 段		灶			
		A	B		C
			a	b	
第一期	1				
	2				
第二期	3				
	4				
第三期	5	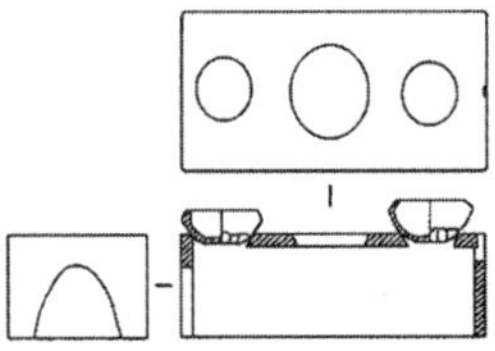 Ⅰ式（M14：8） 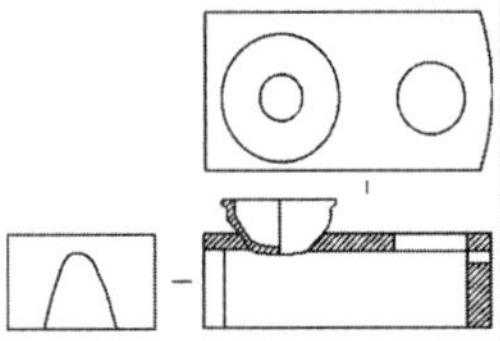 Ⅱ式（M12：4）	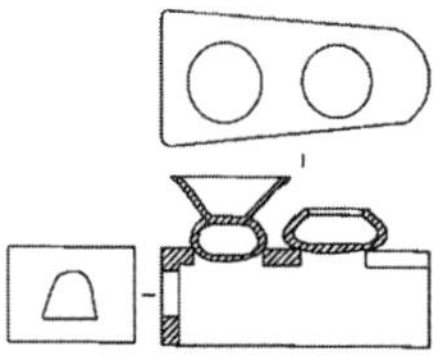 （M2：3）		
	6		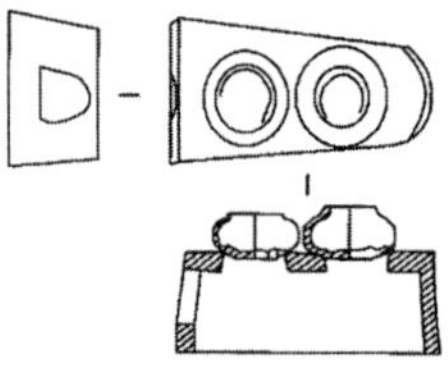 （M42：11）	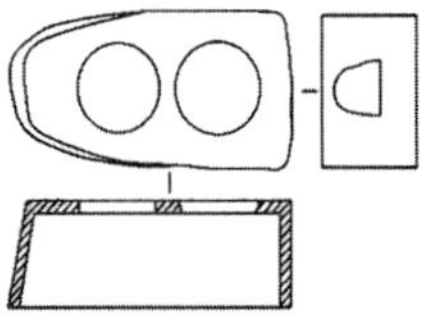 （M47：6）	
第四期	7				
	8				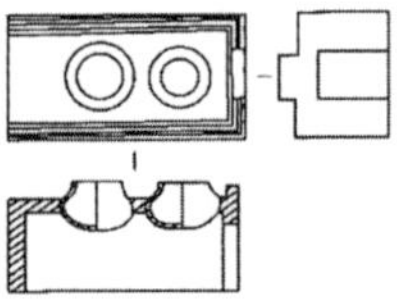 （M25：4）

图二〇二　汉代墓葬出土陶器型式分期图（一三）

器类 型式 期 段		井			
		A	B	C	D
第 一 期	1				
	2				
第 二 期	3				
	4				
第 三 期	5	(M12:1)	I式 (M2:2)	I式 (M22:1)	I式 (M14:7)
	6		I式 (M47:8) II式 (M44:2)		
第 四 期	7				
	8			II式 (M25:2)	

图二○三 汉代墓葬出土陶器型式分期图（一四）

Ab型Ⅰ式大壶分别与湖北襄阳王坡A型Ⅰ式鼎（M51：5）、B型Ⅰ式盒（M133：2）、南阳市一中Aa型Ⅰ式壶（M129：1）[①]和淅川泉眼沟A型Ⅰ式壶（M34：5）近似；Aa型Ⅰ式和Ab型Ⅰ式双耳罐分别与湖北襄阳王坡汉墓中出土A型Ⅰ式陶罐（襄阳蔡家山M159：2、M157：6）相近；Ab型Ⅰ式瓮与淅川泉眼沟Aa型Ⅰ式瓮（M26：1）形制十分相似；A型Ⅰ式鏊与湖北襄阳王坡Ⅰ式鏊（M75：3）相近；Ba型Ⅰ式、Ⅱ式釜和Bb型Ⅰ式、Ⅱ式釜与淅川泉眼沟Aa型Ⅰ式釜（M20：6）和B型釜（M92：2）相似；A型Ⅰ式、A型Ⅱ式、Bb型Ⅰ式、Bb型Ⅱ式甑分别与淅川泉眼沟Ab型甑（M3：6）、Aa型甑（M92：1）的形制有较多相似之处。此外，M55还出土A型、B型蒜头壶，从形制看，它的时代特征较早，出土于西汉早期墓葬中。

综合以上可以判定，第一期1段年代为西汉早期前段，约相当于西汉建立（前206年）至文帝前元五年（前175年）。另外，M1、M38、M55年代可能稍早，其他墓葬年代稍晚。

第一期2段　墓葬共有9座，M5、M8、M13、M18、M31、M41、M46、M49、M50，分属A组第二段和B组第二段。墓葬形制均为竖穴土坑墓，M8、M13墓坑西部带长方形或梯形墓道，其中M18墓内积炭，并且被晚期砖室墓M17打破。A组第二段墓葬有M5、M18、M31、M46、M49、M50六座，出土器物组合以仿铜陶礼器A型Ⅱ式、A型Ⅲ式、B型Ⅰ式鼎，A型Ⅱ式、B型、C型盒，Aa型Ⅰ式、Aa型Ⅱ式大壶或钫为主，M18新出现小壶和钫组合器物，参与组合的器物还有日用陶器Aa型Ⅰ式、Aa型Ⅱ式、Ab型Ⅱ式、B型Ⅰ式双耳罐，Ab型Ⅱ式、B型Ⅰ式瓮和A型Ⅱ式鏊以及模型明器A型Ⅰ式、Bb型Ⅲ式釜和A型Ⅱ式、Ba型Ⅰ式、Bb型Ⅱ式甑等；B组第二段墓葬（M8、M13、M41）为日用陶器Aa型Ⅱ式、Ab型Ⅱ式、B型Ⅰ式双耳罐，Ab型Ⅱ式瓮和A型Ⅱ式鏊，并有模型明器Bb型Ⅱ式甑的混合组合，M13还出铁釜和陶甑组合，个别墓葬如M41出现Aa型Ⅱ式、Ab型Ⅱ式双耳罐、A型Ⅱ式鏊及A型、B型钵的组合，但不见鼎、盒、壶等器物。

这两组墓葬出土器物形制特点比第一期1段的两组器物时代上限稍晚，亦通过与湖北襄阳王坡、南阳一中秦汉墓两处墓地出土同时代的同类器物的对比分析看出，两者均具有西汉早期墓葬出土器物组合以及形制特征的共性。

从以上分析来看，第一期2段时代大致可推定为西汉早期后段，即文帝前元五年（前175年）至武帝元狩五年（前118年）。

第二期3段　墓葬8座，M4、M10、M24、M26、M39、M40、M27、M28。包括A组第三段和B组第三段。墓葬形制较早期变化不大，长方形竖穴土坑墓，少数墓葬（M27、M28）出现与墓室等宽的斜坡墓道；但是出土器物仿铜礼器组合变化较大，流行于早期的仿铜礼器组合有逐渐消减的趋势，出鼎、盒、壶齐全的墓葬仅一座（M4），多出两件或仅见一件，逐步被日用陶器瓮、双耳罐或模型明器釜、甑替代并成为主要随葬器物，而且陶鏊仍出现于墓葬中。随葬器物礼器形制较前期有较大差别，时代特征明显晚于早期的墓葬，鼎腹较深，三足或短粗

---

① 南阳市文物考古研究所：《南阳一中战国秦汉墓》，文物出版社，2012年。以下所引南阳一中战国秦汉墓资料来自此报告，不再复引。

直立或细长外撇较甚，盖顶隆起有三鸟啄形纽；盒无圈足，底部近平；壶盘口较浅，铺首无环。此外，这组墓葬虽出西汉早期墓葬与礼器并存的无灶体的釜、甑，但时代特征明显晚于早期，这两组墓葬也不出西汉晚期墓葬中常见的仓、灶、井等模型明器，故将这期墓葬时代大体定在西汉中期。

出土器物中A型Ⅳ式鼎、B型Ⅱ式鼎、C型盒、Aa型Ⅰ式大壶、Aa型Ⅱ式大壶、Ab型Ⅱ式壶分别与湖北襄阳王坡出土A型Ⅳ式鼎（M69∶8）、A型Ⅲ式鼎（M104∶5）、B型Ⅳ式盒（M171∶4）、B型Ⅰ式壶（M171∶1）、B型Ⅲ式壶（M84∶5、M72∶5）接近，其中出土鼎形制最早为西汉早期晚段，最晚为西汉中期早段。所出Aa型Ⅲ式双耳罐、A型Ⅲ式鉴、Aa型Ⅱ式瓮、Ab型Ⅲ式瓮分别与襄阳王坡A型Ⅲ式双耳罐（M33∶2）、淅川刘家沟口墓地Ⅱ式鉴（M77∶1）[①]、襄阳王坡A型Ⅱ式瓮（M151∶2）、B型Ⅱ式瓮（M85∶4）近同或近似。

综上分析，第二期3段墓葬年代可定在西汉中期前段，即武帝元狩五年（前118年）至昭帝始元元年（前86年）。

第二期4段　属于本期别的墓葬仅1座，M7。墓葬M7为长方形竖穴土坑墓，破坏严重，仅存Bb型Ⅱ式、Bb型Ⅲ式陶甑两件，铁削一件，铜钱一枚，为自中期前段以后流行的五铢钱，但破碎，不辨型式。M7打破西汉中期前段的M10，M7稍晚，时代以西汉中期后段为宜，即昭帝始元元年（前86年）至宣帝时期。

第三期5段　墓葬5座，M2、M6、M12、M14、M22，属C组第一段。墓葬形制新增加了西汉晚期才出现的砖室墓，但是形制仍以竖穴土坑墓为主，多有斜坡墓道，M2墓道前端设有五级阶梯。出土器物中陶器组合与前面几期有明显差异，时代应该较晚。鼎、盒、壶成套礼器已经不见，模型明器仓、灶、井在各墓中开始出现并成为主体，伴出器物还是鼎、壶、双耳罐等礼器或日用陶器，不见陶狗、猪、鸡、鸭等家禽、家畜模型明器。在南阳地区发掘的汉墓中，仓、灶、井等模型明器的出现与流行始于西汉晚期。M2、M6中还出土有五铢钱，不出西汉晚期偏后阶段即王莽建立新朝之后铸造的货泉、大泉五十之类钱币。所出五铢钱文规整，具有西汉晚期偏早时期货币特征，其形制与河南洛阳烧沟汉墓出土Ⅱ型五铢相同[②]，该型五铢流行于西汉中期晚段至西汉晚期前段。出土A型铜镜（昭明镜M6∶8）与长安汉墓中的A型Ⅱ式铜镜（西北医疗设备厂M1∶16）[③]相同，亦与南阳市一中B型Ⅰ式铭文铜镜（M399∶9）相同，时代为南阳一中第三期第七段即西汉晚期前段，约相当于元帝时期。

墓葬出土的器物中，典型陶器C型Ⅰ式鼎、C型Ⅱ式鼎和Aa型Ⅲ式、Ba型、Bb型大壶分别与淅川泉眼沟B型Ⅱ式鼎（M10∶10）、C型Ⅲ式鼎（M24∶6）和淅川马川墓地出土陶壶（M93∶5）、淅川泉眼沟A型Ⅱ式壶（M22∶2）、A型Ⅲ式壶（M10∶1、M24∶1）相近。

① 河南省文物局：《淅川刘家沟口墓地》，科学出版社，2011年。以下所引淅川刘家沟口墓地资料来自本报告，不再复引。

② 中国科学院考古研究所（洛阳区考古发掘队）：《洛阳烧沟汉墓》，科学出版社，1959年。以下所引洛阳烧沟汉墓资料来本报告，不再复引。

③ 西安市文物保护考古所：《长安汉墓》，陕西人民出版社，2004年。

出土Ab型Ⅳ式、B型Ⅱ式双耳罐分别与淅川泉眼沟B型Ⅲ式（M24：4）、襄阳王坡C型Ⅱ式（M162：1）双耳罐相似。出土Aa型、Ab型、Ac型、Ba型陶仓分别与淅川泉眼沟Aa型Ⅰ式（M13：3、M16：2）陶仓、淅川东沟长岭出土Ab型（M8：1）陶仓[①]近同。出土陶灶形制有长方形和前方后圆形，分别与淅川泉眼沟Aa型（M57：6）、襄阳王坡Ⅴ式（M162：3）灶相同。除M6外各墓均出土陶井，井内不出汲水罐，出土A型、B型Ⅰ式、C型Ⅰ式、D型井分别与南阳市一中Aa型Ⅱ式（M294：7）、淅川泉眼沟Aa型Ⅰ式及Ab型（M24：10、M13：6）、淅川刘家沟口墓地B型（M19：8）井近似。

综合上述，第三期5段的年代为西汉晚期前段，约相当于元帝、成帝、哀帝、平帝时期。

第三期6段　本段出土器物有C型Ⅲ式鼎，B型小壶，B型Ⅱ式瓮，B型Ⅲ式、Aa型Ⅳ式双耳罐，盆；模型明器Aa、Ab、Ba型仓，Ba、Bb型灶，B型Ⅰ式、B型Ⅱ式、C型Ⅰ式井继续流行，新出现A、B型磨，B型猪圈，猪、狗、鸡、鸭等；还有铜洗、铜五铢钱、铜货泉、铜大泉五十、铅五铢钱等。随葬陶器均为泥质陶，不施釉。包括B组第五段和C组第二段。墓葬包括有M17、M19、M23、M34、M42、M44、M47共7座墓葬。墓葬形制以砖室墓为主，土坑墓仅见M47一座。墓葬开始出现甬道（M19、M23）和与墓室等宽的横列前室（M17、M19、M42）。出土器物基本组合为仓、灶、井，出现了西汉晚期后段即新莽时期始出现的猪、狗、鸡、鸭等家禽、家畜模型明器。

M34中出土的Aa型Ⅳ式双耳罐与南阳一中Ab型Ⅰ式罐（M246：1）的形制相同，B型Ⅲ式双耳罐与襄阳王坡C型Ⅱ式（M86：4）双耳罐相近。后者时代为西汉中期前段，前者时代为西汉晚期后段即新莽时期。M44中Ba型陶仓与淅川泉眼沟Aa型Ⅰ式仓（M13：3）近同，B型Ⅱ式陶井与淅川刘家沟口墓地A型井（M73：5）类似，后者时代为西汉晚期。因此，这两座墓时代大致不晚于西汉晚期。

M42墓葬出土有陶鼎、双耳罐、瓮、盆、仓、灶、井、磨，铁剑、矛，铜带钩等，其中一套为鼎、罐、瓮的组合，同时，还随葬仓、灶、井、磨等生活类的模型明器，用仓、灶、井、磨之类生活模型明器作为墓内随葬品，是西汉中晚期始出现的随葬习俗。M47出土有陶鼎、瓮、小壶、釜、仓、灶、井、博山炉仓盖以及铜五铢钱和铁带钩。两墓所出C型Ⅲ式陶鼎与湖北省襄阳王坡所出的A型陶鼎（南岗墓地M180：4）形制相近，出土的B型Ⅱ式陶瓮和B型Ⅰ式陶井分别与湖北省襄阳王坡秦汉墓（老虎山墓地）所出的Ⅰ式瓮（M163：9）和Ⅱ式陶井（M163：1）比较近似，出土陶灶与湖北省襄阳王坡所出的Ⅴ式陶灶（蔡家山墓地M161：3）形制相近，出土陶磨则与湖北省襄阳南岗墓地所出的Ⅱ式磨（M173：13）形制近似，出土陶仓与洛阳烧沟汉墓Ⅰ型Ⅰ式陶仓形制相近。M42、M47可根据墓葬形制以及出土器物组合、器物形制等特征推断，其上限年代最早可到西汉晚期后段即王莽建立新朝之后，下限可至东汉早期。

此外，M17、M19墓葬形制为前室、后室组成的砖室墓，M19多出有甬道，横前室和后室

---

① 河南省文物局：《淅川东沟长岭楚汉墓》，科学出版社，2011年。

等宽。M23为带甬道的长方形砖室墓。墓室用砖均为有榫卯结构的子母砖，砖上模印几何纹图案。三墓出土器物较少，其中M17出土器物仅见陶瓮，翻折沿圆唇，圆肩鼓腹，平底；M19器物仅剩陶瓮、仓盖、鸡、鸭、猪和铜五铢钱、货泉等；M23中出土有陶猪圈、磨、鸡、狗等。M23中B型陶猪圈为泥质灰陶。圆形圈栏，栏外设一斜坡通道，栏上悬空一座圆形陶屋，形制与河南焦作山后墓地圆形猪圈（M4：6）[①]类似，B型陶磨与南阳一中出土的Aa型Ⅰ式（M332：8）磨大致相同。M17、M19出土瓮和M42出土的B型Ⅱ式陶瓮形制相同。M19出土铜钱为B、C型西汉中晚期五铢钱和新莽时铸造的货泉等。

综合以上分析，第三期6段的年代为西汉晚期后段即新莽时期。

第四期7段 包括B组第六段和C组第三段。墓葬2座，M16、M35。M16为甲字形竖穴土坑墓，斜坡墓道朝西。M35平面呈长方形，单室砖墓，墓室四壁和铺地砖均模印有铺首衔环、网格纹、菱形纹、方格纹、乳钉纹等图案，墓葬形制与东汉初年的淅川高庄墓（五型Ⅱ式）[②]相同，这类形制的墓葬时代为西汉晚期到东汉早期。M16出土器物有Ab型Ⅳ式陶双耳罐、B型鍪、B型铜洗、B型铜镜、铜五铢钱。M35仅出有5件Bb型陶仓。

M16出土陶双耳罐与湖北襄阳王坡所出的罐（南岗墓地M180：2）近同，陶鍪与湖北襄阳王坡所出的Ⅰ式鍪（M164：2）大致相同，王坡M180时代为东汉早期前段。M16出土五铢钱相当于洛阳烧沟汉墓第二、三型五铢，流行年代在西汉晚期至东汉早中期。M16出土B型铜镜为日光连弧纹镜（M16：5），与南阳市一中A型日光镜（M52：5）相同，时代为一中第四期即王莽至东汉初年。M35所出陶仓中有4件与湖北襄阳王坡墓地东汉早期墓M180所出Ⅰ式仓（M180：3）形制大致相似。

综上分析，可以推定第四期7段的年代大致为东汉早期前段，约当光武帝时期，上限或可到王莽末年。

第四期8段 仅有2座墓葬，即M21、M25，出土器物有Bc型大壶、Aa型Ⅳ式双耳罐、B型Ⅲ式瓮、C型仓、C型灶、C型Ⅱ式井、A型猪圈、Ba型Ⅲ式甑、Bb型Ⅴ式甑、鸡。其中M21出土陶双耳罐、井分别与南阳一中Ab型Ⅰ式罐（M246：1）和Aa型Ⅲ式井（M256：6）相同，双耳罐时代为西汉晚期后段，井时代是东汉早期后段。M25出土陶大壶与河北鹿泉西龙贵汉代墓葬B型壶（M15：14）[③]接近，出土陶瓮与南阳市一中B型Ⅲ式无耳矮直领无沿罐（M154：1）近同，时代为一中第五期第十一段即东汉早期后段，出土陶灶、井、猪圈分别与湖北襄阳王坡墓地东汉早期墓所出Ⅲ式灶（M173：15）、Ⅱ式井（M163：1）、Ⅰ式猪圈（M163：24）形制相似。

综上分析，第四期8段年代为东汉早期后段，约当明帝、章帝时期。

另外，对于一些未出典型陶器或者随葬品破碎较甚未能修复的墓葬，大致年代推断如下：

① 洛阳市文物考古研究院等：《河南焦作山后墓地汉墓发掘简报》，《华夏考古》2014年第1期。

② 南阳文物研究所：《南阳汉代画像砖》，文物出版社，1990年。

③ 四川大学历史文化学院考古系等：《河北鹿泉西龙贵汉代墓葬》，《考古学报》2013年第1期。

在没有典型陶器出土、但随葬有铜钱的墓葬中，M30所出五铢大致为洛阳烧沟汉墓第三型五铢，年代当在东汉早期或偏后。M36出土有罐、甑、器盖等陶器残片，器盖为釉陶器，出土铜钱为大泉五十，年代为西汉晚期后段即新莽时期。

M15、M43为长方形单室砖室墓，墓道与墓室基本等宽。其中M15在平面上与M16南北并列分布，且M15又打破 M16，年代应在东汉早期偏后。M43形制在洛阳烧沟汉墓中出现于西汉晚期，故其年代也当在西汉晚期或之后。

M32为长方形单室砖室墓，由墓道、甬道、墓室组成，此类形制的墓葬在洛阳地区出现于东汉早期，亦与M30形制相同，因此其年代应为东汉早期或偏后。

M9、M11、M37均为长方形竖穴土坑墓，其中M7→M9→M10，故M9时代上早于M7而晚于M10，M10、M7分属西汉中期前、后两段，故M9年代也应在西汉中期。M11随葬器物有陶大壶、小罐、仓，铜洗、铜五铢钱，铁刀、削，陶器组合可归为C组第一段，年代应为西汉晚期前段，M37出土器物有陶罐、釜，可归为B组第一段，年代可能为西汉早期或之后。

其他墓葬破坏严重而又未出器物的砖室墓葬（M20、M29、M33、M45）和土坑墓葬（M3、M48），时代不好判断。

上述赵杰娃山头42座汉代墓葬所分四期8段，大致年代如下。

第一期1段：西汉早期前段，约相当西汉建立（前206年）至文帝前元五年（前175年）；

第一期2段：西汉早期后段，即文帝前元五年（前175年）至武帝元狩五年（前118年）；

第二期3段：西汉中期前段，即武帝元狩五年（前118年）至昭帝始元元年（前86年）；

第二期4段：西汉中期后段，即昭帝始元元年（前86年）至宣帝时期；

第三期5段：西汉晚期前段，约相当于元帝、成帝、哀帝、平帝时期；

第三期6段：西汉晚期后段，即新莽时期；

第四期7段：东汉早期前段，约当光武帝时期，上限或可到王莽末年；

第四期8段：东汉早期后段，约当明帝、章帝时期。

第七章 结 语

淅川县丹江地区西汉时属南阳郡，郡治于宛（今河南省南阳市）。两汉时南阳郡经济得到空前发展，人口发展很快。南阳两汉政治、经济、文化的发展使南阳成为当时的五都之一。

淅川县丹江口水库周围汉墓分布密集，此次发掘的赵杰娃山头汉墓群是汉代墓葬比较集中的墓地之一。赵杰娃山头汉墓群的发掘，为研究南阳地区特别是丹江流域两汉时期的葬俗葬制及汉代文化提供了新的宝贵资料，也对探讨两汉时期丹江流域的文化序列和中原文化与秦、楚文化的交流具有重要意义。此次共清理西汉、东汉时期各类墓葬56座，可分为竖穴土坑墓、积炭墓和砖室墓三大类。这批墓葬保存较好，时代跨西汉早期至东汉早期200多年的历史。出土了一批陶器、铜器、铁器等。其中西汉墓葬分布最多，保存较好，出土了较多陶器，东汉墓葬数量较少，出土部分陶器，器物组合多不齐全。

一、墓地形成与布局

赵杰娃山头汉墓群位于丹江流域冲积平原与南部丘陵交接地带，紧邻丹江口水库，地势相对较高，地理位置和自然条件优越，适合人类居住和作为埋葬之所。

本墓地周围的其他地点也发现多处墓地，距离较近的有西北部的王庄汉墓群，西部的余家岭汉墓群、虎头山汉墓群，东部、东南部的博山汉墓群、新四队汉墓群，距离较远有东北部的磊山汉墓群，东南部的台子山楚墓群、汉墓群，赵杰娃山头汉墓群东部隔江相望东部有郭庄楚墓群和柏台子遗址，再远东北部有龙城遗址。近几年来，在南水北调中线工程丹江口库区考古工作中，发掘了大批楚汉墓葬。对于本区域的发掘，因南部库水淹没而未进行勘探与发掘，但通过以往的调查表明，赵杰娃山头汉墓群、新四队汉墓群、博山汉墓群等墓地南部淹没区，历史上曾发现有青铜器出土，种种迹象说明，在这些墓群南部冲积平原与丘陵交接处，应分布有一处东周时期楚国的公共墓地。随着历史的发展，最迟到西汉时期，这处公共墓地依次向北发展，形成了一个个以家族为单位的墓地即家族墓地。

从地理位置与环境来看，赵杰娃山头汉墓群北依山丘，南部为丘陵地带，其东部偏北处是库区水面最为宽阔的地区，最宽处约25千米。水库兴建前，西侧群山耸峙，东侧丘陵起伏，中部为豫西南著名的李官桥盆地，古老的丹水自西北向东南流过，在盆地形成肥沃的冲积平原。著名的龙城遗址就坐落在盆地的东北部，而此处或附近可能是楚国从丹淅之会处搬移至此的都邑（丹阳）所在地。地理位置上，赵杰娃山头汉墓群与新四队、王庄等汉墓群在整体布局上形成了相对独立的以家庭为单位的汉代家族墓地，其南部区域差不多都埋葬有东周时期的楚国墓葬，推测这一南部延伸带处分布有大批的楚国墓葬，此处距离楚都龙城（丹阳）较近，而北部的几处汉墓群则相对较远。这是一个以楚都龙城为中心，由近及远，自盆地内平原向丘陵、山冈地带渐次发展的一个漫长的过程，可能经过数代人甚至更长一段时期，方能形成分布范围这样大的楚汉墓地。

从赵杰娃山头汉墓群发掘资料看，本区发现的两汉时期的墓葬分布呈现出一定的规律性，基本上年代越早的墓葬，位置越靠南，年代越晚的墓葬，位置越靠北，说明墓葬的埋葬位置距离经济文化相对繁荣的中心地带（城邑）愈来愈远，这也是墓地随着时间推移不断扩大发展的结果。本墓地所表现的文化特征鲜明，是两汉时期墓葬埋葬相对比较集中的地方。自南向北分布有西汉早期至东汉早期的墓葬，其后中部或偏南地带又有部分西汉晚期至东汉早期的墓葬混杂其中。同时期的墓葬规模和随葬器物差别不大，墓葬排列仍是有规律的，时代较早的墓葬一般居南部，较晚的墓葬多处在北部。

另外，在整个发掘区，存在墓葬距离相对近，规模、形制、方向和随葬器物等基本相同而年代又接近的并列墓葬，尽管墓内人骨腐朽，但相邻的两墓可能是夫妻异穴合葬墓，墓地南部、中部和北部均发现有此类墓葬分布。而在中北部也发现有同穴合葬的现象。其周围相对集中地分布了一些墓葬，又成为一个个相对独立的小墓区，墓主人之间可能存在一定的家族关系。以此为基础，形成了一个大的家族墓地。

二、墓葬主人身份推测

本墓地形制清楚、时代明确的44座西汉墓葬、6座东汉墓葬的埋葬规模不大。随葬器物数量上略有区别，多则40余件，少仅1件。葬具数量差别不大，其中一椁一棺墓23座，一椁两棺墓4座，单棺墓3座，两棺墓仅1座，葬具不清的墓葬25座。据此推断各墓墓主人身份地位均不会太高。

西汉时期墓葬以土坑墓数量居多，墓葬埋葬规模不大，均为中小型墓葬，未发现有较大规模的大型竖穴土坑木椁墓，也未发现墓坑内有生土台阶，反映了这批墓葬等级不高。随葬器物西汉早中期差别不明显，多则40余件，少者仅1件，以陶器为主，并以礼器居多，组合基本齐全，少数墓葬以日用器为主，到西汉晚期始出现随葬仓、灶、井模型明器，各墓器物组合基本混杂使用。礼器以鼎、盒、壶为基本组合，出现有鼎、盒、钫组合，仅M18一座，日用器以双耳罐、瓮组合为主，模型明器西汉早中期墓葬中又多出现无灶体的釜甑组合，到西汉晚期始出现并流行仓、灶、井组合，晚期后段又出现猪、狗、鸡、鸭等家禽家畜模型明器。这些墓葬仅在时间上存在着早晚关系，不论墓葬形制规模，还是随葬器物多寡上似乎反映不出墓主人的身份地位。依据墓葬形制和随葬器物推测这些墓葬墓主人为庶民，少数随葬有铜洗、铜镜和铁鼎、铁罐、铁釜等的墓葬，这些墓葬中墓主人的身份可能略高些。另外，西汉中早期个别墓葬有在墓室四壁和墓底积炭的现象，可能是一种丧葬习俗，墓葬规模同其他土坑墓一样，与墓主人的身份似无太大关系。

本墓地到了西汉晚期开始流行单室砖室墓，墓葬形制区别不大，一直到东汉早期，墓室前出现甬道或在墓室内分出前后室，墓葬规模均不大，为中小型砖室墓。随葬器物不多，均出一套器物组合。砖室墓墓内用砖均在一侧模印花纹。这些情况也反映不出墓主人的身份地位高低。仅M35、M42两墓，均为砖室墓，M35形制属小型墓，M42形制为中型墓，两墓结构虽简单，墓内出土器物亦不多，但M42的墓室用大量花纹砖、空心画像砖来构筑，墓内还出土一些陶制八棱形空心画像立柱和"山"字形空心画像建筑构件等，由此看来，其墓主人绝不是一般平民，身份应该较高，有一定的社会地位，应为中、小地主阶级。M35墓砖模印画面内容比较单一，以几何纹为主体，墓主人社会地位不会太高，应为一般较富有的平民。

在葬具上，一椁一棺墓数量最多，规模不大，多为长方形竖穴土坑墓，少数墓葬带斜坡墓道（M6、M8），个别墓葬葬具一椁两棺，为夫妻同穴合葬（M2、M11、M12、M13），均带斜坡墓道，墓室及椁室面积相对较大，仅M2墓道前端设五级台阶。但这几座墓葬随葬器物仍以陶器为主，出礼器鼎、壶的均为1件，有日用器双耳罐、瓮的混合组合，出现模型明器仓、灶、井组合，其中M8仅双耳罐、瓮组合，M13不出鼎，仅有壶、罐组合。尽管墓内均出铜洗，但是这几座墓同其他墓葬一样，墓主人的身份地位亦不太高，均为庶民墓葬。它们所表现的随葬器物多寡或随葬有铜洗、铁器的，与其他墓葬可能存在着贫富差别。

三、两汉墓葬文化因素及相关问题

此次发掘的56座墓葬延续时间较长，从西汉早期前段到东汉早期后段，共分为四期8段，时间上是一个连贯的延续发展的过程，中间未出现缺环，为研究丹江流域两汉时期的文化序列和文化变迁提供了极其宝贵的资料。

西汉时期，当地文化面貌发生变化，未发现西汉以前的楚文化墓葬，甚至不见一座秦墓。墓葬随葬器物以陶器为主，西汉早期出现鼎、盒、壶仿铜陶礼器，且出现有鼎、盒、钫组合，是一种典型的西汉风格，并经常伴出具有本地文化特征的双耳罐、瓮等日常实用器，少数墓葬随葬带有秦文化色彩的鍪、蒜头壶，多数墓葬均出土有无灶体的釜甑，釜多为矮领、圜底风格，这显然是秦文化在汉代的延续，反映了秦汉文化在区域的交流与传承。而随葬礼器用偶数的现象与楚文化墓葬埋葬习俗相同。直到西汉晚期早段随着砖室墓的出现，开始出现并流行随葬仓、灶、井模型明器，各墓器物组合基本混杂使用。西汉晚期后段又出现猪、狗、鸡、鸭等家禽家畜模型明器，基本不见流行于西汉早中期的鼎、盒、壶仿铜礼器。随葬陶灶形制中原地区多长方形，南方地区则多见前方后圆形，而本墓地出土的灶既有圆角近三角形，也有长方形，具有南北文化交融地区的特点。这些说明最迟到西汉晚期早段，带有浓郁中原文化特色的汉文化开始逐渐在当地占据主导地位。

值得注意的是，西汉早期前段开始，在赵杰娃山头汉墓群中出现有积炭习俗，在墓室棺椁外沿四壁和墓底部堆砌木炭，这种习俗在淅川其他墓地如淅川刘家沟口墓地、淅川阎杆岭墓地①、淅川马川墓地②等均有发现。这种墓内积炭的现象可能起到防潮的作用，在中原地区仅见于少数大型战国墓，西汉中小型墓葬普遍积炭的现象是其他地区同时代墓中所少见的。

西汉晚期砖室墓开始出现后，一直到东汉早期，本墓地都没有发现流行于东汉时期的多室砖室墓，只在墓室前设置甬道或在墓室内分出前后室，墓葬规模均为中小型砖室墓。砖室墓墓内用砖均在一侧模印花纹。墓葬遭到严重破坏，随葬器物出土不多，对其文化面貌无法进行详细说明。

墓地个别墓葬如M42，墓内使用了大量空心砖来构筑墓室，这是战国时期空心砖墓发展的延续，同时也受到南阳其他地区汉墓特别是画像石、画像砖墓的影响。历年的考古调查和发掘材料证明，这一时期南阳境内发现的中小型画像砖墓分布比较广泛，主要分布于新野、唐河、邓州、淅川、社旗、方城、镇平等县，已发掘画像砖墓如新野县樊集吊窑墓③、淅川县夏湾、高庄、下寺画像砖墓④等。墓地画像砖墓的发掘为南阳境内特别是淅川县丹江口库区内汉代墓葬埋葬习俗和埋葬制度研究、画像砖墓起源与发展研究提供了丰富的考古资料。出土的画像砖和画像建筑构件，画像内容丰富，是研究汉代社会文化和生产、生活状况以及古代建筑、绘画艺术不可多得的实物标本。

此处不见东汉早期之后的墓葬，说明最迟到了东汉早期以后，不知什么缘故，墓地遭到废弃，不再使用。

通过分析，本墓地西汉时期墓葬同时具有秦、楚、汉三种文化因素，其中汉文化因素是吸收秦、楚文化因素发展而来。这一过程中，由于楚文化因为秦对当地的统治而中断，对汉文化的影响较秦文化弱。到了西汉中期汉文化得以确立，直到西汉晚期之后，汉文化才按照自己的面貌开始不断向前发展。

---

① 河南省文物考古研究所、河南省文物局南水北调文物保护办公室：《河南淅川县阎杆岭83号墓发掘简报》，《华夏考古》2012年第1期。

② 河南省文物局南水北调文物保护办公室、河南省文物考古研究院、驻马店市文物考古管理所：《河南淅川马川墓地汉代积石积炭墓的发掘》，《考古学报》2014年第2期。

③ 河南省南阳地区文物研究所：《新野樊集汉画像砖墓》，《考古学报》1990年第4期。

④ 南阳文物研究所：《南阳汉代画像砖》，文物出版社，1990年。

附表　淅川县赵杰娃山头汉墓群墓葬登记表

墓号	位置	形制结构	方向（度）	墓圹 长×宽-距地表深（厘米）	葬具	葬式	随葬品	时代	备注
M1	ⅢT0612	竖穴土坑，直壁平底	205	口：266×（176~180）-7 底：266×（171~180）-（86~108）	一棺一椁	仰身直肢	陶双耳罐2、釜、甑	西汉早期前段	填土出铁雷1
M2	ⅢT0512 ⅢT0513	竖穴土坑，直壁平底	197	口：360×（265~280）-20 底：360×（265~280）-（230~245） 墓道：440×（150~200）-（20~165）	一椁两棺	仰身直肢	铜洗、铜钱33、铜带钩，陶壶、井、灶、釜2、甑2、仓5	西汉晚期前段	
M3	ⅢT0514	竖穴土坑，直壁平底	110或290	口：残150×126-8 底：残150×126-26	不详	不详	陶瓮	不详	墓室东部残缺
M4	ⅢT0513	竖穴土坑，口大底小	115	口：344×（174~192）-10 底：344×（156~180）-（46~90）	一棺一椁	不详	陶鼎2、盒2、壶2	西汉中期前段	
M5	ⅢT0514	竖穴土坑，直壁平底	117	口：280×195-8 底：280×195-（30~58）	一棺一椁	仰身直肢	铁剑、陶鼎、瓮、盒、釜、甑	西汉早期后段	
M6	ⅢT0511	竖穴土坑，直壁平底，南部斜坡墓道	195	口：300×（155~180）-20 底：300×（155~180）-（80~100） 墓道：266×（120~140）-（20~66）	一棺一椁	仰身直肢	铜镜、铜洗、铜钱2、陶双耳罐、仓5、鼎、灶（釜2）、釜、甑	西汉晚期前段	
M7	ⅢT0511	竖穴土坑，直壁平底	100	口：320×（120~130）-（5~20） 底：320×（120~130）-（5~46）	不详	不详	铜钱、铁削、陶罐2	西汉中期后段	打破M9

续表

墓号	位置	形制结构	方向（度）	墓圹 长×宽-距地表深（厘米）	葬具	葬式	随葬品	时代	备注
M8	ⅢT0513 ⅢT0413	竖穴土坑，直壁平底	285	口：330×198-10 底：330×198-(70~116) 墓道：320×140-(10~56)	一棺一椁	仰身直肢	铜洗，陶双耳罐，瓮	西汉早期后段	打破M10，西南被M7打破
M9	ⅢT0511	竖穴土坑，直壁平底	20或200	口：310×残(24~110)-(5~20) 底：310×残(24~110)-(5~40)	单棺	不详	陶片（釜、甑）	西汉中期	
M10	ⅢT0511	竖穴土坑，直壁平底	115	口：310×残(24~110)-(5~20) 底：310×残(24~110)-(5~40)	单棺	不详	陶双耳罐，盏，壶	西汉中期前段	东南部被M9打破
M11	ⅢT0613 ⅢT0713	竖穴土坑，直壁平底	20	口：480×260-(5~29) 底：480×260-(225~280) 墓道：260×(160~216)-(5~230)	一椁两棺	西仰身直肢、东不详	铜洗、铜钱2，铁刀、削，陶壶，仓3，小罐	西汉晚期前段	
M12	ⅢT0712 ⅢT0713	竖穴土坑，直壁平底	208	口：376×(260~286)-(15~20) 底：376×(260~286)-(210~220) 墓道：430×(160~240)-(20~110)	一椁两棺	不详	铜洗，弩机，陶鼎、壶、双耳罐2、仓2、灶、井	西汉晚期前段	
M13	ⅢT0814	竖穴土坑，直壁平底	285	口：350×(250~260)-(20~25) 底：300×(250~260)-(180~270) 墓道：残230×(150~256)-(20~105)	一椁两棺	不详	铜洗，铜泡钉2，铁釜，陶甑，壶、双耳罐	西汉早期后段	
M14	ⅢT0612	竖穴土坑，口大底小	290	口：350×(170~190)-10 底：320×(170~190)-(156~190)	一棺一椁	仰身直肢	铜洗，铁矛、陶鼎，大壶2，双耳罐、灶（釜2）、井、甑2	西汉晚期前段	
M15	ⅢT0611	竖穴砖室墓，西端斜坡墓道	290	口：(270~286)×(132~138)-15 底：(270~286)×(132~138)-(50~65) 墓道：残170×(112~128)-(15~50)	不详	不详	无	东汉早期或偏后	打破M16
M16	ⅢT0611	竖穴土坑，直壁平底	290	口：340×190-15 底：340×190-(90~115) 墓道：206×140-(15~65)	一棺一椁	仰身直肢	铜洗，铜镜2，铜钱26，陶双耳罐，盏	东汉早期前段	被M15打破

续表

墓号	位置	形制结构	方向（度）	墓圹 长×宽 – 距地表深（厘米）	葬具	葬式	随葬品	时代	备注
M17	ⅢT0716 ⅢT0816	竖穴砖室墓，东南斜坡墓道	120	口：380×220－25 底：330×190－（215～239） 墓道：430×（130～220）－（25～235）	不详	不详	陶片（瓮）	西汉晚期后段	打破M18
M18	ⅢT0816	竖穴土坑，直壁平底	20	口：310×（172～200）－25 底：310×（172～200）－（375～401）	一棺一椁？	仰身直肢	陶瓮、双耳罐、鼎2、小壶2、钫2、盒2	西汉早期后段	积炭，被M17打破
M19	ⅢT0616	竖穴砖室墓，西南斜坡墓道	205	口：550×（160～270）－（15～20） 底：550×（160～270）－（220～240） 墓道：394×（140～160）－（20～240）	不详	不详	铜钱25，铅五铢，陶瓮、鸡2、鸭、猪、仓盖	西汉晚期后段	
M20	ⅢT0615	竖穴砖室墓	95或275	口：480×220－20 底：480×220－70	不详	不详	无	不详	
M21	ⅢT0515 ⅢT0615	竖穴砖室墓，东南"刀"形斜坡墓道	115	口：340×160－20 底：286×130－（108～140） 墓道：200×124－（20～108）	不详	不详	陶双耳罐、井、釜、甑	东汉早期后段	
M22	ⅢT0717 ⅢT0718	竖穴砖室墓，东南阶梯形墓道	115	口：432×240－（20～30） 底：416×208－（178～210） 墓道：220×180－（20～172）	不详	不详	陶双耳罐、井、釜、甑	西汉晚期前段	
M23	ⅢT0516	竖穴砖室墓	215	口：残314×（30～100）－10 底：残314×（24～84）－68	不详	不详	陶猪圈、磨、狗、鸡3	西汉晚期后段	打破M24东部
M24	ⅢT0516	竖穴土坑，直壁平底	215	口：304×（160～190）－10 底：304×（195～202）－（230～240）	一棺一椁	仰身直肢	铁罐、陶瓮、双耳罐、鼎、釜、甑	西汉中期前段	墓内积炭，被M23打破
M25	ⅢT0818 ⅢT0918	竖穴砖室墓，南部斜坡墓道	195	口：440×（154～310）－20 底：400×（120～276）－（120～164） 墓道：160×156－（20～114）	不详	不详	铁削2、铁器2、陶壶、瓮、井、猪圈、灶、仓、甑、鸡	东汉早期后段	
M26	ⅢT0515 ⅢT0615	竖穴土坑，直壁平底	206	口：284×（164～188）－20 底：284×（164～188）－（94～142）	一棺一椁	不详	陶瓮、鼎、釜、甑	西汉中期前段	

续表

墓号	位置	形制结构	方向（度）	墓圹 长×宽－距地表深（厘米）	葬具	葬式	随葬品	时代	备注
M27	ⅢT0617	竖穴土坑，直壁平底，斜坡墓道	130	口：310×（166~184）－（10~25） 底：310×（166~184）－（120~216） 墓道：220×170－（10~110）	一棺一椁	仰身直肢	陶瓮、瓶，铁釜	西汉中期前段	与M28异穴合葬
M28	ⅢT0517 ⅢT0617	竖穴土坑，直壁平底，斜坡墓道	133	口：300×（166~190）－20 底：300×（166~190）－（82~146） 墓道140×（180~190）－（20~70）	一棺一椁	仰身直肢	陶瓮、瓶，铁釜	西汉中期前段	与M27异穴合葬
M29	ⅢT0919 ⅢT0920	竖穴砖室墓，东部斜坡墓道	117	口：380×（224~230）－（15~25） 底：380×（224~230）－（75~101） 墓道200×（126~145）－（15~75）	不详	不详	陶片（狗、方盘）	不详	墓葬全毁
M30	ⅢT1019 ⅢT1020	竖穴砖室墓，南部斜坡墓道	205	口：500×（150~230）－（15~20） 底：500×（150~230）－（70~120） 墓道：残160×（100~112）－（15~70）	不详	不详	铜五铢钱2、陶片（仓盖、碓）	东汉早期或偏后	墓葬全毁
M31	ⅢT0918	竖穴土坑，口大底小	105	口：330×232－（15~20） 底：306×（208~214）－（270~300）	不详	不详	陶鼎2、壶2、瓮	西汉早期后段	墓内积炭
M32	ⅢT0917	竖穴砖室墓，西部斜坡墓道	285	口：438×（140~224）－（15~20） 底：420×（104~188）－（94~154） 墓道：残140×104－（15~94）	不详	不详		东汉早期或偏后	甬道墓门积石
M33	ⅢT0718	竖穴砖室墓	70或250	口：400×200－（5~20） 底：400×200－（30~60）	不详	不详		不详	墓室全毁
M34	ⅢT0610 ⅢT0710	竖穴砖室墓，西部斜坡墓道	105	口：残200×174－20 底：残200×140－（20~62） 墓道：残残185×140－（20~62）	不详	不详	陶双耳罐2	西汉晚期后段	
M35	ⅢT0610 ⅢT0609	竖穴砖室墓，南部斜坡墓道	105	口：350×180－（5~20） 底：310×150－（103~120） 墓道：残290×150－（5~120）	不详	不详	陶仓5	东汉早期前段	底铺画像砖
M36	ⅢT0509 ⅢT0510	竖穴砖室墓，南部斜坡墓道	200	口：340×164－20 底：340×164－110 墓道：残250×（124~164）－（20~60）	不详	不详	铜钱2	西汉晚期后段	

续表

墓号	位置	形制结构	方向（度）	墓圹 长×宽－距地表深（厘米）	葬具	葬式	随葬品	时代	备注
M37	ⅢT0507 ⅢT0607	竖穴土坑，直壁平底，斜坡墓道	292	口：302×(144~154)－(5~25) 底：302×(144~154)－(105~125) 墓道：278×(120~144)－(25~125)	一棺一椁	仰身直肢	陶双耳罐、釜	西汉早期	
M38	ⅢT0507	竖穴土坑，直壁平底	210	口：280×(124~140)－(5~20) 底：280×(124~140)－(35~64)	单棺	不详	陶双耳罐	西汉早期前段	
M39	ⅢT0305	竖穴土坑，直壁平底	192	口：(252~260)×(184~200)－(5~10) 底：(252~260)×(184~200)－(15~70)	一棺一椁	仰身直肢	铜洗，陶鼎、大壶2、陶双耳罐	西汉中期前段	
M40	ⅢT0505	竖穴土坑，直壁平底	192	口：(258~270)×(165~180)－(5~25) 底：(258~270)×(165~180)－(85~131)	一棺一椁	仰身直肢	陶鼎、大壶2、甑	西汉中期前段	同M41异穴合葬
M41	ⅢT0605	竖穴土坑，直壁平底	192	口：(264~280)×(152~160)－25 底：(264~280)×(152~160)－(65~85)	一棺一椁	仰身直肢	陶双耳罐2、簋、钵3	西汉早期后段	同M40异穴合葬
M42	ⅢT0604 ⅢT0504	竖穴砖室墓，东部部斜坡墓道	123	口：392×312－(5~10) 底：350×280－(158~196) 墓道：420×(160~180)－(40~184)	两棺	仰身直肢	铜洗、带钩、铁剑、矛、陶仓4、井、鼎、盆、灶（上釜2）、甑、磨3、瓮、双耳罐、石板形器、方形石器	西汉晚期后段	墓室用花纹砖、画像砖砌筑
M43	ⅢT0504	竖穴砖室墓，东部部斜坡墓道	112	口：残300×167－(5~25) 底：残300×130－(25~65) 墓道：残230×(140~164)－(25~65)	不详	不详		西汉晚期	
M44	ⅢT0719	竖穴砖室墓，东南部斜坡墓道	132	口：287×134－(10~25) 底：280×104－(164~196) 墓道：300×112－(25~157)	不详	不详	陶仓、井、陶片（双耳罐）	西汉晚期后段	
M45	ⅢT1119	竖穴砖室墓	287	口：310×172－(10~25) 底：310×172－(130~150)	不详	不详	铜钱2	不详	西部墓道未发掘
M46	ⅢT1020 ⅢT1021	竖穴土坑，直壁平底	200	口：(334~342)×(224~240)－(10~25) 底：(334~342)×(224~240)－(208~231)	一棺一椁	不详	铁罐、陶鼎2、壶2、盒、瓮、釜、甑	西汉早期后段	

续表

墓号	位置	形制结构	方向（度）	墓圹 长×宽－距地表深（厘米）	葬具	葬式	随葬品	时代	备注
M47	ⅢT0920 Ⅲ T1020	竖穴土坑，直壁平底	200	口：300×（226～246）－10 底：300×（226～246）－（102～110）	一棺一椁	仰身直肢	铜钱2，铁带钩，陶瓮、鼎、仓2、灶、井、釜、器盖、博山炉盖2、小壶、陶片	西汉晚期后段	
M48	ⅢT1021	竖穴土坑，直壁平底	4或184	口：残（102～200）×132－（5～10） 底：残（102～200）×132－（10～30）	不详	不详	陶片（瓮、釜）	不详	
M49	ⅢT1123	竖穴土坑，直壁平底	10	口：256×（134～144）－20 底：256×（134～144）－（102～122）	不详	不详	陶瓮、鍪、鼎、盒、釜、甑	西汉早期后段	
M50	ⅢT1024 ⅢT1124	竖穴土坑，口大底小	107	口：300×180－10 底：292×162–（152～202）	一棺一椁	不详	陶鼎、小壶、大壶、盒、双耳罐	西汉早期后段	
M51	ⅢT1124	竖穴土坑，直壁平底	103	口：330×（184～204）－10 底：330×（184～204）－164	一棺一椁	不详	陶鼎2、大壶2、盒2、釜、甑	西汉早期前段	
M52	ⅢT1126	竖穴土坑，口大底小	280	口：300×（220～240）－40 底：280×（196～210）－210	不详	不详	陶鼎2、大壶2、双耳罐、釜、甑、仿璧	西汉早期前段	
M53	ⅢT1027	竖穴土坑，直壁平底	330	口：288？×160？－10 底：288×160－66	一棺一椁	不详	陶鼎、盒、瓮、鍪、釜、甑	西汉早期前段	仅存墓底
M54	ⅢT1027	竖穴土坑，直壁平底	10	口：（280～304）×（152～192）－10 底：（280～304）×（152～192）－50	一棺一椁	不详	铁釜，陶瓮、甑	西汉早期前段	仅存墓底
M55	ⅢT1026	竖穴土坑，直壁平底	300	口：360×240－10 底：360×240－（52～80）	不详	不详	铁罐，陶鼎2、瓮、大壶、蒜头壶2、釜、甑	西汉早期前段	积炭，西壁设壁龛
M56	ⅢT1025	竖穴土坑，口小底大	120	口：330×（154～182）－10 底：360×（180～200）－（70～120）	一棺一椁？	不详	铁鼎、罐，陶瓮、器盖、釜、甑	西汉早期前段	积炭

注：未标明质地的均为陶器，未标明数量的均为1件

后　记

本项目是河南省南水北调中线工程文物保护项目，在河南省文物局、河南省文物局南水北调文物保护办公室和南阳市文物局、南阳市文物考古研究所的领导与支持下，由杨俊峰具体主持完成的。

考古勘探、发掘工作于2008年9月开始，至2009年3月底结束。

项目领队为南阳市文物考古研究所的柴中庆研究员，执行领队为杨俊峰，参加发掘的工作人员有杨俊峰、李长周、常立伟、魏晓东和技工侯荣奇、刘磊、李伟国、刘国汉、董勤光、崔群、魏仁斌等。在发掘过程中，河南省文物局南水北调文物保护工作领导小组办公室张志清主任，秦文波、孔祥珍副主任及董睿等领导多次到工地指导和检查工作；南阳市文物局陈同庆副局长、陈杰科长，南阳市文物考古研究所赫玉建所长、柴中庆书记、崔本信副所长、蒋宏杰副所长、王凤剑主任、乔保同主任、梁玉坡主任等领导莅临发掘现场指导和检查工作；南阳市文物考古研究所刘文平主任、柳刚科长及牛姗姗、牛犇、高苑、李军等同志也为本项目提供了力所能及的后勤帮助和支持。

《淅川赵杰娃墓地》整理工作由杨俊峰主持，先后参加整理的工作人员有李长周、王巍、魏晓东、李翼、翟京襄和技工侯荣奇、刘磊、李伟国、刘国汉、董勤光、魏仁斌和杨燕等人。墓地发掘报告的编写具体由杨俊峰负责并完成。其中，田野摄影杨俊峰、李长周；文物摄影张海滨、杨俊峰；田野绘图侯荣奇、刘磊、李伟国；器物修复李伟国、刘磊、杨燕；器物绘图及线图侯荣奇；墓砖拓片刘国汉、刘磊；器物拓片王丽黎、雷金玉。

赵杰娃山头汉墓群的发掘和整理以及墓葬报告的编撰工作是在河南省文物局、南阳市文物局和南阳市文物考古研究所的领导下进行的，是参与发掘和整理工作的全体同仁共同努力的结果。科学出版社文物考古分社闫向东先生和责任编辑张亚娜女士对本书的编辑出版给予了大力支持。

值此《淅川赵杰娃墓地》考古报告付梓之际，谨对所有给予本项目指导、支持和帮助的单位领导及同志们表示衷心的感谢。

本报告的编写注重实事求是地对考古资料进行翔实地报道，但由于我们的水平有限，错误之处在所难免，敬请专家、同仁及广大读者批评指正。

编　者

2015年8月22日

淅川县赵杰娃墓地远景（西南→东北）

1. M15 → M16（西南→东北）

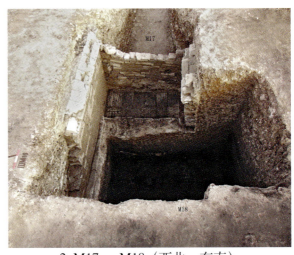

2. M17 → M18（西北→东南）

3. M23 → M24（西南→东北）

4. M37、M38 相对位置（西南→东北）

5. M40、M41 异穴合葬（东→西）

6. M40、M41、M42 相对位置（北→南）

汉代墓葬相对位置关系

1. M2（西南→东北）

2. M2（东北→西南）

3. M2 墓室棺椁（俯视）

4. M2 墓底出土器物（俯视）

汉代土坑墓葬 M2

1. M1（东南→西北）

2. M5（俯视）

3. M4（西→东）

4. M6（俯视）

5. M14（俯视）

汉代土坑墓葬 M1、M4、M5、M6、M14

1. M8（西北→东南）

2. M11（东北→西南）

3. M12（东北→西南）

4. M13（俯视）

汉代土坑墓葬 M8、M11、M12、M13

1. M16（俯视）

2. M26（西→东）

3. M27（俯视）

4. M28（俯视）

5. M39（东南→西北）

汉代土坑墓葬 M16、M26、M27、M28、M39

1. M18（西南→东北）

2. M24（东南→西北）

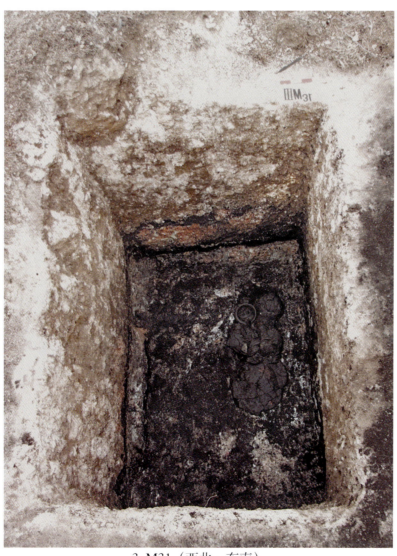

3. M31（西北→东南）

汉代积炭墓葬 M18、M24、M31

1. M55（东北→西南）

2. M56（南→北）

汉代积炭墓葬 M55、M56

1. M17（东→西）

2. M19（西南→东北）

3. M21（西→东）

4. M22（东南→西北）

汉代砖室墓葬 M17、M19、M21、M22

1. M25（东北→西南）

2. M32（东南→西北）

3. M29（西北→东南）

4. M30（东北→西南）

汉代砖室墓葬 M25、M29、M30、M32

1. M34（南→北）

2. M43（东南→西北）

3. M44（西南→东北）

4. M45（西南→东北）

汉代砖室墓葬 M34、M43、M44、M45

1. M35 全景（西南→东北）

2. M35 墓室（西南→东北）

3. M35 墓底局部（东→西）

汉代画像砖室墓 M35

1. M42 全景（东→西）

2. M42 墓室结构（北→南）

3. M42 墓底出土器物（北→南）

4. M42 墓底局部（南→北）

5. M42 封门（东南→西北）

6. M42 东壁（西北→东南）

汉代画像砖室墓 M42

1. M46（东北→西南）

2. M47（西南→东北）

3. M49（俯视）

4. M50（俯视）

汉代土坑墓葬 M46、M47、M49、M50

1. M51（俯视）

2. M52（西→东）

汉代土坑墓葬 M51、M52

1. M53（俯视）

2. M54（俯视）

汉代土坑墓葬 M53、M54

1. 铜镜（M16：5）

2. 铜弩机（M12：10）

3. 铜铃（M41：01、M41：02）

4. 陶盆（M42：10）

5. 铁矛（M14：3）

6. 铁臿（M1：01）

汉代墓葬 M1、M12、M14、M16、M41、M42 出土器物

1. 陶鍪（M10：1）

2. 陶罐（M24：2）

3. 陶钫（M18：5）

4. 陶壶（M39：2）

5. 陶仓（M35：3）

6. 陶猪圈（M25：3）

汉代墓葬 M10、M18、M24、M25、M35、M39 出土陶器

1. M2 出土陶器

2. M14 出土陶器

汉代墓葬 M2、M14 陶器组合

1. M25 出土陶器

2. M42 出土陶器

汉代墓葬 M25、M42 陶器组合

1.墓地全景（北→南）

2.墓地局部（北→南）

淅川县赵杰娃墓地全景及局部

1. 墓地发掘现场全景（北→南）

2. M5 发掘现场（西→东）

汉代墓葬发掘现场

1. M19 出土陶器

2. M35 出土陶器

汉代墓葬 M19、M35 陶器组合

1. M51 出土陶器

2. M53 出土陶器

汉代墓葬 M51、M53 陶器组合

1. M12 出土陶器

2. M47 出土陶器

汉代墓葬 M12、M47 陶器组合

1. M26 出土陶器

2. M27、M28 出土陶器

汉代墓葬 M26、M27、M28 陶器组合

1. M1 出土陶器

2. M4 出土陶器

3. M6 出土陶器

4. M8 出土陶器

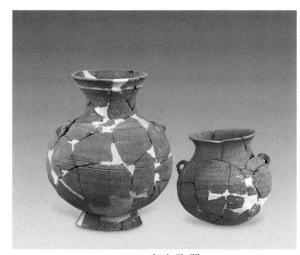

5. M10 出土陶器

6. M13 出土陶器

汉代墓葬 M1、M4、M6、M8、M10、M13 陶器组合

图版八

1. M16 出土陶器

2. M22 出土陶器

3. M31 出土陶器

4. M34 出土陶器

5. M39 出土陶器

6. M44 出土陶器

汉代墓葬 M16、M22、M31、M34、M39、M44 陶器组合

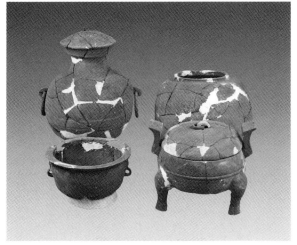

1. M46 出土陶器

2. M49 出土陶器

3. M50 出土陶器

4. M52 出土陶器

5. M55 出土陶器

6. M56 出土陶器

汉代墓葬 M46、M49、M50、M52、M55、M56 陶器组合

1. M5 出土陶器

2. M18 出土陶器

汉代墓葬 M5、M18 陶器组合

1. M24 出土陶器

2. M41 出土陶器

汉代墓葬 M24、M41 陶器组合

图版一二

1.A型I式（M51：1）

2.A型I式（M52：4）

3.A型I式（M53：1）

4.A型I式（M55：5）

5.A型II式（M18：7）

6.A型II式（M18：8）

汉代墓葬出土陶鼎

1. A 型Ⅲ式（M5∶1）

2. A 型Ⅲ式（M46∶5）

3. A 型Ⅲ式（M49∶3）

4. A 型Ⅲ式（M50∶1）

5. A 型Ⅳ式（M4∶3）

6. A 型Ⅳ式（M24∶5）

汉代墓葬出土陶鼎

1. B 型 I 式 (M31：2)

2. B 型 II 式 (M26：2)

3. B 型 II 式 (M39：5)

4. C 型 II 式 (M6：7)

5. C 型 I 式 (M12：5)

6. C 型 I 式 (M14：4)

汉代墓葬出土陶鼎

1. C 型Ⅲ式陶鼎（M42：8）

2. C 型Ⅲ式陶鼎（M47：2）

3. A 型Ⅰ式陶盒（M51：4）

4. A 型Ⅰ式陶盒（M53：2）

5. A 型Ⅱ式陶盒（M49：6）

6. B 型陶盒（M18：10）

汉代墓葬出土陶鼎、盒

图版一六

1. B 型陶盒（M18：9）

2. C 型陶盒（M4：5）

3. C 型陶盒（M5：5）

4. Aa 型 I 式陶大壶（M10：2）

5. Aa 型 I 式陶大壶（M50：4）

6. Aa 型 II 式陶大壶（M31：3）

汉代墓葬出土陶盒、大壶

1.Aa 型 I 式（M52：1）

2.Aa 型 I 式（M13：4）

3.Aa 型 II 式（M40：2）

4.Aa 型 II 式（M40：3）

5.Aa 型 II 式（M46：2）

6.Aa 型 II 式（M46：3）

汉代墓葬出土陶大壶

1. Aa 型Ⅲ式陶大壶（M14：5）

2. Ba 型陶大壶（M14：1）

3. Bb 型陶大壶（M2：5）

4. Bc 型陶大壶（M25：1）

5. A 型陶小壶（M18：3）

6. B 型陶小壶（M47：14）

汉代墓葬出土陶大壶、小壶

1. Aa 型 I 式 (M46：1)

2. Aa 型 II 式 (M27：1)

3. Ab 型 I 式 (M53：3)

4. Ab 型 I 式 (M54：1)

5. Ab 型 I 式 (M55：1)

6. Ab 型 I 式 (M56：3)

汉代墓葬出土陶瓮

1. Ab 型 II 式 （M8 : 3）

2. Ab 型 III 式 （M26 : 1）

3. Ab 型 III 式 （M28 : 1）

4. B 型 I 式 （M5 : 2）

5. B 型 I 式 （M24 : 1）

6. B 型 II 式 （M17 : 1）

汉代墓葬出土陶瓮

1. B 型 II 式陶瓮（M19：1）

2. B 型 II 式陶瓮（M42：17）

3. B 型 III 式陶瓮（M25：7）

4. Aa 型 I 式陶双耳罐（M52：3）

5. Aa 型 I 式陶双耳罐（M18：2）

6. Aa 型 II 式陶双耳罐（M41：2）

汉代墓葬出土陶瓮、双耳罐

1.Aa 型Ⅱ式（M50：5）

2.Aa 型Ⅲ式（M24：2）

3.Aa 型Ⅳ式（M34：2）

4.Ab 型Ⅰ式（M1：1）

5.Ab 型Ⅰ式（M38：1）

6.Ab 型Ⅱ式（M41：1）

汉代墓葬出土陶双耳罐

1. Ab 型Ⅲ式（M12：7）

2. Ab 型Ⅳ式（M6：1）

3. Ab 型Ⅳ式（M14：6）

4. B 型Ⅰ式（M8：2）

5. Ab 型Ⅳ式（M16：2）

6. B 型Ⅱ式（M22：2）

汉代墓葬出土陶双耳罐

1. B 型 II 式陶双耳罐（M12：6）

2. B 型 III 式陶双耳罐（M34：1）

3. A 型陶钵（M41：4）

4. B 型陶钵（M41：5）

5. B 型陶钵（M41：6）

6. 陶碓（M30：2）

汉代墓葬出土陶双耳罐、钵、碓

1.A 型 I 式陶鍪（M53：4）

2.A 型 II 式陶鍪（M49：2）

3.A 型 II 式陶鍪（M41：3）

4.A 型 III 式陶鍪（M10：1）

5.B 型陶鍪（M16：3）

6.陶盉（M25：5）

汉代墓葬出土陶鍪、盉

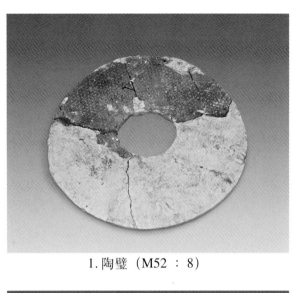

1. 陶璧 （M52：8）

2. 陶器盖 （M47：3）

3. 陶器盖 （M47：4）

4. 陶器盖 （M47：7）

5. 陶仓盖 （M19：6）

6. 陶仓盖 （M30：1）

汉代墓葬出土陶璧、器盖、仓盖

1. A 型陶猪圈（M25：3）

2. B 型陶猪圈（M23：1）

3. A 型陶磨（M42：15）

4. B 型陶磨（M23：3）

5. Aa 型陶仓（M2：11）

6. Aa 型陶仓（M2：12）

汉代墓葬出土陶猪圈、磨、仓

图版二八

1. M42 : 2

2. M42 : 3

3. M42 : 4

4. M42 : 5

汉代墓葬出土 Aa 型陶仓

1. Ab 型（M2：9）

2. Ac 型（M2：10）

3. Ab 型（M12：2）

4. Ab 型（M12：3）

5. Ba 型（M6：3）

6. Ba 型（M6：4）

汉代墓葬出土陶仓

1. M35：1

2. M35：2

4. M35：4

5. M35：5

汉代墓葬出土 Bb 型陶仓

1. Ab 型（M47 : 10）

2. Ab 型（M47 : 11）

3. Ba 型（M44 : 1）

4. Bb 型（M35 : 3）

汉代墓葬出土陶仓

1. A 型 I 式 (M14 : 8)

2. Ba 型 (M42 : 11)

3. A 型 II 式 (M12 : 4)

4. Ba 型 (M2 : 3)

5. Bb 型 (M47 : 6)

6. C 型 (M25 : 4)

汉代墓葬出土陶灶

1.A 型（M12：1）

2.B 型 I 式（M2：2）

3.B 型 I 式（M42：7）

4.B 型 I 式（M47：8）

5.B 型 II 式（M44：2）

6.D 型（M14：7）

汉代墓葬出土陶井

1. B 型 Ⅱ 式陶井（M21：2）

2. C 型 Ⅰ 式陶井（M22：1）

3. C 型 Ⅱ 式陶井（M25：2）

4. 陶鸭（M19：4）

5. 陶猪（M19：5）

6. 陶狗（M23：4）

汉代墓葬出土陶井、鸭、猪、狗

1. A 型 I 式 (M49：4)

2. A 型 II 式 (M22：3)

3. A 型 III 式 (M47：5)

4. Bb 型 I 式 (M1：4)

5. Bb 型 II 式 (M5：4)

6. Bb 型 III 式 (M24：3)

汉代墓葬出土陶釜

1. Ba 型 I 式（M52：6）

2. Ba 型 II 式（M51：7）

3. Ba 型 II 式（M53：5）

4. Bb 型 I 式（M56：4）

5. Bb 型 II 式（M55：9）

6. Bb 型 IV 式（M26：3）

汉代墓葬出土陶釜

1. A 型 I 式 (M55：8)

2. Ba 型 I 式 (M5：3)

3. Ba 型 II 式 (M14：9)

4. Ba 型 III 式 (M42：12)

5. Ba 型 III 式 (M25：6)

6. Bb 型 II 式 (M7：1)

汉代墓葬出土陶甑

1.Bb 型 IV 式（M14：10）

2.Bb 型 V 式（M42：13）

3.A 型 II 式（M51：8）

4.A 型 II 式（M52：7）

5.A 型 II 式（M53：6）

6.A 型 II 式（M46：6）

汉代墓葬出土陶甑

1. A 型Ⅲ式（M24：4）

2. A 型Ⅲ式（M26：4）

3. Ba 型Ⅱ式（M28：2）

4. Bb 型Ⅰ式（M54：3）

5. Bb 型Ⅱ式（M56：5）

6. Bb 型Ⅱ式（M27：2）

汉代墓葬出土陶甑

1. Bb 型 Ⅱ 式陶甋（M13∶3）

2. Bb 型 Ⅲ 式陶甋（M22∶4）

3. Bb 型 Ⅴ 式陶甋（M21∶4）

4. C 型陶甋（M40∶4）

5. 石板形器（M42∶16）

6. 方形石器（M42∶22）

汉代墓葬出土陶甋、石板形器、方形石器

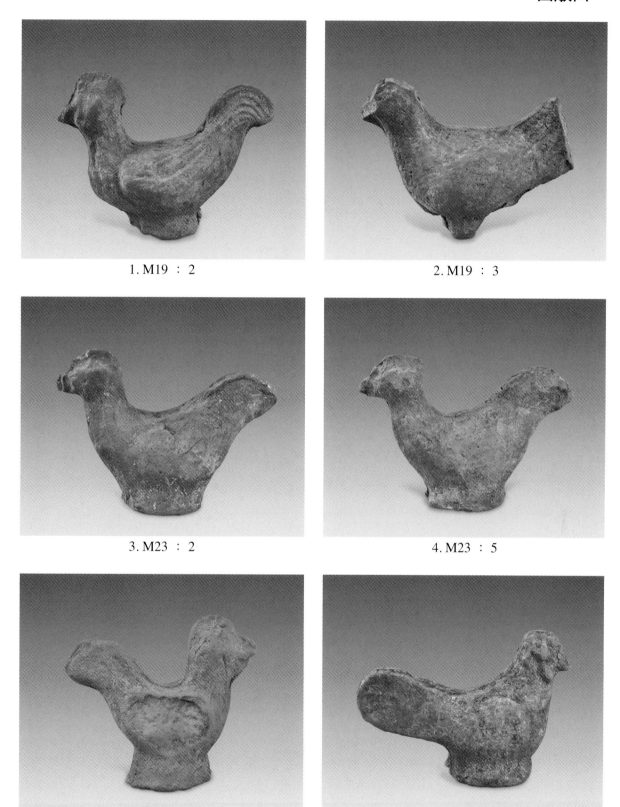

1. M19：2

2. M19：3

3. M23：2

4. M23：5

5. M23：6

6. M25：8

汉代墓葬出土陶鸡

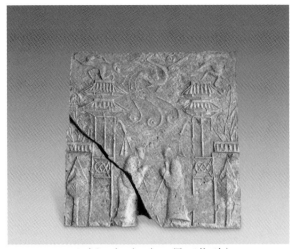

1.双阙、门吏（15 号画像砖）

2.车骑出行（13 号画像砖）

3.牛耕图（17 号画像砖）

4.人物、二龙穿璧、狩猎（26 号画像砖）

5.阙、人物、狩猎（27 号画像砖）

汉代墓葬 M42 出土画像砖

1. 铁带钩（M47：13）

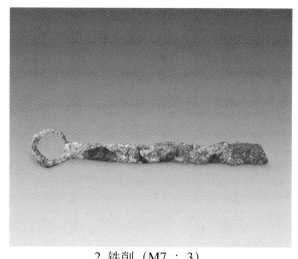

2. 铁削（M7：3）

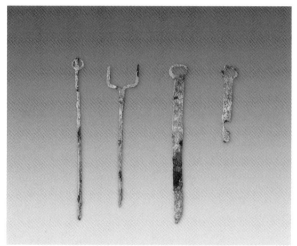

3. 铁器（M25：9、M25：10、M25：11、
　　M25：12）

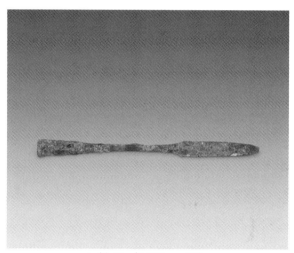

4. 铁矛（M42：19）

5. 铁剑（M5：6）

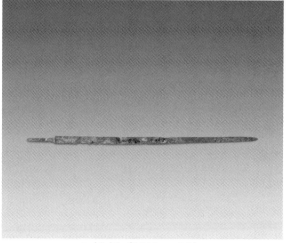

6. 铁剑（M42：21）

汉代墓葬出土铁带钩、削、矛、剑等铁器

1. 铜镜（M16：5、M16：6）

2. 铜钱（M36：1）

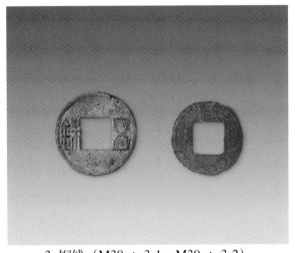

3. 铜钱（M30：3-1、M30：3-2）

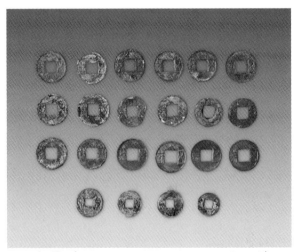

4. 铜钱（M19：7、M19：8、M19：9）

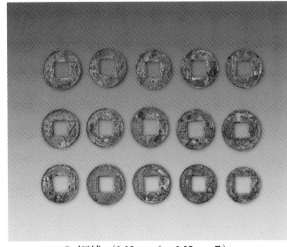

5. 铜钱（M2：6、M2：7）

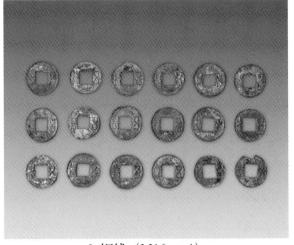

6. 铜钱（M16：4）

汉代墓葬出土铜镜、铜钱